Anonymous

Festschrift zu der Sonnabend den 1. Oktober 1892 stattfindenden feierlichen Einweihung der neuen Gebäude des Königlichen Friedrichs-Kollegiums zu Königsberg Pr.

Anonymous

Festschrift zu der Sonnabend den 1. Oktober 1892 stattfindenden feierlichen Einweihung der neuen Gebäude des Königlichen Friedrichs-Kollegiums zu Königsberg Pr.

ISBN/EAN: 9783337202798

Hergestellt in Europa, USA, Kanada, Australien, Japan

Cover: Foto ©ninafisch / pixelio.de

Weitere Bücher finden Sie auf **www.hansebooks.com**

Festschrift

zu der

Sonnabend den 1. Oktober 1892

stattfindenden

feierlichen Einweihung der neuen Gebäude

des

Königlichen Friedrichs-Kollegiums

zu

Königsberg Pr.

Königsberg Pr. 1892.
Hartungsche Buchdruckerei.

Als am 17. Oktober 1855 die Einweihung der neuen Gebäude des Königlichen Friedrichs-Kollegiums vollzogen wurde, waren wohl alle an der Feier Teilnehmenden davon überzeugt, dass der stattliche Bau, der sich auf der Stelle des alten unscheinbaren Hauses erhob, welches mehr als ein und ein halbes Jahrhundert seinem Zwecke gedient hatte, nunmehr ebenfalls für lange Zeit selbst gesteigerten Anforderungen an Umfang und Einrichtung eines Gymnasiums entsprechen werde.

Und heute schon, nach 37 Jahren, stehen wir vor einem neuen Weiheakt; „ein Schulpalast", wie ihn Direktor F. A. Gotthold im Jahre 1852 der Hohen vorgesetzten Behörde zu erbauen vorgeschlagen, ist vollendet, um das Collegium Fridericianum aufzunehmen, das nun eine Stätte verlassen muss, welche es fast zweihundert Jahre innegehabt, eine Stätte, an welche die Anfänge der Anstalt anknüpfen, die hier, einst gehasst und geschmäht, durch die Huld König Friedrichs I. geschützt und geehrt und zu einer Ausnahmestellung unter allen höheren Schulen der Provinz erhoben wurde.

Nicht ohne Wehmut scheiden wir von den abgelegenen, längst zu eng gewordenen Räumen und von dem Platze, an welchem unser „Collegium" eine lange und mühevolle Bahn zurückgelegt, viel Freude und Leid erfahren, manch heitere Höhe erreicht hat.

Möge die nachfolgende Sammlung einer grösseren Anzahl von Abhandlungen jetziger Lehrer zugleich als Scheidegruss an die alte Stätte und als Festgabe für die beginnende neue Periode des Friedrichs-Kollegiums dienen.

Königsberg Pr., im September 1892.

Prof. Dr. G. Ellendt,
Direktor des Königl. Friedrichs-Kollegiums.

Inhalt.

	Seite
G. Ellendt, Einige Nachrichten über das Königliche Friedrichs-Kollegium und seine Gebäude (1698—1892). Mit drei Abbildungen	IX
Dazu: C. Walther, Königl. Regierungsbaumeister: Die neuen Gebäude des Königlichen Friedrichs-Kollegiums (1892). Mit zwei Abbildungen	XVII
V. Merguet, Der Sprachgebrauch des anglo-normannischen Dramas Adam	1
C. Besch, Ableitung einiger Formeln für das sphärische Dreieck durch Zerlegung desselben in rechtwinklige Dreiecke	25
M. Bodendorff, Persius, Martialis, Iuvenalis quo modo de Graecis iudicent	39
G. Zippel, Die Heimat der Kimbern	53
K. Marold, Die Schriftcitate der Skeireins und ihre Bedeutung für die Textgeschichte der gotischen Bibel	65
E. Meyer, Zum Investiturgesetz Gregors VII.	75
H. Becker, Zur Alexandersage. Der Brief über die Wunder Indiens im ältesten deutschen Alexanderepos	91
A. Döhring, Zu den griechischen und lateinischen Konjunktionen der Gleichzeitigkeit und der Zeitgrenze	105
Fr. Hoffmann, Herders Lehre von der Person und dem Werke Christi	121

Einige Nachrichten über das Königliche Friedrichs-Kollegium und seine Gebäude (1698—1892).

Von

G. Ellendt.

Die neuen Gebäude des Königlichen Friedrichs-Kollegiums (1892).

Von

C. Walther,
Königl. Regierungsbaumeister.

Nur einige Nachrichten über das Königliche Friedrichs-Kollegium und seine Gebäude[1]) enthalten die nachfolgenden Blätter, nicht eine Geschichte der Anstalt. Dass dabei die älteste Zeit eine verhältnismässig eingehende Behandlung gefunden hat, möge seine Erklärung darin finden, dass trotz Horkels „Der Holzkämmerer Theodor Gehr", Königsberg 1855, und Merlekers „Annalen", Königsberg 1864, die Kenntnis von den Anfängen des Friedrichs-Kollegiums im ganzen wenig verbreitet ist. Vielleicht gewährt die in nicht ferner Zeit bevorstehende zweite Säkularfeier des Collegium Fridericianum die Möglichkeit, eine ausführliche Geschichte desselben darzubieten.

Aus der am 11. August 1698 durch den Königlichen Holzkämmerer Theodor Gehr, **Die Begründung der Königlichen Schule.** einen Freund und Verehrer Ph. Jac. Speners und H. A. Franckes, in seinem Hause auf dem Sackheim begründeten „Privatinformation seiner eigenen und einiger ihm anvertrauten Kinder" ging die Anstalt hervor, die ungeachtet massloser Verfolgungen und Angriffe, besonders von seiten der sackheimschen und löbenichtschen Geistlichen und „Schulbedienten", gegen diese „Winkelschule" und ihren Stifter als einen „Brotdieb, Bönhasen und Enthusiasten", durch ein unter dem 4. März 1701 zu Königsberg ausgefertigtes Königliches Privilegium zu einer Königlichen Schule erhoben wurde. „Gleich wie Wir nun," lautet der Schluss der Urkunde, „durch gedachte so weit von Uns allergnädigst authorisirte und privilegirte Schule als auch durch die Catechisationes nichts anders intendiren, als dass dadurch des Herren Reich und Ehre erweitert, und desto mehr Seelen zum Himmel gebracht werden: so haben Wir auch zu euch das allergnädigste Vertrauen, dass ihr solchen Unsern christlichen Zweck mit aller ersinnlichen Sorgfalt befördern, und dadurch auch des Segens, den Gott der Höchste denen, die seine Ehre lieben, reichlich beyzulegen versprochen, euch mit Uns theilhaftig machen werdet."

Als erster Direktor der fortan „Königlichen Schule auf dem Sackheim" wurde **D. H. Lysius** am 11. Dezember 1702 D. Heinrich Lysius (aus Flensburg) eingeführt. Statt eines ansehn- **(1702—1731).** lichen Schulhauses, wie er es erwartet hatte, fand er eine dürftige Hütte, ja die einzelnen Klassen des „Pädagogiums" sogar in verschiedenen Häusern auf dem Sackheim verteilt, die Schulstuben aber so klein und so niedrig, dass er in den wenigsten aufrecht stehen konnte. „Weil denn nun nöthig war," erzählt Lysius in seiner Autobiographie,[2]) „dass die Königliche **Der Ankauf des** Schule auch eine Gestalt gewönne, auch der Holzkämmerer Gehr wohl mein Missvergnügen **adligen Hauses auf der Burg-** morkte, dass zu einer solchen Schule berufen wäre, welche man nirgends sehen und finden **freiheit.** könnte, hatte er schon von meiner Ankunft an mir von einem Hause vorgeredet, welches zur

---

1) Die Abbildungen Taf. I—III sind von dem technischen Lehrer des Friedrichs-Kollegiums G. Podlech gezeichnet.
2) Handschriftlich in zwei Exemplaren in der Bibliothek des Friedrichs-Kollegiums.

IV Einige Nachrichten über das Königliche Friedrichs-Kollegium

Königlichen Schule sollte erbaut werden. . . . Wie ich einstens aus der Schlosskirche kam und einen nähern Weg nach dem Holzgarten suchte, wo ich damals in einem elenden Gebäude logirte, gerieth in die kleine Gasse und dadurch auf den Platz des damals sogenannten Landhofmeistersaals, wo ich nicht durchkommen konnte, sondern zurückkehren musste. Als nun bei der Mahlzeit solches erzählet und gefraget, was das für ein Haus wäre? kriegte mit grossem Freudengelächter die Antwort: das wäre das Haus, wo ich künftig wohnen und die Königliche Schule sein sollte. Weil denn von nichts wusste, wurde mir erzählt, dass der Major von Dobeneck das Haus zum Kauf hätte anbieten lassen, und es sei kein gelegneres und bequemeres in der ganzen Stadt zu finden: ich möchte es auch nicht für ein Ungefähr halten, dass so per errorem auf den Platz gekommen wäre. Was sollte ich thun? . . . Ich musste wider meinen Willen und mit Betrübniss einwilligen, dass das Haus ungefähr für 17 bis 18000 Gulden angekauft wurde, da der Herr von Dobeneck sich anheischig gemacht, 10000 Gulden auf dem Hause gegen jährliche Interessen stehen zu lassen. Ich kann nicht sagen, ob es mit Fleiss verhütet worden, dass ich das Haus nicht anders als von aussen zu sehen bekommen. Als aber die Räumung geschehen, und ich alles besichtigte, fand ich es in solchem Stande, dass höchstens darüber erschrak. Bei dem Herrn Holzkämmerer aber war lauter Glaube, auch, seiner Aussage nach, Geld genug in Kasse, dass es gebaut werden könnte."

Der zu Königsberg am 28. Februar 1703 ausgefertigte Kontrakt über den für 5600 Thlr. erfolgten Ankauf des auf der Burgfreiheit am Kreuzthor gelegenen, urkundlich 1632 erbauten, adligen Hauses des Obermarschalls von Kreytzen, genannt „des Landhofmeisters Saal", erhielt am 30. April desselben Jahres den Königlichen Konsens. Welches Aussehen das gekaufte Haus hatte, vergegenwärtigt die auf Taf. I gegebene Abbildung nach einer aus dem 17. Jahrhundert von unbekannter Hand herrührenden Tuschzeichnung, die dem genau und eigentümlich gezeichneten Grundriss beigelegt war.

Im Innern enthielt der linke Flügel des in Fachwerk aufgeführten Gebäudes (nachher Klassen- und Wohngebäude) im Erdgeschoss einen Saal, drei weitere Räume und eine Küche, in dem Oberstock einen Saal mit grossem Kamin, kleine Küche und vier Zimmer; in dem mit dem Hauptgebäude verbundenen Mittelbau (bald als Kirche benutzt) zu ebener Erde eine grosse Küche und Holzstall, darüber Anrichteräume. Der rechte, schmale Flügel (später das Direktorwohnhaus) enthielt Stallungen; der in der Mitte gelegene Hofraum war nach der Nordseite durch einen Holzzaun gegen das Nachbargrundstück abgeschlossen, durch einen mit einem Holzthor versehenen Ausgang nach der Kehrwiederstrasse geöffnet.

Im Laufe der nächsten Jahre (noch zu Gehrs Lebzeiten) wurden die Gebäude mit einem Kostenaufwande von 6000 Gulden zunächst ausgebessert und durch Herstellung von Zwischenwänden für Schulzwecke eingerichtet, dann ward noch ein Stockwerk aufgesetzt und auf dem Dache ein hölzerner Turm als Observatorium,[1]) das erste in Königsberg, erbaut.

Das Collegium Fridericianum und die Collegien-Kirche.

„Mittlerzeit man mit der erwähnten Präparation des Hauses beschäftigt war," berichtet Lysius,[2]) „trug sichs zu, dass der Holzkämmerer einen gottseligen und beliebten Prediger (Magister Langhans) in Königsberg besuchte, und da derselbige zu dem neugekauften Schulhaus gratulirte, ihm vorwarf, dass die Kinder in zu keiner gewissen Kirche gehalten würden, und daher des Sonntags unter denen Predigten sich umher trieben. Als hierauf der Herr Holzkämmerer regerirte, dass man bedacht wäre, ein Chor in einer Kirche zu überkommen, worauf sie geführt werden könnten, excipirte der obbemeldte Prediger, warum denn der D. Lysius ihnen nicht predigen könnte, weil doch der grosse Saal da wäre. (Der war aber schon zu kleinen Stuben verbaut, weil keiner vor diesem gethanen Vorschlage an eine Kirche gedacht.) In eben derselbigen Stunde besuchte der Herr von Auer, welcher zwei Söhne in derselbigen Schule

---

1) Erst im Dezember 1817 wegen Baufälligkeit beseitigt.
2) Erl. Preussen Bd. I. S. 374 ff.

hatte, den D. Lysium, machte dieselbe Objection wegen der Kirche, die der Prediger dem Holzkämmerer gemacht hatte, und erhielte dieselbe Antwort, die der Holzkämmerer dem andern gegeben. An den Vorschlag aber des gedachten Predigers wurde daselbst nicht gedacht, bis der Herr Holzkämmerer im Zurückwege nach Hause den D. Lysius besuchte; welcher ihm sofort erzehlete, was der Herr von Auer ihm vorgeworfen, er aber dem D. Lysius, was der bemeldte Prediger ihm vorgeschlagen. Worauf denn D. Lysius repliciret, dass die Sache ohne Königliche Einwilligung von ihm nicht unternommen werden könnte, indem er Ordnung liebete, und zu keiner Unordnung Gelegenheit geben wollte. Der Holzkämmerer aber wiedersetzte, dass es nicht allein auf Ihrer Königlichen Majestät Bewilligung ankäme, sondern die erste abzumachende Frage wäre: Ob D. Lysius, wenn er davor nichts zu hoffen, solche Mühe auf sich nehmen wollte. Weil nun D. Lysius an die Worte Pauli gedachte: „Ich muss es thun, und wehe mir, so ich es nicht thue"; hielt ers für unrecht, darum sich der Arbeit zu entschütten, weil er kein besonderes Einkommen davor hätte, und explicirte sich also, dass er zwar solche Arbeit willig auf sich nehmen wollte, aber nicht ohne Allergnädigste Königliche Concession und alle äusserliche gute Ordnung. Selbiger Vorschlag gelangte an Ihrer Königlichen Majestät zusamt dem Petito, das erkaufte Haus mit dem Namen des Collegii Fridericiani zu beehren."

Bereits unter dem 10. Mai 1703 wurde durch das folgende, an die Königliche Regierung gerichtete Reskript (dat. Rosenthal) das Gesuch genehmigt:

„**Friedrich König in Preussen etc. Ihr ersehet auss dem beyschluss, was gestalt der Director der von uns aldort privilegirten Schule D. Lysius nebst dem Holtz Cämmerer Theodor Göhren bey uns allerunterthänigst angehalten. Wir wolten derselben nicht allein den Nahmen eines Collegii Fridericiani beyzulegen sondern auch zugleich allergnädigst zu verstatten geruhen, dass in dem von ihnen erkaufften Kreytzischen Hause nebst deren Classen auch eine Capelle angefertiget und ihnen erlaubt würde, darin des Sontags von Ihm dem Directore, oder einem der Informatoren denen Discipulis entweder eine Predigt zu halten oder sonst per modum Catechisationis einen textum Biblicum zu erklähren. Wann Wir nun bey beyden petitis nichts bedenkliches finden, also haben Wir denenselben allergnädigst deferiret, und befehlen Euch hiermit in Gnaden, Euch darnach allergehorsamst zu achten, und die deshalb nöthige Verfügung zu machen, jedoch sollen solcher Capelle keine parochialia jura als Tauffen, dass Nachtmahl halten und Leich Predigten ihnen nicht zugelegt werden. Seind Euch etc."**

„Als das Rescript eingelaufen war." meldet Lysius, „wartete ein Jeglicher auf die Erbauung einer gewöhnlichen Kirche, daher dawider nichts vorgenommen wurde, weil man nicht zweifelte, es würde wohl in Ermangelung der dazu nöthigen vielen Tausende unterbleiben. Der Herr Holzkämmerer hatte auch schlechte Hoffnung, dass davon etwas werden und ich in meinem Holzstall und Küche (im Mittelbau) predigen würde. Ich verliess mich aber auf den Beruf, den ich im Traum zum Predigen erhalten, und zeigte, wie wir lange auf eine solenne Einweihung der sehr elenden Kirche warten würden. Als daher den 18. Juni 1703 Sonnabends die Kinder Vormittags aus der Schule gingen, ward ihnen angesagt: sie sollten früh morgens wiederkommen, in die Kirche geführt und künftig ihnen darin gepredigt werden. Dieses erscholl von den Kindern bald in der ganzen Stadt, und kamen derselben Eltern und auch etliche Andere — wohl auch aus Fürwitz — den folgenden Tag in die Kirche und sahen derselben neufränkisches Gepräge an. Ich liess mich das alles nicht hindern, sondern predigte über den Spruch Gen. 28, 16—22: Gewisslich ist der Herr an diesem Orte, und dieser Stein, den ich aufgerichtet habe zu einem Mal, soll ein Gotteshaus werden. Weihete also die wüste Kirche ein, warnte vor Anstoss an dem schlechten Gebäude, und bezeugte mein Vertrauen zu Gott, dass er durch die That beweisen würde, er wäre auch daselbst, wie in andern Kirchen... Und war damals die Kirche nicht höher, als die unterste Etage der deutschen Klassen (7 Fuss). Die Kinder sassen auf Bänken, welche alle Sonntag Morgens aus der Klasse hineingetragen wurden, und gleichfalls die Zuhörer. Die Kanzel war ein elendes Schulkatheder, vormals gemacht, dass ein paar Knaben davon peroriren und nur etwas in die Höhe stehen konnten. Wenn es geregnet, ist der, welcher gepredigt, oft so nass von der Kanzel gekommen, als wenn er nicht allein im Regen, sondern auch im Tropfenfall gestanden."[1])

Die weitere Entwickelung des Collegiums und seiner Schulanstalten.
Fortan nahm das Collegium Fridericianum ersichtlich an Bedeutung zu trotz der Dürftigkeit seiner Einrichtungen und trotz aller Verfolgungen und Lästerungen, denen Direktor und Lehrer auch ferner ausgesetzt blieben. Das Konsistorium verklagte Lysius bei der Regierung, auch die Landstände führten über ihn Beschwerde; am heftigsten aber sprach sich (im April 1707) eine lange Supplik des Königsbergischen Magistrats an den König aus, unterzeichnet „Ew. Königl. Majestät allerunterthänigst treugehorsamste Bürgermeister, Räthe, Gerichte, Zünfte und Gemeine dreyer Städte Königsberg", in welcher des Königs Majestät demütigst angefleht wird, sich der bedrängten evangelischen Kirche mitleidig anzunehmen, „damit des D. Lysii ärgerlichem, schädlichem und gefährlichem Beginnen, öffentliches Calumnisieren, Schänden und Lästern ehrlicher, treuer und redlicher Diener Gottes gesteuert, die Vertheidigung und Verfechtung seiner bereits auf die Bahn gebrachten und die Introducirung künftiger vielleicht noch gröberer Irrthümer gänzlich und mit einer harten commination inhibiret und solchergestalt der unschätzbare Schatz des edlen Kirchen-Friedens diesem Königreich und Lande bis an das Ende der Welt beständig und unverrückt conserviret und vorbehalten bleiben möge!" — Lysius nahm Gelegenheit, in Berlin persönlich vor seinen Feinden Ruhe zu suchen. Dass es ihm gelang, zeigte seine bald darauf erfolgte Ernennung zum dritten Professor der Theologie, später zum Konsistorialrat, Hofprediger und Pfarrer am Löbenicht — allen seinen Feinden zum Ärger, die bis zuletzt seinen und seiner Schöpfungen Fall erhofften. — Statt des gewöhnlichen Niederganges aber erhielt das Collegium nach dem grossen Umbau eine namhafte Erweiterung. Zu der lateinischen Schule für künftige Gelehrte, und der deutschen (bis 1810) von Knaben und Mädchen besuchten, für künftige Kaufleute und Handwerker, kam eine Pensionsanstalt für Vornehmere hinzu, die einzige öffentliche in Ost- und Westpreussen, die dann auch von vielen Ausländern, besonders Russen, Polen, Kur- und Livländern, besucht wurde.

Den Höhepunkt erreichte das Friedrichs-Kollegium im XVIII. Jahrhundert nach Lysius' Tode († 1731) unter dem kurzen Direktorat des Konsistorialrat Dr. Rogall († 1733) und dem des Kirchenrat Prof. Dr. F. A. Schulz († 1763), während gleichzeitig Chr. Schiffert als

---

1) Allmählich erhielt die Kirche eine ansehnlichere Gestaltung im Innern und Äussern, wie denn schon 1707 durch den berühmten Mosengel für dieselbe eine kleine Orgel erbaut wurde, welche bis 1853 benutzt worden ist. Der sonntägliche Gottesdienst aber wurde durch besondere an dem Collegium angestellte Geistliche an den Vor- und Nachmittagen abgehalten. Als durch Verfügung vom 11. Oktober 1810 bestimmt ward, dass die Kirche künftig nur als Schulkirche zu betrachten sei, Erwachsene und Fremde zwar nicht von den Andachten in derselben ausgeschlossen, doch diese nur für die Bedürfnisse des Collegii eingerichtet werden sollten, erfolgte gleichzeitig die Anordnung, dass die Kirche mit einem Altar versehen werde, „damit sie zu den gemeinschaftlichen Communion-Andachten der Lehrer und ihrer Pensionärs sowie der Schüler, deren Eltern sie darin communiciren lassen wollten, dienen könne;" auch war gestattet worden, das Kirchensilber und Kirchenweisezeug des Waisenhauses zum Gebrauch bei der Collegienkirche zu entnehmen. Seitdem wurden die bisher durch das Reskript vom 10. Mai 1703 vorenthaltenen „jura" im Kreise der Schule ausgeübt: der Anstaltsgeistliche kopulierte, taufte, konfirmierte und erteilte das Abendmahl. — Der völlige Umbau der Kirche, die Herstellung grosser Bogenfenster zu besserer Erhellung des dunkeln und feuchten Raumes, sowie die Errichtung des Altars und der über demselben angebrachten Kanzel erfolgte erst in den Jahren 1820 und 1825. — Mit dem Abbruch der Kirche haben die öffentlichen Gottesdienste des Collegiums aufgehört. Am 15. April 1853 hielt der Pfarrer am Löbenicht, Prof. Dr. Cosack, die Schlusspredigt über denselben, einst von Lysius für die Eröffnung der Kirche gewählten Text

Inspektor (schon 1715 wurden nach dem Muster des Hallischen Waisenhauses Direktorat und Inspektorat getrennt) fungierte.[1]

In diese Zeit fällt die bedeutendste Frequenz der lateinischen und deutschen Klassen (mit ca. 400 Schülern) und des Pensionats (mit ca. 50—60 Zöglingen), sowie der von dem Collegium in allen Teilen der Stadt angelegten Armenschulen,[2]) und damit auch nach entbehrungsreichen Jahren eine bessere finanzielle Lage der Anstalt, so dass fast alle noch schwebenden Schulden bezahlt und aus den Mehreinnahmen ein nicht unbeträchtlicher Fonds angesammelt werden konnte. Eine Deklaration König Friedrichs II. (Sign. Berlin 5. August 1749) stellte diese Königliche Anstalt und die damit verbundenen Armenschulen unmittelbar unter das Etatsministerium und verlieh ihr dadurch das in seiner Art einzige Vorrecht, „dass das Collegium Fridericianum auf keinerley Weise weder unter dem Königsbergschen Stadt- noch unter dem Akademischen Magistrate stehen oder von demselben dependiren, sondern alles was zur Education und Information der Jugend, nemlich die Vorschrift der Lectionen, der Bücher, des methodi informandi etc. gehört, lediglich von seinen Inspectoribus angeordnet und regulirt werden solle."

Unter dem Direktorat des Hofpredigers Dr. Arnoldt (1763—75), des Konsistorialrat Prof. Dr. Reccard (1775—98) und des Oberhofpredigers Dr. J. S. Schulz (1798—1806) — Domsien (1765—1789) und Konsistorialrat Professor Dr. Wald (1789—1809) waren gleichzeitig Oberinspektoren — trat mit dem Verfall des Pietismus ein sichtbarer Rückgang in dem Zustande des Collegiums ein, der sich äusserlich in dem häufigen Lehrerwechsel und der abnehmenden Schülerzahl, im Innern darin kund gab, dass durch eine mangelhafte Lehrmethode die früheren Einrichtungen mehr und mehr zu einem toten Mechanismus ausartten. Der Versuch, durch Begründung eines aus zwei Abteilungen mit je sechs Seminaristen bestehenden Schullehrerseminars (Dez. 1790) zur Vorbereitung für angehende Lehrer an höheren Schulen, in welchem von dem Direktor Methodik und Pädagogik gelehrt, in einer besonderen Stunde aber ein griechischer oder römischer Klassiker interpretiert und über pädagogische und philologische Gegenstände disputiert werden sollte, — dem Fridericianum bessere und beständigere Lehrkräfte zuzuführen, hatte ebenso wenig Erfolg, wie die unter dem 7. Februar 1792 erfolgte Erneuerung eines schon im Jahre 1705 erlassenen Königlichen Reskripts, wonach den Lehrern die Zusicherung einer vorzüglichen Beförderung gemacht wurde, wenn sie acht Jahre treu und fleissig im Collegio informiert haben würden.

Von den Gebäuden des Fridericianums haben wir aus dem Ende des XVIII. Jahrhunderts durch die geschickte Hand des Primaners Karl Schultz einen guten Aufriss, den Wald einigen Exemplaren der Einladungsschrift zu der öffentlichen Prüfung i. J. 1797 in Kupferdruck beiheften liess. Die nach demselben hergestellte Taf. II zeigt uns das dreistöckige Hauptgebäude des linken Flügels, welches die Klassen, die Bibliothek, die Wohnung des zweiten

Die Gebäude des Collegiums im Jahre 1797.

---

1) Unter den Lehrern jener Periode ragen Abrah. Wolf, Heydenreich, Cunde, Joh. Gottfr. Herder (1763—64), unter den Schülern Imman. Kant (1732—40), David Ruhnken, Georg David Kypke, Borowski (1746—55, später evangel. Erzbischof) hervor. Wie sehr Kant sich schon auf der Schule auszeichnete, beweist ein Brief Ruhnkens an Kant vom 10. März 1771 (abgedruckt bei Rink, Hemsterhuys und Ruhnken, Königsberg 1801), mit mit folgenden Worten beginnt: „Clarissimo Cantio S. P. D. D. Ruhnkenius. Anni triginta sunt ipsi, cum uterque tetrica illa quidem, sed utili tamen nec poenitenda fanaticorum disciplina continebamur. Erat tum ea de ingenio Tuo opinio, ut omnes praedicarent, posse Te, si studio nihil intermisso contenderes, ad id, quod in litteris summum est, pervenire. Cui tantae expectationi quid Te satisfecisse dicam, qui illam ita viceris, ut omnium, quos sive patria, sive Germania adeo habet, philosophorum luminibus officiose videaris."

2) Es wurden eingerichtet: 1732 die Neurossgärtsche, 1733 die Tragheimsche und Steindammsche, 1734 die Laaksche, Ober- und Unterhabergsche, 1736 die Kneiphöfsche, 1738 die Vorstädtsche, die dann seit 1793 wegen mangelnder Mittel wieder eingezogen wurden. Die höchste Frequenz in diesen Schulen betrug i. J. 1753: 2807 Zöglinge; die Zahl der Lehrer 51.

VIII   Einige Nachrichten über das Königliche Friedrichs-Kollegium

Inspektors, der meisten Inspicienten und Pensionäre und die Ökonomie, auf dem Dachfirst das Observatorium, enthielt; den Mittelbau mit der Kirche, den rechten Flügel mit der Wohnung des Oberinspektors und einigen Zimmern für Pensionäre, und den engen Schulhof.

Dass in diesen sehr beschränkten Räumen im Jahre 1807 vom 10. Februar bis 11. August Lehrer und Zöglinge des Königlichen Waisenhauses untergebracht und bespeist werden konnten, während dazu noch vom 11. Februar bis 4. März die Kirche mit gegen 300 blessierten französischen Gefangenen belegt war, zu deren Bewachung sich ein Kaiserlich russisches Kommando von 10—20 Soldaten beständig in dem Oberinspektoratsgebäude aufhielt, ist erstaunlich, bewundernswerter freilich, dass der Unterricht dabei keine Unterbrechung erlitt.

F. A. Gotthold (1810—1852). Erst mit der zu Ostern 1810 erfolgten Ernennung Friedr. Aug. Gottholds zum (siebenten) Direktor des Collegiums begann eine neue Epoche für dasselbe. Auf Königlichen Befehl sollten fortan ausser dem Direktor drei Oberlehrer und zwei Unterlehrer, der zweite zugleich als Prediger, an der Anstalt wirken, das Inspektorat aber sowie das Pensionat aufgehoben, die deutsche Schule von dem Fridericianum getrennt, die Räume in den Gebäuden zweckmässiger für das Gymnasium eingerichtet werden.

Gotthold wird mit Recht neben Lysius als der zweite Gründer des Friedrichs-Kollegiums gefeiert, dem er während seiner langen Amtsführung (1810—1852) neben mancher eigenartigen Einrichtung vor allem eine streng wissenschaftliche Richtung gab. Mit schonungsloser Konsequenz gegen sich, wie gegen seine Lehrer — unter denen Karl Lachmann (1816—18), Friedrich Jacob (1818—25), Karl Lehrs (1825—45) besonders hervorgehoben werden mögen — und Schüler führte er eine fast militärische Disciplin ein, vor welcher die heutige Zeit wahrscheinlich ein Grauen empfinden würde. Die Frequenz stieg gleichwohl von 90 bis auf 326 Schüler (i. J. 1822), und „noch in späteren Jahren ging Gottholds[1]) ganzes Herz auf in der Erinnerung, wie damals, in der Frühlingszeit seines amtlichen Lebens, lernbegierige, unermüdlich fleissige Jünglinge ihm zuströmten, das demütige Bekenntnis im Munde, dass sie wohl einsähen, von neuem anfangen zu müssen; wie mit dieser arbeitsmutigen Schar in kurzer Zeit Unglaubliches geleistet, ein umfangreiches griechisches Werk in wenigen Wochen gelesen wurde; wie das Publikum anfing, den Namen als einen Ehrennamen anzusehen." Dass auch er bei zunehmendem Alter einen Rückgang seines Gymnasiums erleben musste, war eine notwendige Folge der Masse von Regeln und Gesetzen, durch die jeder in die Anstalt Eintretende sich eingeengt sah, die viele zurückschreckte, — und doch lebt vieles von seinem Geist und seiner Art noch heute in dem Collegium fort, in dem er sich durch seine Stiftungen einen dauernden Ehrennamen erworben hat.

Den baulichen Verhältnissen der Anstalt wandte G. das regste Interesse zu, und wiederholt haben unter seinem Direktorat eingehende Veränderungen und Verbesserungen an den Gebäuden stattgefunden, die freilich immer deutlicher erkennen liessen, dass trotz aller Reparaturen die Erhaltung der alten, baufälligen Häuser unmöglich sei. Schon im Jahre 1848 beantragte Gotthold deshalb einen Neubau, für den auch mancherlei Projekte — allerdings vergeblich — ausgearbeitet wurden, und im Jahre 1852, kurz vor seiner Pensionierung, veröffentlichte er in den Preuss. Provinz.-Bl. „Über das zu erwartende neue Schulgebäude des Königl. Friedrichs-Collegiums" einen Aufsatz, in welchem er nach einer drastischen Schilderung der misslichen Verhältnisse in dem vorhandenen Klassengebäude für den Neubau forderte: zwei Vorbereitungs-, neun Gymnasial- und drei Reserveklassen, einen Zeichen- und Singsaal, je ein naturwissenschaftliches und physikalisches Zimmer, Aula, Konferenzzimmer, Karcer und Bibliothekssäle, sowie eine durch ein ganzes Geschoss hindurchgehende Wohnung für den Direktor.

„Was man zu vorstehendem Plane sagen werde", schreibt G., „ist nicht schwer zu erraten. Guter Freund, wird man mir zurufen, du forderst ein Hôtel, einen Palast, ein Schloss;

---

1) Aus Horkels Charakteristik F. A. Gottholds. Progr. d. Kgl. Friedr.-Kolleg. 1858.

und seine Gebäude (1698—1892). IX

kannst du das für weniger als 60 000 Thlr. herstellen? Und woher diese nehmen? Sind wir nicht ärmer als die Kirchenmäuse? Eng ist die Welt, und das Gehirn ist weit. — Nun, nun, in 75 Jahren, die ich zähle, pflegt sich das Spiel der luftigen Gedanken zu legen, das ist mein Fehler nicht; aber wenn etwas notwendig ist, so frag' ich nur nach dem Einen, fest überzeugt, dass es erreichbar ist, wenn man es erreichen will. Mit Socrates, Plato, Fichte — und mit welchem Weisen nicht? — bin ich überzeugt, dass echte Bildung (die religiöse nicht ausgeschlossen) an der Spitze aller menschlichen Interessen steht, dass sie den ganzen Staat und den einzelnen Bürger beglückt, erhält, vervollkommnet, und dass Alles, was ohne sie unternommen wird, verkehrt und meistens verderblich ist. Ich bin aber auch überzeugt, dass die Gymnasien das Fundament sind, auf dem diese echte Bildung erbaut wird und beruht. Und da soll ich kein Hôtel, keinen Palast, kein Schloss fordern und vor 60 000 Thlr. erschrecken? . . . Oder ist Königsberg zu unbedeutend für ein ordentliches Gymnasialgebäude, oder verdient das Fridericianum kein solches? Das Fridericianum, das im vorigen Jahrhundert täglich durch hundert Kandidaten mehrere Tausend armer Kinder unterrichten liess und alle Schulen Ostpreussens mit Lehrern versehen hat? Bewilligt man also vielleicht 30 000 Thlr. zum Bau eines neuen Schulgebäudes, so füge man aus Anerkennung und Dankbarkeit noch 30 000 Thlr. hinzu, und das erwähnte Hôtel wird dastehen."

Statt einer Verlegung des Gymnasiums nach dem Kasernenplatz, wie es Gotthold ge- **Die neuen Ge-**
wünscht, erfolgte im Jahre 1853 der Abbruch des alten Schulhauses und die Errichtung eines **bäude (1855).**
neuen Gebäudes an derselben Stelle. Unter G.'s Nachfolger Professor Joh. Horkel (1852—60) siedelte zu Ostern 1853 das Collegium interimistisch in ein dem Löbenichtschen Hospital gehöriges Gebäude über, nachdem es die letzte, ernste Feier in Schule und Kirche abgehalten war. Erst am 17. Oktober 1855 konnte die Einweihung des neuen Friedrichs-Collegiums vorgenommen werden, zu welcher der Direktor Horkel durch ein Programm „Der Holzkämmerer Gehr und die Anfänge des Königlichen Friedrichs-Collegiums" eingeladen hatte. Nach der Übergabe der Gebäude durch den Regierungsvicepräsidenten von Kotze, in Vertretung des durch Krankheit behinderten Oberpräsidenten Dr. Eichmann Exc., folgte die Weihe durch den Königlichen Oberhofprediger und Generalsuperintendenten Dr. Sartorius und die Festrede des Direktors.

Die Abbildung auf Taf. III giebt das Gebäude wieder, wie es mit geringen baulichen Veränderungen im Äussern von dem Tage seiner Eröffnung bis jetzt der Schule gedient hat.

Im Jahre 1859 wurde dann das Haus Kollegienplatz 1 angekauft und 1863 derartig umgebaut, dass in der oberen Etage eine Lehrerwohnung Platz fand, in den beiden unteren aber Klassenzimmer zur Aufnahme der Vorschule und einer Sexta, seit Ostern 1892 (unter Aufhebung der Lehrerwohnung) auch der zweiten Sexta, eingerichtet wurden. 1866 wurde das Grundstück Yorkstrasse 30 zur Erbauung eines Turnhauses käuflich erworben, dieses selbst 1876 im Bau fertig gestellt und zur Benutzung übergeben.

Die zunehmende Frequenz der Anstalt (von 373 Schülern Michaelis 1860 auf 704 Michaelis 1874) unter der interimistischen Leitung des Provinzialschulrat Dr. Wilh. Schrader (Michaelis 1860 bis Ostern 1861), sowie der Direktoren Th. Adler (Ostern 1861 bis Michaelis 1863) und Prof. Dr. G. Wagner (1863—78) hatte schon seit 1861 zu einem System von Doppelcöten geführt, welches von Jahr zu Jahr immer weitere Klassen- und Sammlungsräume verlangte. Diese konnten anfangs durch Ausnutzung jedes verfügbaren Zimmers, unter dem Direktor A. Lehnerdt (1878—1891) nur noch durch Herstellung von Zwischenwänden in den grösseren Räumen geschaffen werden, wodurch dann der Singsaal verloren ging, und die Aula zugleich als Übungsraum benutzt werden musste, während für den physikalischen Apparat die eine Hälfte des Erdgeschosses der Direktorwohnung eingeräumt, die Naturaliensammlung aber zum Teil in einem Korridor, zum Teil auf dem Boden aufgestellt wurde.

X Einige Nachrichten über das Königliche Friedrichs-Kollegium und seine Gebäude.

So hat das Friedrichs-Kollegium seit 1882 in vier getrennten Gebäuden Schule gehalten. In dem Hauptgebäude (Kollegienplatz 2) befinden sich jetzt die Aula, der Bibliotheksaal, das Konferenzzimmer, 14 Klassenräume, die Schuldienerwohnung und das Kassenlokal; in dem Hause Kollegienplatz 1: 5 Klassenzimmer; in dem Direktorwohnhause (Kollegienplatz 3) ist das physikalische Kabinet, in der Yorkstrasse 30 liegt das Turnhaus.

Nachdem fortgesetzte Unterhandlungen zu einer Erweiterung des bestehenden Baues nach der Seite des löbenichtschen Remters zu einem Resultate nicht geführt hatten, erreichten es die rastlosen Bemühungen des Direktors Lehnerdt, dass im Jahre 1888 ein der französisch-reformierten Gemeinde gehöriges Grundstück (Jägerhofstrasse 6) angekauft und auf demselben der schöne Bau errichtet wurde, den zu beziehen wir uns jetzt anschicken.

Möge zugleich einziehen und auch an der neuen Stätte erhalten bleiben der Geist, der bisher in unserm Friedrichs-Kollegium gewaltet und dasselbe befähigt hat, teilzunehmen an dem Ringen um ideale Güter.

Des Landhofmeisters Saal auf der Burgfreiheit
1698

Collegium Fridericianum
1797

Das Königliche Friedrichs-Kollegium
1855 - 1992.

Die neuen Gebäude des Königlichen Friedrichs-Kollegiums (1892).

Von
C. Walther,
Königl. Regierungsbaumeister.

Mit dem Bau der neuen Anstalt wurde im Frühjahr 1889 begonnen, nachdem die Entwürfe festgestellt und die nötigen Mittel vom Landtage bewilligt waren. *Allgemeines.*

Als Bauplatz war das zu diesem Zwecke erworbene Grundstück Jägerhofstrasse Nr. 6 gewählt, das, rund 70 ar gross, bei einer verhältnismässig schmalen Strassenfront von 30 m sich keilförmig nach der Tiefe zu bis auf eine Breite von mehr als 100 m erweiterte und dadurch besonders geeignet wurde, eine umfangreiche Anlage aufzunehmen und sie möglichst dem geräuschvollen Strassenverkehr zu entziehen.

Der letztere Grund war auch massgebend für die Stellung des Hauptbaues, des sogenannten Klassengebäudes. Dasselbe hat seine Lage längs der hinteren Grenze des Grundstücks erhalten, so dass der Turn- und Spielplatz sich vor der Vorderfront desselben in voller Grösse ausbreitet und die ungehinderte Zuführung von Luft und Licht gewährleistet. Das Abortgebäude sucht sich seitlich vom Klassengebäude in einem ausspringenden Winkel des Platzes nach Möglichkeit zu verbergen. Die übrigen zur Anstalt gehörigen Gebäude, die Turnhalle und das Direktorwohnhaus, haben bis jetzt noch nicht errichtet werden können, weil aus anderweiten Gründen eine Entscheidung über die Stellung dieser Gebäude bislang nicht getroffen worden ist. Doch besteht wohl die sichere Aussicht, dass die kommende Bauperiode auch diese Baulichkeiten bringt.

Die Anordnung der Räume des Klassengebäudes im Erdgeschoss und im zweiten Stockwerk zeigen die beigefügten Grundrisse (Taf. IV). Das erste Stockwerk enthält ausser weiteren Klassenräumen den Zeichensaal und das Direktorzimmer, und im dritten Stockwerk liegen die Unterrichts- und Sammlungsräume für Physik und Naturwissenschaft, sowie die Lehrerbibliothek. In dem nur 50 cm in den Erdboden eingesenkten Kellergeschoss sind in den Flügeln zwei Kassenräume und die Wohnung des Schuldieners untergebracht, während der Mittelbau für die Anlage der Centralheizung freigeblieben ist. *Das Klassengebäude.*

Vier Treppen vermitteln den Verkehr zwischen den einzelnen Geschossen. Die beiden Nebentreppen in den Seitenflügeln bestehen aus freitragenden Granitstufen und werden von einfacheren schmiedeeisernen Geländern eingefasst. Die Haupttreppen haben eine reichere Durchbildung erfahren. Die Podeste und Treppenläufe werden aus Kreuzkappen gebildet, deren Grate und Gurte auf Säulen aus Oberkirchner Sandstein aufsetzen. Gleiche Sandsteinplatten decken die Wangen ab und tragen das reich verzierte schmiedeeiserne Geländer. Die Setz-

XII   Die neuen Gebäude des Königlichen Friedrichs-Kollegiums.

stufen sind aus Kunststein hergestellt, die Auftritte aus gewöhnlichen Ziegeln aufgemauert, mit Cement abgeputzt und mit Linoleum beklebt.

Besondere Hervorhebung verdient der Wandelflur im Erdgeschoss und ersten Stockwerk, der, durch Sandsteinsäulen in zwei Schiffe geteilt, mit den Haupttreppen ein einheitliches Ganze bildet und der ganzen Anlage den Stempel eines gewissen Reichtums aufdrückt. Sinziger Thonplatten bedecken in einfachem Muster den Fussboden, und nur zwischen den Säulen zieht sich ein reiches farbiges Band aus gleichem Material entlang.

Die Klassenzimmer haben eine durchschnittliche Grösse von 6,0 : 6,50 m und eine lichte Höhe von 4,10 m. Die Ausstattung der einzelnen Räume ist die übliche. Bei den Wandtafeln ist insofern eine Neuerung eingeführt, als die Schreibtafel aus einer Rohglasplatte besteht, die auf der Rückseite mit schwarzer Ölfarbe gestrichen ist. Auf dieser Tafel lässt es sich stets gleichmässig deutlich schreiben, sie nutzt sich nicht ab und bedarf keiner Auffrischung. Bei der starken Frequenz der Anstalt war die Durchführung einer zweisitzigen Bankanordnung unmöglich. Es sind daher Subsellien mit Klappsitzen Vogelscher Konstruktion gewählt, dieselbe Konstruktion, die sich bereits in der alten Anstalt aufs beste bewährt hatte. Über 700 Schüler können in den neuen Räumen bequem untergebracht werden.

Die Decken und Wände sind in Leimfarbe gestrichen, nur die unteren Wandflächen haben bis auf 1,50 m Höhe einen Wachsfarbenanstrich erhalten. Sämtliches Holzwerk ist im Holztone lasiert und an den Fasen und Profilen dunkel abgesetzt.

Für die Erwärmung der Klassen sorgt eine Niederdruckdampfheizung, für die der Flure und der Aula eine Luftheizung. Die Ventilationsluft für die Räume wird aus den Fluren in der Weise entnommen, dass in den Wänden liegende Kanäle die Luft vom Flur an den Heizkörper der Klassen führen und sie hier bis zu gewünschter Höhe erwärmen lassen. Abluftkanäle leiten die verbrauchte Luft bis über Dach.

Den Mittelpunkt des Gebäudes, der sich auch in der Fassadengestaltung wiederspiegelt, bildet naturgemäss die Aula, die im zweiten Stockwerk ansetzt und durch das dritte Stockwerk hindurchführt. Dieser Raum zeigt bei einer Länge von 22,0 m, einer Tiefe von 13,0 m und einer Höhe von 9,0 m ausserordentlich günstige Verhältnisse. Auf seine würdige Ausschmückung ist die grösste Sorgfalt verwendet. Die Decke, mit einer reichgegliederten Holztäfelung bekleidet, folgt in ihrer Einteilung genau der Dachkonstruktion. An der südlichen Schmalseite erhebt sich eine, von kräftigen Holzpfeilern getragene Empore, welche die Orgel aufnimmt. Unter der Empore, über dem Aulafussboden erhöht, befindet sich das Sängerpodium mit vorgeschobenem Rednerpult und zurückliegendem Orgelspieltisch. Das Tageslicht strömt durch drei Paar hohe, farbig verglaste Fenster mit je einer reichgemalten Rose darüber, während für abendliche Beleuchtung zwei schmiedeeiserne Kronen mit je 40 Flammen Sorge tragen. Eine 1,80 m hohe Holztäfelung zieht sich rings an den Wänden entlang. Die Bemalung aller dieser Teile ist von einer künstlerischen Hand einheitlich durchgeführt. Das Holzwerk ist in verschiedenen Tönen eichenholzartig lasiert, die Fasen, Profilierungen und Ornamente sind mit farbigen Bronzen behandelt und an geeigneten Stellen durch echte Blattvergoldung besonders betont. Die kirchlich gehaltenen Sitzbänke schliessen sich dem an. Die Wände sind in Temperafarbe mit Ornamenten in Wachsfarbe und Bronze gemalt. Drei Königsbilder, in deren Besitze die Anstalt sich befindet, nämlich Friedrich I., der Stifter der Anstalt, Friedrich II. und Kaiser Wilhelm I., schmücken die drei Felder der vollen Längswand und heben sich mit ihren schwergoldenen Rahmen wirkungsvoll von dem lichten Blau der Wandfläche ab.

Was die Architektur des Äusseren betrifft, so ist dieselbe mit Rücksicht darauf, dass das Gebäude fern von der Strasse liegt und wenig gesehen wird, in einfachen Ziegelrohbauformen gehalten. Die beigegebene Abbildung (Taf. V) veranschaulicht die Gestaltung der Hauptfassade.

Das Abortgebäude.   Der Grundriss des Abortagebäudes bildet ein Rechteck von 15,0 m Länge und 8,0 m Breite. An den beiden Schmalseiten dieses Rechtecks liegen zwei offene Hallen, die den Zugang zum Gebäude vermitteln. Den Innenraum teilt eine Mittelwand der Länge nach in zwei gleiche Abteilungen, von denen jede zwölf Sitze und einen offenen Stand von 10,0 m Länge enthält. Die Stände sowie die Klosets sind mit Wasserspülung versehen. Und zwar ist die Einrichtung der Spülung für die Klosets derartig eingerichtet, dass sämtliche Sitze einer Abteilung von einem Punkte aus durch den Schuldiener gespült werden. Die Fäkalien fliessen in ein grosses eisernes Bassin, das in die Erde eingegraben ist, und aus dem die Masse in besondere Abfuhrwagen gepumpt und fortgeschafft wird. Sobald die jetzt in Angriff genommene städtische Kanalisation fertig gestellt ist, wird das Bassin beseitigt und die Rohrleitung der Klosetanlage mit derjenigen der Entwässerungsanlage verbunden, so dass die Fäkalien dem städtischen Kanal zugeführt werden.

Wie oben erwähnt, konnte mit dem Bau des Direktorwohnhauses und der Turnhalle bislang noch nicht vorgegangen werden, weil das Projekt sowohl wie die Lage des ersteren noch nicht feststeht. Da aber die Stellung der Turnhalle von der des Direktorwohnhauses abhängt, so hat auch dieser Bau zurückbleiben müssen, obwohl der Entwurf hierzu endgiltig genehmigt ist. Was den letzteren betrifft, so ist die Halle im Lichten 25,0 m lang, 12,50 m breit und 8,40 m hoch. Ein eingeschossiger Anbau enthält den Haupteingang, ein Lehrerzimmer und einen Geräteraum. Das Holzcementdach des Gebäudes bildet zugleich die Decke. Die Binde und Sparren sowie die Schalbretter bleiben mit der untern Fläche sichtbar, werden hier gehobelt und an den Kanten bezw. Fugen gefast und gekehlt. Die Wände werden unten mit einer 2,0 m hohen Holztäfelung versehen, im übrigen geputzt und in Leimfarbe gestrichen. Zur Heizung dienen zwei grosse, für Ventilation und Cirkulation eingerichtete Regulierfüllöfen. Die Turngeräte werden nach dem bewährtesten Systeme sämtlich neu beschafft.

Die Turnhalle und das Direktorwohnhaus.

Die Gesamtkosten der Anlage berechnen sich in runden Summen wie folgt:

Kosten der Anlage.

1. Grunderwerb . . . . 150000 ℳ
2. Klassengebäude mit innerer Einrichtung. . . . . . . 400000 „
3. Abortgebäude . . . . 16000 „
4. Turnhalle mit Einrichtung. . . . . 36000 „
5. Direktorwohnhaus . . . . 33500 „
6. Grenzmauer, Platzregulierung etc. und zur Abrundung 44500 „
   Summa 680000 ℳ

Zum Schlusse sei noch bemerkt, dass die Skizzen zu den Entwürfen im Ministerium der öffentlichen Arbeiten vom Geheimen Regierungsrat Lorenz gefertigt sind, dass die Entwurfsbearbeitung sowie die Bauleitung in den Händen des Königlichen Kreisbauinspektors Baurat Ihne hierselbst lag, dem dabei nach einander die Regierungsbaumeister Hudemann, Jansen und Walther Hilfe leisteten.

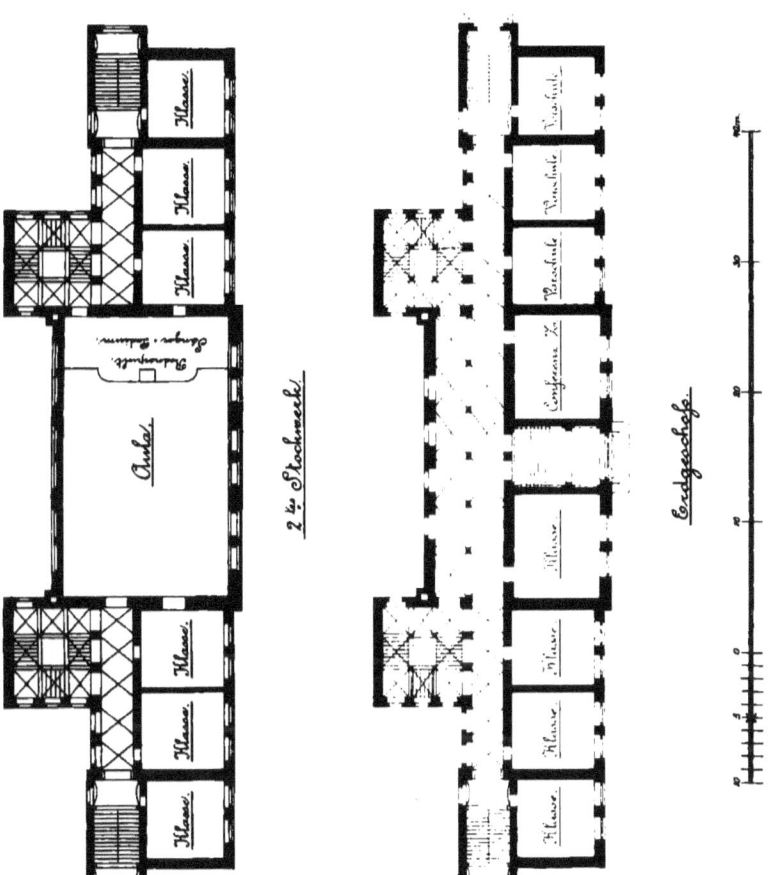

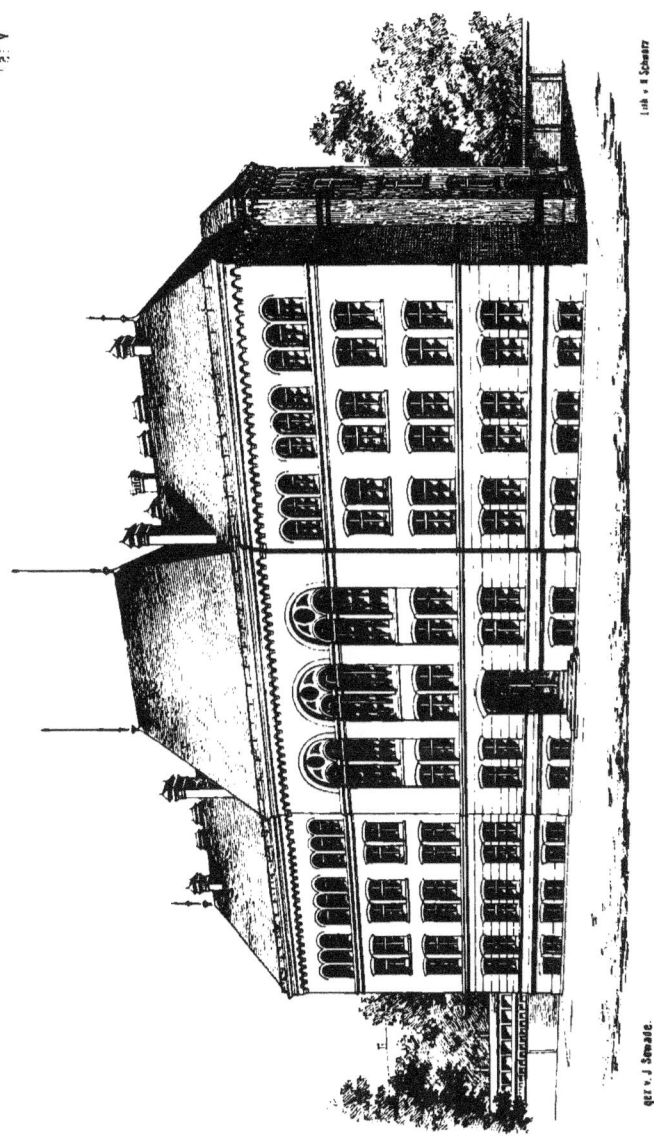

Das neue Königliche Friedrichs Kollegium (Jägerhofstrasse N° 6)
1892.

Der Sprachgebrauch des anglo-normannischen religiösen Dramas (Mystère) Adam.

Von

V. Merguet.

Der Text des religiösen Dramas Adam wurde im Jahre 1853 von dem verdienten Bibliothekar Victor Luzarche auf der Stadtbibliothek von Tours unter einer Anzahl vergessener Manuskripte, die von den Benediktinern von Marmoutier nach des Herausgebers Angabe im Jahre 1716 in Toulouse der Familie Lesdiguières abgekauft waren, aufgefunden. V. Luzarche veröffentlichte denselben mit einer Reihe anderer kleinerer Gedichte religiösen Inhalts, die sich in derselben Handschrift, einem kleinen Bändchen in quadratischer Form, befanden, zum ersten Male im Jahre 1854: Tours, imprimerie de Bouserez; die Auflage umfasste freilich nur 211 Exemplare.

In seiner beigefügten ziemlich umfangreichen Vorrede, in der der Herausgeber sich über die Frage nach dem oder den Verfassern und die Zeit der einzelnen Dichtungen verbreitet, weist derselbe dem Drama Adam mit Wahrscheinlichkeit das zwölfte Jahrhundert als Entstehungszeit zu. Dasselbe verdient jedenfalls nicht nur wegen seines hohen Alters, sondern neben demselben wegen seiner Vollständigkeit, die uns einen selten deutlichen Einblick in die Entwicklung des französischen Volksgeistes, in die Entstehung des französischen Dramas und in die Entwicklung der französischen Sprache giebt, in hohem Grade unsere Aufmerksamkeit. Gestatten es Raum und Zeit nicht, an dieser Stelle nach jeder der genannten Richtungen dasselbe kritisch zu beleuchten und zu verwerten, — dazu wäre zunächst eine Wiedergabe des Textes oder doch eine ziemlich wörtliche Angabe des Inhalts nötig — so verfolgt das Folgende wenigstens den Zweck, eine möglichst genaue Darstellung des Sprachgebrauches dieses merkwürdigen Denkmals des Altfranzösischen zu geben. Nur einige kurze Bemerkungen mögen dieser sprachlichen Untersuchung zur Beleuchtung der dramatischen Eigenart und Bedeutung des Werkes für die Entwicklungsgeschichte des französischen Dramas vorausgehen.

Das Mystère Adam führt uns an die Wiege der dramatischen Kunst in Frankreich. Hier gleicht das Drama noch dem Kinde, welches lange von den Händen seiner Mutter oder Pflegerin getragen und gestützt, nun, zum ersten Male auf eigene Füsse gestellt, zwar zu gehen versucht, aber auf Schritt und Tritt seine Blicke rückwärts wendet und in jeder Beziehung seine Herkunft bekundet. Das französische Drama erwuchs, wie bekannt, dem Schosse der Kirche, deren Liturgie zur Zeit Gregors des Grossen durch die abwechselnden Gesänge des Priesters und der Gemeinde den Grund zu dramatischen Versuchen legte.*) Die so gestreute dramatische Aussaat bedurfte freilich der Entwicklung. Diese musste aber um so sicherer eintreten, als dabei in der Eigenart der menschlichen Natur liegende Gründe mitwirkten, die wiederum ihrerseits in den religiösen und politischen Zuständen des Jahrhunderts noch weitere Unterstützung fanden. Die Kirche, diese allmächtige Grossmacht des Mittelalters, wünschte die Dogmen des christlichen und kirchlichen Glaubens recht tief in dem Gemüte der Völker zu befestigen, die oft erst nach hartem Widerstande die Taufe angenommen hatten.

---

*) Vgl. Ebert, Entwicklungsgeschichte der französischen Tragödie S. 17 ff.

Leider aber war die Geistigkeit dieses christlichen Glaubens der derben, auf das Sichtbare und Fassbare gerichteten Art der Völker dieser Zeit sehr wenig homogen. Ihr genügte die noch so begeisterte Predigt der Boten des Evangeliums auf die Dauer nicht. So musste sich die weltkluge Kirche nach andern und auf das Volk stärker wirkenden religiösen Mitteln umsehen, und so kam sie, die anfangs allen dramatischen Bestrebungen des Heidentums feindlich war und des vielfach obscönen Inhalts wegen auch sein musste, nach Besiegung des Heidentums aus eigenem Lebensbedürfnis heraus dazu, die Beschützerin der neu entstehenden dramatischen Kunst zu werden.

Zur weiteren und schnelleren Fortentwicklung derselben wirkte dann — neben dem Wunsche des ungebildeten Menschen, das Trancendente verkörpert zu erblicken — das jedem von der Kultur etwas geförderten Menschen innewohnende Verlangen mit, das menschliche Leben mit seiner Thatsächlichkeit, aber auch mit den Ideen und Empfindungen des menschlichen Herzens zur Anschauung gebracht zu sehen. Dieser Trieb entwickelte das Drama auch da weiter, als es sich von seiner Pflegemutter Kirche schon mehr und mehr entfernte und weltlichen Charakter annahm. Zu Bestätigung und Erläuterung des Gesagten möge die Angabe einiger Einzelheiten aus dem Drama Adam dienen.

Dasselbe wird von Anfang bis zu Ende von einer recht eingehenden dramatischen Anweisung — ordo representacionis — begleitet. Nach derselben ist der Schauplatz der Vorstellung vor einer Kirche; denn Gott, genannt „Figura", bewegt sich nach seinem Gespräche mit Adam und Eva gegen die Kirche hin. Eine Vorlesung der Schöpfungsgeschichte aus dem I. Buch Mosis geht der Vorstellung voraus, gefolgt von einem entsprechenden Chorgesang. Dann beginnt das durch seine Naivität reizvolle Gespräch zwischen Gott, Adam und Eva. Weiter begnügt der Verfasser, sowohl bei der Anweisung für die Darsteller wie bei dem dramatischen Text, sich nicht damit, das für die einzelne Rolle und Situation Charakteristische anzumerken und objektiv hervortreten zu lassen, sondern er benutzt jede Gelegenheit, den Zuschauern die christlichen Dogmen und Pflichten nachdrücklich zu Gemüt zu führen. Damit z. B. Adam eine richtige Vorstellung von Gott und seiner eigenen Gottähnlichkeit habe, belehrt „Figura" ihn gleich zu Anfang mit den Worten:

„Je t'ai fourmé à mun semblant
„à ma image ne t'ai fait de terre."

Ebenso erfahren mit Adam alle Ehemänner, wie sie sich nach dem Willen Gottes gegen ihre Ehefrauen zu verhalten haben, und auch letztere bleiben durch die an Eva gerichteten Worte durchaus nicht in Ungewissheit über das, was sich für eine gute Gattin schickt. Ebenso wird ferner das Glück unserer Stammeltern vor dem Sündenfall, aber noch viel nachdrücklicher werden die traurigen Folgen desselben dargestellt. Der Teufel mit seinen Dämonen tritt auf und berückt durch äusserst schlaue Verführung den Sinn der schwachen Menschen; der Zuschauer sieht das Schicksal der mit eisernen Ketten belasteten Sünder; sie werden in einen Schlund gestürzt, aus welchem schreckliche Klagerufe mitten durch das nervenerschütternde Geschrei der Dämonen hervordringen; so sieht er, ergeht es denen, die nicht ihre Sünden erkennen, bekennen und sich durch die Kirche mit Gott versöhnen lassen.

Auf diesen ersten Akt des Dramas folgt ein Gespräch zwischen Kain und Abel, welches mit der Ermordung Abels endet und so die erschreckende Weiterverbreitung der Sünde im Menschengeschlecht jedermann zum Bewusstsein bringt. — Im anschliessenden dritten Akt betritt nach einander eine Anzahl alttestamentlicher Propheten die Scene, um das Kommen des Erlösers zu verkünden, ohne den die Menschen der ewigen Verdammnis anheimfallen müssten. Dieser Abschnitt zeigt wenig dramatische Handlung, indem nur einmal ein Jude dazwischentritt und den Propheten Jesaias Lügen zu strafen sucht. Darauf erscheint noch der König Nebukadnezar (Nebukodonosar) und berichtet, offenbar um die Allmacht Gottes auch für die Erlösung der Menschen zu bekunden, von der Errettung der drei Männer im feurigen Ofen.

Das Drama schliesst mit einer ausserordentlich schrecklichen apokalyptischen Beschreibung der letzten Tage dieser Welt, natürlich um so den Eindruck alles Voraufgehenden zusammenfassend zu verstärken und die Herzen der Zuschauer mit ganzer Willfährigkeit gegen die Weisungen der Kirche erfüllt zu entlassen. — Es unterliegt kaum einem Zweifel, dass eine solche dramatische Predigt auf ein Volk mit lebhafter Phantasie einen tiefen und nachhaltigen Eindruck machen musste.

Wenden wir uns nach diesen kurzen litterarhistorischen Bemerkungen zu unserer Hauptaufgabe, einer eingehenderen Darstellung der Spracherscheinungen des Dramas Adam. Dieselbe muss mit dem Gebrauch der Buchstaben beginnen, der, vom Lateinischen ausgehend, sich dem späteren Französisch bereits vielfach nähert, oder sich gar mit ihm deckt, dabei aber noch ein grosses Schwanken zeigt.

Gebrauch der Vokale.*)

a.

Der Buchstabe a wird ziemlich übereinstimmend mit der modernen Sprache angewendet; nur in wenigen Fällen finden sich dafür noch andere Vokale, so:

o: ovec 16, 19; por 31, 17; — e: senz 30, 3 (34, 16 sanz).
Statt des modernen â steht ëa: öage 9, 3.

e.

Für tonloses e noch das ursprüngliche a in Eva 3, 12; 19, 1 (öfter freilich schon das moderne e: Eve z. B. 35, 12); ascute 22, 3; allas 28, 11; ancore 56, 14 (37, 18 encore; 37, 13 oncore).
o in: jo 4, 9; 12, 1; colui 14, 14; socors 29, 22; sojor 38, 15; sojorne 23, 4; folonie 37, 3.
u in: sucure 29, 19; auduiant 36, 20.
i in: criator 21, 9 und öfter; criature 8, 10.

Zur Bezeichnung eines langen e wird gebraucht:
ai, z. B. gaires 22, 10; 30, 2; chaitit 40, 1.
ea: beal 32, 3; 45, 1 (dafür öfter bel z. B. 40, 5).
oe: noe 16, 10; oe 19, 2.
ee: leegier 49, 7.
ei: eiscrit 41, 7 (40, 16 und öfter escrit).

Das euphonische e am Anfang der Wörter vor s ist noch oft fortgeblieben, z. B. spée 39, 7; steille 60, 15 (61, 4 und öfter esteille); sperance 43, 7.
Des Reimes wegen ist e hinzugefügt, z. B. 6, 8. 9 poie — l'oie; 31, 11. 12 ore — sore. Aus demselben Grund ist e fortgelassen, z. B. 23, 5. 6: mond — parfont; 29, 16. 17: mond — fond. — Am Ende bestimmter Wörter fällt e besonders leicht auch sonst fort, so bei hom 9, 14; 38, 22; 40, 3; bei ore sehr häufig, bei cume 31, 11; 36, 1; 41, 2.
Bezüglich des e in den Endungen des Futur vgl. das bei den Verben Gesagte.

i.

Für den Vokal i findet sich:
e in: feel 5, 13; preer 11, 10; estoire 40, 16; öfter.
y in: ymage 34, 1 (dafür öfter image); Chaym 44, 1 (55, 15: Chaïm); sygnes 78, 6.
Durch Assimilation fortgefallen ist i in: orrai, orras 19, 9. 10.
Die Verwandtschaft der beiden Vokale u und i veranlasst sehr oft ein Hinzufügen des i, offenbar um die Aussprache des u näher zu bestimmen, z. B. luit 47, 5; reconnuit 69, 8; fuissent

---

*) Verf. hält sich bei den folgenden Angaben der Objektivität wegen strenge an den vorliegenden Text, ohne denselben damit überall als richtig anerkennen zu wollen.

68, 16; suduiant 36, 20 u. ö. Dabei ist i hauptsächlich dann hinzugesetzt, wenn die lateinische Form in der Schlusssilbe i hatte, welches ein u der voraufgehenden Silbe leicht anziehen konnte z. B. 25, 1 muiller (5, 2 noch mullier).

Zur Diphthongierung des e tritt i meistens ein bei einsilbigen konsonantisch auslautenden Wörtern und bei den Infinitiven und Participien der I. Konjugation, die mit radikalem c, ch, g schliessen, z. B. fiel 4, 2; tien 5, 1 und hier 5, 1; rien 5, 10; mien 6, 10 (ebenso in den andern entsprechenden Formen dieses Pronomens); iers 6, 4; ciel 31, 8; marchié 29, 12; chief 37, 21; mangier 34, 13.

Seltener tritt die Diphthongierung vor zwei Konsonanten ein, so in nient 9, 11; fieblette 21,5; vient 31,8.

Vernachlässigt ist dieselbe z. B. in: manger 35, 9; pecché 36, 4; peccbez 40, 2 und öfter.

o.

Der Vokal o scheint in der alltäglichen Aussprache des XII. Jahrhunderts unserm deutschen „u" und dem ou des modernen Französisch sehr nahe gestanden zu haben; dieses ergiebt sich teils aus der Art, wie er in demselben Worte ersetzt wird, teils aus dem Reime, wo er oft mit Silben reimt, die unzweifelhaft den Klang des modernen „ou" hatten.

Für o tritt ein:

ou, z. B. fourmé 3,5; 6, 47 (5, 18 formé); noun 3, 12 (7, 12 nun); vous 30, 20 (daneben häufig vos).

u, z. B. mun 3, 6 (ebenso tun, sun); creatur 3, 10; cumpainun 3, 11; hunté 7, 1; dunt 34, 5 und öfter, namentlich auch in den Futurendungen des Verbums, wo unt und ont gleich häufig sind.

Die Länge des o scheint noch durch das ursprüngliche „s" angedeutet zu sein, welches wohl nicht mehr gesprochen wurde, so 6, 4 vostre, coste 30, 21 und öfter.

oe findet sich für o (oder u) in: toen 42, 20.

Zur Beurteilung der Aussprache mögen einige Reime dienen, z. B.

naistront — finerunt 31, 9. 10;
seignor — creatur 17, 17. 18;
la summe — pome 17, 19. 20;
sunt — mont 82, 8. 9;
irur — fréur — peccheor — dolor 8, 12—15.

u.

Schon die vorigen Beispiele zeigen, wie wenig verschieden die Laute u und o gewesen sein müssen. Die Aussprache des „u" scheint meistens die des Lateinischen, bedeutend seltener die des späteren Französisch gewesen zu sein, z. B.

compainun — noun 3, 12. 13;
tue — vie 35, 13. 14.

Wo die letztere nötig schien, fügte man mehr und mehr ein „i" hinzu, welches, ohne die Silbenzahl des Verses zu vermehren, der Aussprache dienen sollte; z. B. 16, 9. 11 fruit — deduit. Da dieses „i" aber nur in vereinzelten Fällen gebraucht wurde, und die Sprache auf die Dauer eine solche Unsicherheit der Aussprache nicht leiden mochte, so trat später für den dunkeln u-Laut das heutige „ou" ein, während dem „u" die zum i neigende Aussprache verblieb.

Schliesslich sei hier noch bemerkt, dass schon in unserm Drama der Buchstabe „u" dazu gebraucht wird, dem „g" eine harte Aussprache zu geben, z. B. 5, 8 guere; 45, 11 guerre; 37, 14 aguaiteras.

Der Sprachgebrauch des anglo-normannischen religiösen Dramas Adam.

Die Diphthonge.

ai.

Dafür findet sich:
ei: z. B. feit 5, 7; pleisir 5, 15; veis 19, 3.
e: z. B. crendras 9, 4; 16, 6; tu sez 15, 3; 26, 8; jamès 17, 8; mès 41,8; fresche 21, 6.
a des Lateinischen: z. B. pan 35, 9; ame 4, 3 (5, 1 aime).

Die Diärese des Diphthongs tritt des Verses wegen häufig ein und ist namentlich da gebraucht, wo die ursprüngliche lateinische Form sie nahelegte; z. B. traïtor 9, 16; traïst 9, 17 u. ö.

ei.

Der Diphthong wechselt mit
ai: z. B. paraille 5, 12; plaine 40, 17.
oi: poine 41, 14.

Wie sich aus dem Verse ergiebt, hatten wohl beide Laute ai und ei die Aussprache eines langen „e", z. B.

pareil — fiel 4, 12; vers — eirs 56, 13. 14;
parail — conseil 31, 13. 14; fere — plaire 74, 10. 11;
mesfeite — retraite 42, 5. 6; trait — set 75, 19. 20;

Vgl. auch faire, dafür 74, 10 u. ö. fere, 3, 7 u. ö. feit; 17, 4. 10 fait; 32, 7 und öfter fet.

oi.

Dafür wird gebraucht:
e (ursprünglich): z. B. mover 3, 8; saver 10, 6; aver 12, 2.
ee, die eine Silbe bilden z. B.: creez 6, 17; veez 7, 11, 41, 8.
ei: z. B. tei 4, 3; mei 6, 17; lei 4, 14; deit 30, 1; 21, 17 (35, 19 doit); en quei 15, 11 (29, 24 porquoi); etc.

Dass dieser Diphthong noch nicht den eigentümlichen Laut des modernen Französisch hatte, geht aus dem Reime deutlich hervor, z. B.:
4, 3. 4 tei — moi;
37, 6. 7 maleit — doit;
62, 16. 17 vois — trais; 63, 9. 10 voies — raies;
65, 4. 5 voir — veer, 61, 23 lei — roi.

ui.

Zu diesem Diphthong vgl. das bei den Vokalen „u" und „i" oben Gesagte.

au (eau).

Der Laut au, der durch die abschwächende Umlautung des lateinischen al (el) entstanden ist, findet sich selten; das ursprüngliche l des Lateinischen ist meistens noch erhalten; Beispiele für die Ausnahme sind: 17, 3 l'autr'er; 31, 1 l'autre ier. — Ebenso schrieb man noch saveras 27, 6; avrez 38, 15 etc.

eu, oe, oeu.

Bei den Substantiven auf „eur" steht für das spätere „eur" noch häufig das ursprüngliche „or" (auch ur), z. B. creatur 3, 10; creator 4, 19; seignor 4, 20; dolor 6, 5, savor 27, 10; meillor 47, 13; etc.

Für späteres eu findet sich:
oi: z. B. poi 20, 10; voil 9, 5; tu pois 20, 7; etc.
oe: z. B. poez 5, 19; tu voels 18, 8.

u: z. B. sul 14,13; fu 31,1; ussent 74,14.
ou: z. B. dous 22,4; pour 44,12.
eau: à eaus 74, 6.

Für „oeu" findet sich „e" in cuer 24, 6; der Laut „oe" ist nicht häufig; Beispiele seines Gebrauchs sind:
4, 17 li toen; 5, 19 poez (öfter); tu voels 18, 8; soeffre 72, 15.

ou.
In Stelle des modernen ou steht:
o: z. B. mover 3,8; governe 4,11; amor 4,13; vos 4,17; tot 5,3; corage 5,5; jors 6,7; por 8,3; nos 8,5; jornal 14,2; torment 18,8; oltrage 34,2; etc.
u: z. B. vus 4,12; tucherai 14,14; guste 16,9; nus 22,4; suffre 42,3; ù 54,7 (55,1 où).
Nur selten stossen wir bereits auf die moderne Orthographie, z. B. 30, 20 vous.

Die Konsonanten.
a) Flüssige.
l.
Dasselbe ist nach einem Vokale noch fast immer erhalten, z. B.: voldras 5,10; chalt 6,3; altre 6,18 und öfter: falture 8,9; valt 11,4; valdra 11,5; halt 17,8; malvais 38,15; eals 41,21; salt 59,7; etc.
Beispiele des viel selteneren Falls der vokalischen Abschwächung sind: chauz 80,17; l'autr'er 17,3; l'autre 33,1; dazu kommen noch vier Stellen (39, 9. 10; 81, 18; 84, 16) mit der modernen Artikelform „au". Ausgestossen ist „l" in cotiveras 32. — Eine Verdoppelung dieses wie aller übrigen verdoppelbaren Konsonanten ist viel seltener als in der modernen Sprache; Beispiele derselben sind: paraille 5,12; aillors 38,10; dagegen cele 37,15; ele 4,3; etc.

m (mm).
Dafür n in: nun oder noun 3,12; 7,12; tens 5,3.
Auch hier unterbleibt meistens die spätere Verdoppelung; z. B. comandement 4,5; comand 8,3; home 8,12; coment 10,6; comence, comencer 19,9 und 35,13. — Vereinzelte Beispiele derselben sind: femme 34,9; 41; summe, somme 17,19; 57,14 (37, 14 some).
Der Klang des verdoppelten „m" scheint dem des einfachen wesentlich gleich gewesen zu sein, denn 17, 19 reimt pome mit summe.

n.
Dasselbe verändert sich vor den Lippenbuchstaben: b, p, f in „m"; z. B.: emfanter 9, 1; emfers 20,12; em fist 21,9; tempter 29,17; em flor 49,5; em bas 60,10.
n ist unterdrückt in covendreit 23,3.
n ist assimilirt in iesi 56,1 (57, 2 ensi); demonstré 62,11.
Die Verdoppelung ist gleichfalls meistens unterlassen, z. B. conustrai 5,2; donrai 36,5. mn für n in vilamnie 12, 2; nn für späteres gn in gainnie 33,10.

r.
Dafür rr in corrage 21,12.
r am Ende namentlich der Infinitivformen war lautbar; vgl. die Reime 28, 9. 10 per—doter; 34, 7. 8 per—gabber; 35, 16. 17 per—deviner.

b) Lippenbuchstaben.

b.

Dasselbe hat sich noch erhalten in subject 44, 5; findet sich verdoppelt in gabber 34, 8.

v (w).

Es schliesst sich den lateinischen Grundformen an und ersetzt die verwandten Buchstaben desselben in: savras 6, 5; (debez 4, 2;) dever etc. Zuweilen findet sich statt desselben auch schon die vokalische Form der modernen Sprache, so in saurat 24, 6.
Am Ende der Wörter wird es durch die stärkeren Labialen f ersetzt, z. B. serf 33, 11.
w findet sich in dem englischen Worte agwai 34, 12.

p.

Es wird unterdrückt vor „s", z. B. cors 4, 9; tens 5, 3.
Vor t bleibt es bald, bald verschwindet es, z. B. precept 14, 6; set 55, 16; tempter 29, 17. Dieselbe Ungleichheit zeigt sich vor n, z. B. dampne 45, 8; damne 70, 16. Assimiliert ist es in settime 76, 13. In apris 14, 12 erscheint auch hier die Abneigung gegen die spätere Verdoppelung.

f.

Es verwandelt sich zwischen zwei Vokalen schon hier in das weichere v; z. B. chaitive 42, 8.

c) Kehlbuchstaben.

g.

Es ist wahrscheinlich, dass g nicht nur vor den hellen Vokalen e und i (y) nach dem Lateinischen die weiche Aussprache gehabt hat, sondern auch vor anderen Vokalen. Wenigstens scheint dieselbe beim Verbum I. Konj. vor dem Infinitiv auf andere Verbalformen übergegangen zu sein; dafür spricht das Eintreten des j für g; z. B. mangai 34, 11; manjas 34, 16. Dass in einzelnen Formen hinter „j" noch ein „u" eingedrungen ist, erklärt sich vielleicht aus der Verwandtschaft der beiden Buchstaben; so 24, 15 manjue 6; 28, 7 manjue; 9, 8 manjues (23, 11 mangues).

g an Stelle des modernen j in gardin 22, 8.
ḡ am Ende des Wortes zugesetzt in besoing 6, 2; 12, 1.
Um dem g den harten Laut zu geben, fügte man schon damals ein „u" ein; z. B. guise 5, 16; guerdon 34, 7; guerre 45, 11; orguil 46, 2; vgl. Vokal u.
ḡ am Ende des Wortes zu c verhärtet in sanc 55, 7.
Der erweichte Laut des gn tritt hervor in engingna 35, 15; die Entstehung desselben lässt vielleicht die Orthographie von cumpainun 3, 11 erkennen.

q.

Dafür k in ki 6, 15; 7, 1; k'en 31, 7; ke 32, 7; ch in chi 30, 8.

k, c.

Für hartes c häufig k, z. B. kar 16, 14; 42, 11; ch: donch 17, 6; char 59, 9. — c ohne Verdoppelung, z. B. in aceptable 47, 16; acordance 43, 8.
Weiches c (t) wird nicht selten durch s oder z ersetzt, z. B. justise 44, 15; sacrefise 56, 11 (14, 14 sacrifice), servise 5, 15; comenza 67, 10.

10   Der Sprachgebrauch des anglo-normannischen religiösen Dramas Adam.

ch.

Es wird in der Mitte des Wortes gewöhnlich verstärkt durch c, z. B. pecchoras 6, 21; pecchable 29, 8; pecchié 29, 13; secche 62, 13.

Für ch lesen wir sch in eschive 42, 14; haschée 42, 3 (41, 20 bascée).

d) Zahnbuchstaben.
d.

Es wird am Ende des Wortes meistens in t verwandelt, z. B. grant 4, 13; defent 9, 7; pert 9, 12; pent 15, 7; parfont 23, 4; Rolant 70, 6; erhalten ist es in rend 36, 18; tard 40, 12; mond 5, 2; serrad 7, 6; etc.

Unterdrückt ist es in paraïs 19, 7 (14, 11 paradis); ersetzt durch z in tarzera 67, 12; verdoppelt steht es in middi 73, 23; zugefügt in brudlé 31, 1.

s, x, z.

Ursprüngliches s vor einem Konsonanten hat sich sehr vielfach erhalten, z. B. descovert 20, 3; esté 20, 8; escole 20, 6; espines 35, 5; distorber 52, 6.

Dass es bei der Aussprache nicht mehr immer zur Geltung kam, zeigt teils die verschiedene Orthographie desselben Wortes, wie disme 44, 13 und dime 53, 16, teils der Reim; vgl. maïmes — diemes 48, 5. 6.

Trotzdem wurde es lange Zeit und auch im Adam geschrieben; dies wohl mit Rücksicht auf die lateinischen Grundformen, vielleicht auch um dem voraufgehenden Vokal die lange Aussprache zu sichern. Die oft unbegründete Verwendung des s am Ende der Wörter erklärt sich in einzelnen Fällen durch den Reim, meistens durch gedankenlose Analogie in Folge der Häufigkeit des s in den lateinischen Substantiv-, Adjektiv- und Verbalformen, z. B. riens 40, 10; mels 31, 10; freres 50, 1 (sing.). Die gleiche Sorglosigkeit der Orthographie zeigt sich in dem Fortlassen eines berechtigten s, z. B. sen 38, 8; for 31, 22; rendom 44, 10; alom offrir 47, 2 (46, 5 aloms offrir); Deu (Nom.) 52, 2; li emfant 72, 8; vgl. noch die Bemerkungen zum Participium, zu den Substantiven und den Adjektiven.

Das Eintreten eines c oder z für s ist sehr häufig, z. B. filz 44, 2; sez 15, 3; senz 17, 17; sanz 34, 16; anz 36, 8; Dex 30, 6; Deux 53, 19; tuz les jors 37, 9; toz les vertuz 38, 2.

z wird für s immer da gesetzt, wo das Lateinische ein t (oder d) hatte, z. B. serpenz 35, 15; parenz 44, 7; droiz 44, 10; contrediz 56, 10; prez 49, 6; asez 50, 9; mez 32, 6; forzor 5, 12; nur zwei Fälle finden sich, in denen t neben z geblieben ist: netz 63, 11; grantz 82, 5.

Doppeltes s wird vermieden, z. B. asez 50, 9; asis 8, 1; 59, 9; dafür ist sc geschrieben in: baltesce 31, 16; dresce 71, 22; lecsce — tristesce 75, 23. 24; ss findet sich in den Formen anguisse 36, 10; abaissera 61, 2; abisme 73, 6; es steht für späteres x in: eissil 38, 19; ch für x in fichie 72, 22.

t.

Am Ende der Wörter verschwindet ursprüngliches t und steht dafür z; z. B. 16, 14. 15 soz — moz; 79, 1 muz; d für t in pard 71, 23; vgl. s.

Vor i wird t durch c (oder z) ersetzt, z. B. perdicion 41, 2; habitacions 77, 1; prophecie 64, 14; ficzion. Die Verdoppelung ist selten, z. B. mettrai 5, 8 (aber metrai 7, 5; atendrai 29, 1); fieblette 21, 5.

t assimiliert in mirra 80, 14.

Zum Gebrauch des t in den verbalen Endungen vergl. die Bemerkungen über das Verbum.

Der Sprachgebrauch des anglo-normannischen religiösen Dramas Adam. 11

h.

Für modernes h findet sich noch f in: fors 4, 10; 13, 3; 38, 8; defors 9,13 (aber 30, 3 hors).

Ursprüngliches h ist unterdrückt in: ort 17, 1; ore 28, 8; ier 33, 1; 17, 3; oribles 75, 11; ostel 47, 6; allas 28. 11; traïr 26, 4, Satan 25, 2 (aber 18, 5 Sathan).

Schon entsprechend der späteren Orthographie, teils auch willkürlich findet sich h in: halzor 26, 5; haltesce 31, 16; halt 17, 8; Emanuhel 67, 15; Iheremia 71, 10; Ihesu 72, 17; haire 73, 21; herbergerie 79, 22.

Geben wir nach diesem Versuch einer Darstellung des zwischen dem Lateinischen und dem modernen Französisch noch sehr schwankenden Gebrauchs der Buchstaben zur Betrachtung der Formen der einzelnen Satzteile über.

Der Artikel.

Die gewöhnlichen Formen desselben sind:

Singular.		Plural.	
Maskul.	**Feminin.**	**Maskul. und Feminin.**	
Nom.: li, le (l')	la	Nom.: les, li (83, 11 le)	
Gen.: del	de la	Gen.: des (d')	
Dat.: al, au (à l')	à la	Dat.: as	
Acc.: le (l') li	la	Acc.: les	

Bemerkungen.

Die Formen li und le des Nom. Sing. werden gleich oft gebraucht; l' z. B. in l'espoir 40, 8; l'autre ier 33, 1 vor Vokalen.

Für al steht in wenigen Fällen au, so 30, 9. 10; 81, 18 au roi; 53, 8 au sablon; 78, 7 au criator.

al vor Vokalen apostrophiert, z. B. 9, 1 à l'emfanter.

79, 15 haben wir die Form el, die, wenn sie Accusativ sein soll, vielleicht als Schreibfehler für le zu erklären ist; andernfalls müsste sie als eine Kontraktionsform für en le aufgefasst werden, wie sie 78, 17 (el ciel empris son criator) vorkommt.

Die Pluralformen li und les gehen gleichmässig häufig neben einander.

Für den Genetiv des steht zuweilen de, z. B. 6, 11 d'oisels des bestes et d'altre manantie; ebenso del: del petit 60, 1 vgl. V. 2, wahrscheinlich auch 63, 3: del bon Jude.

Beispiele des Dativ as sind: as proz 49, 6; as rais 62, 15; as povres 74, 12.

Die Präposition en vereinigt sich auch mit der Pluralform, z. B. es fons 82, 11.

Bei der Anwendung des Artikels in allen Deklinationsfällen herrscht noch völlige Willkür; dies geht am besten aus einer grösseren Anzahl von Beispielen hervor: à loi de traïtor 9, 16; le fruit de sapience; ne tucherai de mains 14, 14; livrer à torment 18, 8; les conseils de paraïs 19, 7; del ciel averez sempres corone 24, 2; dime doner 45, 5; mort ne crendras 9, 4; sempres sentiras mort 9, 9; par Deu vertu 65, 11; le filz Deu 60, 4. — Selbst wenn ein Adjektiv dem Substantiv vorangeht, kann der Artikel fehlen, z. B. le conseil de mal uxor 29, 7; signes de grant confusion; de Deu sainte parole.

Dieselbe Gleichgiltigkeit finden wir in der Anwendung des unbestimmten Artikels, z. B. mal conseil dones 18, 6; altre honor ne te voldra ataire 17, 4; celer conseil 24, 4.

Beispiele seines Gebrauchs sind: un malvais salt 59, 1; une steille 60, 15.

Diese Willkürlichkeit und namentlich auch das häufige Fortlassen des Artikels findet seine Erklärung in dem Lateinischen, das überhaupt keinen Artikel hatte. Da ein Bedürfnis nach demselben indessen bestand, so bildete die neu entstehende Sprache die Formen desselben, ohne sie regelmässig oder gar nach bestimmten Grundsätzen anzuwenden. So erklärt sich auch die Eigentümlichkeit, den Artikel noch zum possessiven Pronomen zu setzen, z. B. le toen pleisir 5, 15; li toen eage 9, 3; li ton pecché 36, 14; del toen forfait 41, 20; les vos voies 63, 9; les vos curages 63, 11; al soen pleisir 84, 19.

Das Wort tout hat für gewöhnlich, entsprechend dem modernen Sprachgebrauch, den Artikel, z. B. tuit le fruit 14, 11; tute la summe 17, 19; tote la terre 44, 20; toz les fluves 78, 3; totes les vertuz 78, 23; à tot le monde 82, 21. — Ebenso die Verstärkung desselben: trestoz, z. B. trestoz les jors 75, 10; trestotes les mues bestes 78, 13; trestot limorz 84, 12. Doch ist auch diese Regel keineswegs strenge durchgeführt; Ausnahmen sind nicht selten, z. B. sire de tote terre 59, 4; toz signes 78, 2; tot jors 78, 11; tot dis 74, 15; tote gent crendront 75, 5; tot trais 62, 17. — Bei tout in der Bedeutung „jeder" fehlt schon hier der Artikel: z. B. tote mesure 72, 1; tote rien 72, 15; 73, 17; 75, 24.

Die Substantiva.

Deklination. Nachdem eine vollständige Verwirrung über die Kasusendungen und demnach auch über den Gebrauch der lateinischen Kasusformen eingetreten war, bürgerten sich wohl schon frühzeitig im Anschluss an das Vulgärlatein die beiden Präpositionen de und à als Kennzeichen des Genitiv und Dativ ein; sie sind auch in unserm Drama in der Regel angewendet; Ausnahmen sind nur in kleiner Anzahl zu finden, so 59, 3 le filz Evain; 60, 4 le filz Deu; 65, 11 par Deu vertu; 28, 4 so semble Deu; 81, 11 li filz Marie.

Zur Kennzeichnung des Nominativ und des Accusativ besass die Sprache zwei Mittel: die Verschiedenheit der Form und die Satzstellung. Jene, die Verschiedenheit der Form, schwand mit jedem Jahrhundert mehr. Als vereinzeltes Beispiel haben wir in Adam vielleicht nur das Wort Deus (Deux, Dex, Dès), das als Subjekt in diesen Formen, in abhängiger Kasua in der Form Deu erscheint, z. B. de Deu 64, 1; envers Deu 61, 9; par Deu 67, 11; Deu servir 44, 4. 9; tun Deu 16, 6; à Deu 31, 1. 24; od Deu 18, 2; dagegen Deus le m'a dit 14, 5; Deus t'a fait 17, 10. 11; rois Dex 79, 7. Natürlich giebt es hierbei auch einige Ausnahmen, so 52, 2 Deu le savra; 53, 11 Deu le set; 19, 4 ço dunge Deu; 26, 5 al Dès.

Die Wortstellung, die, in dem modernen Französisch strenge beobachtet, den Nominativ und Accusativ unterscheidet, wird in Adam noch sehr oft vernachlässigt, z. B.: m'amor perdras 9, 9; mon creator pas ne offendrai 13, 6; altre honor ne te voldras ataire 17, 14; mal conseil dones 18, 6; ne nus faldra ne poine ne torment 41, 14; cui Adam (Acc) trara 58, 12; les son feel bien conduire; ses enemis toit confundra 61, 6. 7; etc.

Dass die Pluralbezeichnung eine sehr wenig sorgfältige ist, ist schon früher bei dem Gebrauch der Buchstaben s (x und z) angedeutet. Als Beleg dafür mag noch eine Anzahl von Beispielen hier erwähnt werden: ti oil 16, 1; mes oil 28, 3; dolors (Sing.) 41, 12; li emfant (Pl.) 72, 8. 16; li val (Pl.) 76, 3; li arbre 76, 15; li pesson (Pl.) 77, 16; rois Dex (Sing.) 79, 7; li peccheor (Pl.) 81, 21; le vals descovert 83, 11.

Das Geschlecht der Substantive lässt sich wegen des häufigen Fortbleibens des Artikels in vielen Fällen kaum sicher bestimmen. Aus den Fällen aber, die durch den Artikel oder ein zugesetztes Adjektiv eine Genusbestimmung gestatten, geht hervor, dass dasselbe kaum von dem des modernen Französisch abwich. Auch die Substantive auf or, falls sie nicht männliche Personen bezeichnen, werden schon fast durchweg trotz der beibehaltenen Maskulinendung als Feminina gebraucht, z. B. quele savor 27, 10 (22, 16 quel savor); ma folor 29, 11; aber 44, 8 ferm amor. Ein Schwanken des Genus zeigt sich auch in „sort": 9, 9; 23, 3: ma sort; 84, 13 son sort.

Der Sprachgebrauch des anglo-normannischen religiösen Dramas Adam. 13

Das Adjektiv.

Der Gebrauch des Adjektivums zeigt wenigstens ebensoviel Unregelmässigkeiten wie die Formenbildung des Substantivs. Eine grosse Reihe von Beispielen ist Beweis dafür, dass man die Regeln über die Übereinstimmung des Eigenschaftswortes mit seinem Hauptworte sehr wohl kannte; gleichwohl wurde ihre Anwendung beliebig unterlassen. Dies tritt hervor in der Pluralisation und Genusbezeichnung beim Adjektivum und Participium, z. B. tut jors 6, 7; grant graces 6, 22; grant lermes 73, 4; des grant pecchiez 73, 12; perdu serroms 44, 16; estes trop felon 61, 9; les rendra esleeice 60, 2; dagegen: à toz jors; des grantz dolors 82, 5; vos granz contraires 61, 11; l'as-tu ja perdue. Das e ist zuweilen des Reimes wegen (wie beim Substantivum) fortgeblieben, z. B. 44, 1. 2 germain — del home premerain; 24, 8. 4 serrez pareil — conseil; 73, 11. 12 envolupé — emvenimé. In vielen Adjektiven ist das später abgeworfene s der ursprünglichen Form noch erhalten, z. B. 20, 9. 10 mols, fols; 20, 10. 12 durs, dors (öfter dur oder dor); 21, 16 nuls; 23, 2 ton bels cors; 82, 21 comonals; 64, 3. 4 mortals, celestials; 72, 28 reals (aber 58, 9 charnal). — Beispiele des unbegründet dem Participium zugesetzten s sind: liez 6, 15; jetez 9, 13; salvez, delivroz 57, 7. 8; donez 41, 16; entrez 54, 8.

Des Reimes wegen willkürlich zugesetzt ist s z. B. 56, 13, 14 iert veirs — eirs; 57, 1. 2 ses enemis — poetifs; 57, 3. 4 ses mains — n'iert pas vilains; 50, 1. 2 li aincz — tes volontez; 50, 9. 10 asez — provez.

Als Beispiele der unterlassenen Genusbezeichnung seien erwähnt: tut la force 4, 22 (6, 6 tute la vie); mal culpe 21, 9 (aber 60, 6 male foi); trublé la cervele 62, 5 (aber 4, 8 l'ai fourmée — est née); bon hore 28, 8; est changé ma aventure mult fu jà bone 29, 4. 33, 5; 11 à mal ore (dagegen 20, 8 bone escole; si male poeste 30, 22); sera muê 74, 20; la flambe cler et bruiant 68, 12.

Die von lateinischen Adjektiven auf is, e herkommenden Eigenschaftswörter haben fast nie ein e des Femininums, z. B. tel soit la lei 4, 14; tel offrende 47, 16; tel bunté 7, 1; tel aventure 23, 3; quel chose 13, 4; grant vertu 22, 12; egal bonté, egal puissance 24, 8; d'itel savor 27, 12; quel savor 22, 16 (doch 27, 10 quele savor).

Die Adjektiva auf f haben das Femininum auf ve, z. B. chaitive 41, 15; eschive 42, 14. Einzelne besonders stehende Adjektiva sind: fresche 21, 6; sesche 62, 13; peccheriz 42, 13 (vgl. 5, 12: die Form paraille als Maskulinum gebraucht); mala statt male 35, 22.

Auch des Reimes wegen wird weibliches e hinzugefügt z. B. li mond encline; dies besonders häufig bei den Participien.

Das Adjektivum fel (42, 17) hat neben sich die Form felon (71, 4. 17; 61, 9), vielleicht eine Deklinationsform einer früheren Zeit. — Mal ist in Adam noch ein sehr oft gebrauchtes Adjektivum. — mult, als Adverbum häufig, erscheint 48, 2 als Adjektiv.

Die Stellung des Adjektiv ist dem Lateinischen entgegengesetzt. Dasselbe steht meistens vor seinem Substantiv, nach demselben nur, wenn es länger oder verdoppelt ist, z. B. home tant felon 71, 4; flambe cler et bruiant 68, 12; horne premerain 44, 2.

Die Steigerung des Adjektivs.

Dieselbe vollzieht sich schon hier wie später in der Regel durch Anwendung bestimmter Adverbia.

Der Positiv wird verstärkt durch:

ben, z. B. ben fiel 4, 2; bien ferm 44, 8.
tant, z. B. tant hardi 18, 12; tant bon 26, 10.
mult, z. B. mult francs 21, 1; mult dor 59, 5.
trop, z. B. trop tendre, trop dur 21, 10.
si, z. B. si grant 33, 7; si embatuz 31, 6.

Der Komparativ wird gebildet:
durch plus, z. B. plus halt; plus fresche 21, 6; plus sage 21, 11; plus bel 45, 16.
In wenigen Adjektiven durch organische Steigerungsform, so halzor 26, 5; forzor 5, 12; meillor 47, 14; graignor 75, 19.
Der Superlativ wird gebildet durch plus mit dem Artikel, z. B. le plus bel 47, 5; li plus halt 59, 16. Der organische Superlativ ist wiederum sehr selten, so le meillor 47, 5; Deu maïmes 48, 6.
„Als" nach dem Komparativ wird durch que ausgedrückt, z. B. plus que moi 57, 16; plus fresche que 21, 6. 7; plus blanche que. — Für dieses que findet sich 26, 5 der Dativ: halzor al Des.

Die Zahlwörter.

Von Kardinalzahlen finden sich folgende Formen: dous 22, 4; 44, 1. 19; 45, 10; 62, 8; dous 44, 17; dazu die zusammengesetzte Form ambedui, ambedeus 4, 4. 6. Ein Unterschied in der Nominativ- und Accusativform ist dabei nicht mehr erkennbar. — trais 62, 17; 68, 10; noef, des 48, 11; dis set 75, 20.
Von Ordinalzahlen kommen vor: li premiers, li second 72, 18. 19; li tiers 73, 13; li quart 74, 14; li quint 75, 11; li siste 76, 1; li settime 76, 13; li octimes 77, 0; li novimes 78, 1; li dismes 78, 15; li onzimes 80, 1; li doscime 81, 6.

Das Adverbium.

Die gewöhnliche Bildung desselben ist die des Neufranzösischen durch Anhängung der dem Lateinischen (mente) entlehnten Endung ment dem Genus entsprechend an das Femininum, z. B. sûrement 12, 7; veirement 14, 9; bonement 69, 12; haltement 72, 10; dorement, fierement 80, 3. 4; 77, 11 eine eigentümliche Form: comunaument. Vielfach werden die Adverbia durch die Verbindung einer Präposition mit einem Substantivum oder Adjektivum ersetzt, z. B. en curant 11, 7; par veir 13, 8; en halt 15, 7; en val 21, 8 (80, 14 aval); à tart 40, 12.
Andere haben eine mehr oder weniger deutlich dem Lateinischen entsprossene Originalform; so das gleichzeitig den Genitiv vertretende en; ci 17, 4; ici 9, 5; 38, 19; de ci 18, 3. 5; où 49, 8; avant — après 50, 3. 4; ferner die Zeitadverbien ja mais (auch jamais oder jamès) 3, 8; mais 21, 2; tost 41, 1. 5; hui 71, 7; lors 76, 23; idonc 78, 21; 84, 10; donc 84, 14; or (odor ore) 49, 8; unches 40, 1; onches 45, 5; onc 67, 9; onques 55, 15; anceis 70, 15; ains 11, 10; ferner die den Grad ausdrückenden: mult 13, 1; tant 13, 7; tot 14, 9; très 15, 2; si 30, 10; mal (venue) 36, 2; trop 54, 1; mais 55, 14 (= plutôt); asez 83, 14.
Zu Verstärkung des Adverbiums finden dieselben Ausdrücke wie beim Adjektivum Verwertung, nämlich: très, z. B. 45, 12 très bien; mult, z. B. 13, 1 mult bien; tot, z. B. 14, 9 tot veirement, tant, z. B. 28, 3 tant cler; si, z. B. 36, 1 si tost. Organisch gesteigerte Adverbia sind: miels 69, 8; 72, 13; anceis 70, 15; ainz 21, 2; mais 55, 14. Die Form des Adjektivs ist gebraucht: 28, 3 tant cler veant; 40, 6 tant vus fet bel veer; 49, 9 bon fras; 75, 1 vendre droit; 75, 17 droit irront; tu las fesis 51, 3, wohl auch 76, 8 tant fort croslera. — Über die Adverbien der Verneinung und Bejahung vgl. weiter unten.

Die Fürwörter.

a) Persönliche.

Den Unterschied des mit dem Verbum verbundenen und des absoluten Fürworts scheint unser Drama noch nicht zu kennen. Dies zeigt sowohl die Stellung wie die Form der Pronomina. Der Nominativ der einzelnen Personen lautet:

Singul. 1. jo, ge, j', z. B. 3, 6; 5, 9; 26, 13.   Plural. 1. nus, z. B. 44, 1 nus sumes.
2. tu, z. B. 4, 2. 2. vos, z. B. 73, 1 veez — vos;
3. il, weiblich ele. z. B. 30, 17. vus, z. B. vus ferez 38, 5.
3. il, z. B. il prendront 59, 17;
il mettront 61, 18; il aveint 60, 10.

Diese Formen bleiben auch nach dem Verbum unverändert. Das Subjektspronomen wird nach dem Lateinischen sehr oft fortgelassen, z. B. fourmé te ai 3, 3; ne moi devez mover 3, 8; tot tens poez vivre 5, 19; espines te rendrat 35, 5; que cobquerroms s'amor 44, 6; ni porrez murir 8, 7; giteront fors 80, 7 etc.

Zuweilen steht freilich auch ein Subjektspronomen, wogegen das Verbum zu ergänzen ist, z. B. e jo en quoi 15, 11; jo certes non 15, 4; jo, oïl, ne me falt 17, 17; e tu coment 25, 7; e jo après 27, 8.

Der Dativ des verbundenen persönlichen Pronomens heisst:
Singul. 1. me (m'), z. B. me fais tel bunté 7, 1;   Plural. 1. nos, z. B. tote la terre nos est mis
moi, z. B. ne moi devez mover 3, 8. abandon 44, 20;
2. toi, z. B. jo toi dit 34, 5; nus, z. B. ne nus faldra 41, 14.
à tei, z. B. à tei parlerai 4, 15; 2. vus, z. B. li mond vus iert encline
te, z. B. il te faldrat 35, 1. 6, 13.
3. li, z. B. ne li chalt 15, 6; 3. lor, z. B. pois lor dirra 80, 19.
lui, z. B. jo lui serrai feel 5, 13;
le, z. B. tu le devez estre fiel 4, 2;
le volons obeïr 44, 11.

Bemerkung: Die Maskulinformen lui (à lui) und le für li sind sehr selten gebraucht.
Accusativ. Singul. 1. me, seltener moi, z. B. si moi n'en prenge.
2. te, seltener toi, z. B. toi conustrai à seignor 5, 11.
3. m.: le (l'), sehr selten lui, z. B. lui tien chier 5, 1.
3. f.: la (l'), z. B. la governe 4, 11.
3. reflexiv: se, z. B. se pert tel chasement 9, 12; se conseille 37, 1; qui s'en pleigne 45, 12.

Le hinter der Negation ne verbindet sich zu ne l', z. B. 4, 16 ne l' tenez; 11, 7 ne l' te dirrai; kann auch sonst seine Selbständigkeit verlieren, z. B. 11, 10 ainz te verrai de l' preer; 51, 7 jo l' toi ferai.
Plural. 1. nus, z. B. nus atent 44, 12.
2. vus, z. B. je vus acoint 22, 7.
3. les, les rendra 60, 2.

Sobald eine Anzahl dieser Formen hinter das Verbum trat und so seine Stütze verlor, hatte man schon in dieser Zeit das berechtigte Gefühl, der festern Form den Vorzug zu geben. Damit war aber der Anfang zur Herausbildung der ganzen Gruppe der späteren absoluten Personalpronomina gemacht. Beispiele bieten die Dativformen: donat-le-moi 34, 11; di moi 25, 1; gardez-moi bien le paradis 39, 3; entent à moi 45, 13; fait à moi clamor 55, 7, z. B. jo l' di à toi.

Ferner die der Accusative moi, toi, tei, lui, z. B. en paine met moi 36, 17; fui-tei 18, 3; forma-il toi; occirunt lui 60, 6; deliverat lui 60, 14; dagegen auch: mettrunt le en cruiz 60, 8; vols-le-tu saver 10, 7. — lui als weiblicher Accusativ 4, 3: tu aime lui (Eva).

Die übrigen Pronominalformen des Régime behalten dieselbe Form auch bei veränderter Stellung, vor oder hinter dem Verbum.

Der Genitiv des persönlichen Fürwortes bildet sich entweder durch Anwendung von de (vor der schweren Form) oder durch „en", z. B. de nus prendre conroi 31, 23; pité de vus 39, 2; qui s'en pleigne 45, 12; guste en ai 27, 10; n'en sai gaires joir 40, 9; m'en repent — m'en atir 40, 11; manjue — t'en 27, 5.

16   Der Sprachgebrauch des anglo-normannischen religiösen Dramas Adam.

Bei aller Willkür der Stellung der Pronomina gilt beim Zusammentreffen mehrerer Pronominalausdrücke, wie es scheint, als feste Regel:
1. Der Accusativ geht vor dem Verbum stets dem Dativ voraus.
2. Das Pronominaladverbium folgt stets dem eigentlichen Pronomen, z. B. ne l'te dirrai 11, 7; or le me di 11, 8; ne l'te puis pas contredire 33, 12; jo l'toi ferai 51, 7; Deu le ma dit 14, 5; or m'en repent 41, 3; to t'en rendrai 53, 7.

Hinter dem Verbum sind drei Fälle zu unterscheiden:
1. Ein Subjektspronomen folgt dem Regimepronomen.
2. Der Accusativ geht stets dem Dativ voran.
3. Das eigentliche Pronomen geht dem Pronomialadverbium voran, z. B. creras-me-tu 12, 11; 16, 9; criens-le-tu 13, 7; veez-le-tu 15, 1; orras-ne-tu 19, 10; vols-le-tu 10, 7 (Ausnahme 17, 13 forma-il toi); offrez-le-lui 48, 17; donat-le-moi 34, 11; pardonez-le-moi 42, 11; celeras-m'en 20, 1; manjue-t'en 27, 5.

Bei der Verbindung mit Präpositionen gab man gleichfalls schon den schwereren Formen den Vorzug; für diesen Fall sind für die dritte Person die Formen soi und els gebräuchlich, z. B. en soi 22, 12; par soi 48, 14; perira per els. — Ebenso wird endlich beim Fortfall des Verbums die schwerere Form vorgezogen.

b) Besitzanzeigende Fürwörter.

Adjektivische Form:

I. Person.

Sing. m. mun, mon, z. B. 3, 16; 56, 9.   Plur. mes, z. B. 28, 3; 35, 14.
   f. ma (m') z. B. 29, 3. 4. 11; 9, 9.   nos, z. B. 44, 7. 12.
   nostre, z. B. 25, 3; 41, 11. 12; 19.

Nebenformen sind: für mun: mi und mis, z. B. tu es mi sires 7, 4; serra mis amis 8, 2; mi pareil 81, 13.

II. Person.

Sing. m. tun, ton z. B. 4, 1; 4, 9.   Plur. tes, z. B. 36, 9; 38, 32.
   f. ta(t') z. B. 3, 12: 4, 22.   vos, z. B. 76, 23: 77, 1.
   vostre, z. B. 45, 3; 59, 11. 13.

Für tes die Form ti 16, 1: ti oil serrunt.

Beispiele der schon oben erwähnten Verstärkung des Pronomens durch den Artikel sind: li toen eage 9, 3; li toen fait 41, 20; del toen aver 45, 6; le ton pleisir 5, 15; li toen forfait 41, 7; les vos voies 63, 9; les vos curages 63, 11. Das Pronomen tun hat bei dem zugesetzten Artikel die Form toen, z. B. li toen pecchié; li toen eage 9, 3; vgl. 21, 20; 45, 6.

III. Person.

Singul. masc. son, z. B. 14, 6; 16, 7.   Plural: ses, z. B. 44, 10; 55, 2.
   sun, z. B. 17, 4. 10.   lor, z. B. tot lor ans 36, 8; lor por-
   fem. sa (s'), z. B. 5, 2. 4; s'amor 44, 6.   tes 57, 3; lor chastels 57, 4; lor
                                           seignorie 60, 9 (Sing.), vgl. 62, 1.
                                           75, 10. 14.

Auch bei diesen Formen finden wir häufig den Artikel zur Verstärkung hinzugefügt. Da eine strenge Scheidung von adjektivischen und substantivischen Formen noch nicht eingetreten, so stehen die letzteren nicht selten für die ersteren, z. B. li mien mesfait 40, 10; 42, 6; 43, 3; la nostre maleiçon 41, 9; la nostre engendreure 43, 4; le nostre salvaor.

61, 5 hat die eigentümliche Ausdrucksweise: les son feels.

Substantivische Form.

Hier ist nur noch zu bemerken, dass, wie die obigen Beispiele gezeigt haben, die absoluten Formen sich zwar schon gebildet haben, dass sie aber fast immer adjektivisch gebraucht werden; wir haben nur wenige Beispiele eines selbständigen Gebrauchs derselben, so 45,7 del mien fera; dona del lor.

c) Hinweisende Fürwörter.

Vor dem Hauptwort sind die folgenden Formen angewendet:

Singul. Masc. Nom. cest z. B. 71, 2. 8; 22, 8.   Plural: Obl. ces 73, 3; 75, 17.
          cist, 14, 7.
      Obl. cest z. B. 71, 2; 7, 11 8, 6; 17, 5.
Fem. Nom. ceste z. B. 27, 12.
      Obl. ceste z. B. 63, 5; 67, 5. 10; 22, 4.
          cele z. B. 39, 7; 81, 2; 84, 7.

Hierfür giebt es noch verstärkte Formen:
    Sing. Mask. Nom. icist z. B. 48, 12; 39, 4; 82, 7.
          Obl. icel z. B. 43, 8; 46, 16.
      Fem. Nom. iceste 58, 5; 30, 21.

Bei nachfolgendem Relativum oder anschliessender Präposition heissen die Formen des alleinstehenden Demonstrativs:

Singul. Mask. Nom. celui 74, 11.   Plural: Mask. Nom. cil 59, 16; 79, 8.
      cil 22, 11; 77, 12.   ceals 36, 13.
  Neutr. ico, 64, 15.   cels 61, 15; 41, 19.
          icil 74, 3. 4.

Bei Formen des absoluten Pronomen, wenn es von einer Präposition regiert wird, sind:

Singul. Mask. cel, z. B. de cel 47, 15.   Plural. Mask. cels, z. B. en cels 59, 16.
    celui, z. B. en celui 22, 13.   ices, z. B. sur toz ices 75, 12;
    cestui, z.B. devant cestui 76, 12.   77, 7; de toz ices 75, 12.
Neutr. co, z. B. 60, 9; 16, 8; 21, 13; 32, 5.
    ce seltener, z. B. 62, 1; 68, 6; 27, 6.

Das ganz absolut stehende Pronomen zeigt hier folgende Formen:
    Singul. Mask. Nom. cil 59, 4. 5; 14, 13.
          colui, 15, 2.
          icel, 47, 7.
      Acc. celui, 57, 16.
          çolui 73, 18; 14, 14.
Singul. Feminin Nom. cele 37, 15 (nur einmal vorkommend).
Neutr. Singul. Nom. co, z. B. 12, 4. 9; 5, 6; 14, 15.
      ico, seltener, 58, 11; 64, 15.
    Acc. co, z. B. 4, 16; 12, 1; 14, 12 und oft.
      ce, selten, so 21, 15 ce fai.
      cost, nur 9, 17 cost toi defent.
      ico, z. B. 68, 4.

d) Rückbezügliches Pronomen.

Nominativ. Für alle Genera im Singular wie im Plural: qui, z. B. 8, 2; 15, 7; 22, 8; 26, 6; 30, 16, 16. 12. Dafür häufig que, z. B. traïtor que 9, 17; filz que 31, 22; hom que 38, 22; cil que 60, 5; la lune que 74, 18; co que nus est priet 26, 9.

Dafür mit anderer Orthographie auch ki, z. B. 7, 1; 29,3 oder chi, z. B. 40,10; 69,1; 63,4 und oft, auch cui, z. B. 58,12.

Accusativ: für alle Genera und Numeri: que, z. B. fruit que 22,9; don que 46,12; içço que 64,15; les jors que 37, 9. — Dafür auch che, z. B. 60,10.

Für den Acc. Plur. 68,10 die Form chi: traïs emfans chi fis mettre.

Von einer Präposition regiert, steht immer die Form qui oder cui, z. B. par cui 57,7; de qui 78,8, de cui 62,10. In diesem präpositionalen Zusammenhange treffen wir auch die neutrale Form quoi, so 69,11 de quoi se pleint; 73,8 par cuoi luisent. (Die Genusbeziehung ist hier nicht unzweifelhaft.)

Der Genitiv hat die Form dont oder dunt, z. B. 61,11; 66,7; 42,20; 33,2 dunt tu duses; 34,5 fruit dunt.

e) Fragendes Fürwort.

Von Personen gebraucht, Accusativ und Nominativ: qui, z. B. qui t'a toleit 32,8; qui preierai-jo? 30,14.

Dafür auch die Orthographie ki, z. B. 21,7; 29,23, auch chi, z. B. 30,8. Als Ersatz dafür steht 14,15 liquels: liquels est co? ferner der modernere Ausdruck qui est qui 45, 3 (doch ist der Vers zu lang); qui ert qui fera 70, 13.

Bei einer Präposition steht die Orthographie cui, z. B. 39,1 par cui.

Den Genitiv des Pronomens haben wir wohl 29, 21. 22: dont me vendra?

Das Neutrum hat im Nominativ wie im Accusativ die Form que, zuweilen ke geschrieben, z. B. que chalt 11,2; que as-tu fait 32,9; que fais 10,1; 17,1. Vor einem Vokal können beide Formen apostrophiert werden, z. B. 31,7 k'en; 35,5 qu'en.

Nach einer Präposition finden sich die neutralen Formen quei oder quoi, z. B. por quei 31,4; en quoi 15,11; ohne Präposition ist quoi 47,3 (quoi offriras-tu) gebraucht, doch dürfte es hier des Metrums wegen durch qu' zu ersetzen sein.

Das adjektivische Fragewort heisst quel, welche Form (vgl. die Adjektivbildung) dem Maskulinum und Femininum dient, so 28,1 quel savor; 71,23 de quel part; 79,23 quel vertu; doch 27,1 auch quele savor.

f) Sonstige Pronomina.

Vereinzelt kommen vor:

tel, z. B. tel virge; à tel mesfait 55, 12.
itel, z. B. d'itel sador 27,11. 12; d'itel savor; d'itel dolors.
chescons oder chescon 73,18; 74,13; 8,11; 48,14; dafür 69,7 cabescun.
autre oder altre, z. B. 33,1; 71,13.
tot, z. B. 82,18 tot un jor; 72,17 dirront tort; 73,11 tot somes; 72,12 toz ices. Verstärkte Form: 75,13 trestotes les mues bestes; 76,12 trestuit li arbre.
nul, nule; 31,21 nul aie; 26,1 nule rien; absolut 21,16 n'en sache nuls.
quanque, z. B. 28,5 quanque fait et quanque doit estre.

Das Verbum.

a) Die Hilfszeitwörter.

Da die Subjektspronomina (vgl. oben) oft fortgelassen werden, so mögen sie bei dieser Formenübersicht fehlen. Bestimmte Belegstellen sind nur den seltener vorkommenden Formen beigefügt.

Avoir.

Prés. Singul. 1. ai   Plural. 1. avum 78,14.
            2. as   2. avez
            3. a   3. ont 74,5.9.

Für a sehr häufig ad.
Impf.; davon kommen vor:
tu avais 31,1.
aviez 35, 18.
il (pl.) avaient 69,2; hierfür des Verses wegen: aveint 60, 10.

Fut.

    sing. 1. —   plur. 1. aurom 70, 18.
          2. avras 6,2; 55,11.   2. aurez 24, 5.
          3. avra.   4. avront.
daneben für
avras: averas 6, 3.   aurez: averez 38, 17; avrez 38, 15; 80, 21.
avra: aura 8, 12; aurad 38; aurat 34, 8.   avront: averont 73, 7.
     Parf.: 3 sg. ot 44, 3;
     Subj. du prés.: tu aiez, il ait; für aiez: aez 46, 2.
     Subj. de l'impf.: jo avoie 34, 6; ussent 74, 14.
     Infin.: aver.
     Da das e des Inf. bei der Fut.-Ausbildung willkürlich fortgelassen oder zugesetzt wird, so wird hiernach eine Anzahl Verse zu korrigieren sein.

Etre.
Indicatif.
Prés.

    sing. 1. sui.   plur. 1. sumus 44, 1. 2; 70, 11.
          2. es.   2. estes 63, 2.
          3. est.   3. sunt.
Für sumus 70, 16 som; 73, 11, somes.
Impf.: 3 sg. estoit 68, 11; 2 pl. estiez 59, 9.

Futur.

sing. 1. serrai 5, 13; 31,17.   plur. 1. serrums, 41, 13.
      2. serras; seras 17, 18; iers 6, 4.   2. serrez, 24, 3. 7; serez 4, 4.
      3. serra, iert, ert; — serrad 24, 16   3. serront, serrunt.
         serad 7, 6; estrat 6, 7.
     Die Formen serra und iert werden gleich oft gebraucht, seltener ist ert. Von serront und serrunt hat die erstere den Vorzug.

Parf.

sing. 1. fui 32, 4; 40, 9; 56, 10.   plur. furent, 59, 16; 68, 14.
      2. fus.
      3. fu.
         Impér. 2 pl. estez 80, 19.
         Inf. estre.
         Part. esté 20, 8.

Subjonctif.
Prés.

sing. 1. soie 9, 13.   plur. 1. seom 44, 4; seum 44, 5; 84, 19.
      2. soies 5, 3; soiez 37, 6.   2. soiez 39, 1.
      3. soit; dafür 6, 17 soiet.   3. soient 63, 10. 11.

Impf.

sing. 2. fusses 23, 4; fuisseez 23, 7;   plur. 2. fusses 30, 20.
fuisez 53, 14.   3. fuissent 68, 16.
3. fust 30, 21; 31, 1.

Bei der Verbindung mit anderen Verben ist die Stellung des Participiums willkürlich bald vor, bald nach dem Hilfsverbum, z. B. guste en ai 27, 10; repost me fui 32, 4; coriece som 16, 16; perdu serroms 44, 16; fet ont 74, 5; aber 74, 9 ont fet.

b) I. schwache Konjugation.

Indicatif:

Prés.: die 1. Pers. hat kein e der Endung, z. B. jo l'aim 13, 8; os 33, 8; jo t'en chasti 46, 3.

Die 2. Pers. hat, da s und z gleichwertig gebraucht werden, abwechselnd die Endung es oder ez.

Die 3. Pers. kann das e der Endung fortlassen, z. B. 63, 7. 8 li siressomont — lamont; 79, 20 se dent; 83, 21 actot.

Pluriel: die 1. Pers. endigt auf um, 80, 11 apelum.

Impf. 1. Ps. eie, jo voleie 56, 11. (?)
2. „ oit, semblait 68, 16.
3. „ pl. oient und ouent, 69, 3 sembloient; 68, 15 chantouent.

Passé déf.: Für ai der 1. Pers. auch ei, z. B. volei 56, 9.

Die 3. Pers. sg. hat ursprüngliches t noch erhalten, z. B. donat 34, 11; quidat 16, 8.

Die 1. Pers. pl. endet auf ames; 41, 10 semames; 31, 24 portames.

Die 2. Pers. auf astes; portastes 59, 7; jujastes 59, 10.

Futur. 1. sg.: erai und rai werden gleich oft gebraucht.
eras der 2. sg. ist 6, 4 durch aras ersetzt: lassaras.
3. Pers.: statt era oft ra.
Plur. 1. ums, 49, 6 irrums.
2. erez, 8, 9; 38, 8.
3. eront, am häufigsten, erunt, gleichfalls ziemlich oft, runt, 84, 12 recordrunt.

Die Stämme mit r und n verwerfen nicht immer (vgl. Bartsch, Chrestom. des Altfrz. S. 509) das e, z. B. demorera 74, 23; entrera 77, 22. In mostera 71, 18 (82, 6 mustrera) ist r vor e unterdrückt.

Die Unterdrückung des e kann eine Assimilation der Konsonanten bewirken; zuweilen ist dabei der Stammvokal verändert, z. B. 5, 18 doerai (aber 36, 5 donrai); 58, 15 durra (= donnera); 62, 16 amerrat.

Subjonctif.

Prét. Die 3. sg. hat e, z. B. s'afoloie 6, 9; qui ne chie 72, 23; sucure 29, 19.

Impér. Das e der 2. sg. ist oft fortgelassen, z. B. honor 4, 19; aim 5, 5; le — lai 27, 1; ebenso 12, 8; 17, 15; 71, 22; ein s oder z ist zuweilen zugefügt: 22, 6 parlez (Eva); 39, 3 und 66, 4 gardez-moi; 42, 1 pardonnez-le-moi.

Bei der 1. pl. ist s schwankend, z. B. aloms 46, 11; alom 47, 2; preom 46, 13.

Die 2. pl. hat ez, z. B. escontez 67, 7; guidez 72, 5.

Der Infinitiv hat die Endung er, welche in ier diphthongiert wird, wenn ein g, c, ch, n oder ein Vokal voraufgeht, der seiner Natur nach ein i verträgt, z. B. mangier 17, 5; 34, 13; vengier 37, 19; chalengier 38, 7; ennuier 72, 16.

Ebenso hat das Participium dieses i, z. B. mangié-changié 24, 5, 6; commencié 54, 9; gainnié 33, 10; doch giebt es auch hier Ausnahmen, namentlich mit Rücksicht auf den Reim z. B. 42, 1—4 blastongé — reproché; la haschée vgl. 41, 19—22.

Der Sprachgebrauch des anglo-normannischen religiösen Dramas Adam. 21

Beispiele eines willkürlich zugesetzten s sind: jugiez doit estre 9, 16; que soie jetoz 9 13; es entrez 54, 8; vgl. das Adjektivum.
Ebenso ist e willkürlich oder des Reimes wegen zugesetzt, z. B. 41, 20—23. Trotz des Reimes fehlt es z. B. 41, 1—4 blastengé — reproché (Eva) — haschée — jugés.

Verba mit besondern Formen.

aler. Prés. de l'ind. 1. sg. veis 19, 3. — Fut. 1. sg. irrai 50, 3; 49, 8; 3. sg. irra 77, 14; plur. irrums 49, 16; irrez 38, 18; irront 73, 3; 75, 17; 83, 5. Impér. va, 50, 3; aloms 45, 5. 11; alom 48, 13; 47, 2. Part. alez 55, 1.

ester (vgl. estre) 81, 16; prés. 2. sg. estas-tu 10, 3; — impf. estoit 68, 11; — imp. estez 80, 19.

doner 74, 12; — prés. 2. sg. dones; — subj. 3. sg. dunge 19, 4; doinst 46, 13; 84, 18; — parf. 2. sg. donas 34, 9; 3. sg. donat 34, 11; — tnt; doerai 5, 18; donrai 36, 5; durra 58, 15; dorra 39, 1. — impér. done 24, 1; part.: done 22, 9.

laier (laissier); impér. laisse 6, 18; lai 27, 1; — prés. 2. sg. laisses 29, 14; — fut. larrai 76, 1.

c) II. schwache Konjugation.

Präsent. Die 1. und 3. Pers. endigen auf den letzten Stammkonsonanten; dabei sind mit wenigen Ausnahmen die weichen Buchstaben d und v durch die härteren t und f ersetzt; z. B. defent 9, 7, pert 9, 12; jo vif 10, 2 etc.; doch 6, 22 jo rend.
Dieselbe Regel gilt für den Imperativ, z. B. entent 5, 17; 45, 13; defent 81, 2; impér. 1. pl. om 44, 10; rendom; 2. pl. ez 39, 8 defendez. Fut.: Das t der 3. Pers. ist selten erhalten: devendrat — rendrat 35, 5. 6.; 3. pl. gewöhnlich ront, seltener runt. Part.: z zugefügt des Reimes wegen 32, 6 embatuz.
Imp. 2. sg. findet sich 53, 15 rendisez.

Verbe mit besondern Formen.

defendre: part. defens.
sivre: fut. sivrai 29, 20 (50, 2 ensivrai).
Eigentümliche Konstruktion in 6, 8 te pren al bien; 81, 2 de celo joie nos defent.

d) III. schwache Konjugation.

Parf. Die 3. Pers. endigt auf i und auf it, z. B. suffri 70, 9; oït 68, 8.
Futur. 3. pl. ont und unt, z. B. sentiront 41, 20; finirunt 71, 3.
Das i der Endung wird gewöhnlich unterdrückt hinter r, z. B. morras 54, 1; orrai 19, 9. 10; ferra 37, 16; garras 66, 7; garrai 66, 10; ist aber auch beibehalten, z. B. soffrirai 36, 16; offrirai 47, 8; offriras 47, 3. 10; Prés. du subj.: 3. sg. gewöhnlich e, auch et, z. B. oie 6, 8; ne suffret 42, 15.
Part. passé: gewöhnlich auf i; it: 31, 17 30, 15; traït mit m'aït reimend; doch 31, 5 traï; durch z verstärkt, ohne Nötigung durch den Reim: 31, 14 sui periz; 37, 1 est bailliz.
Impér. 1. pl. um und om, z. B. 44, 6. 9 servom; 49, 1 issum; — 2. pl. ez 68, 7; 69, 11. Einige Verbe schwanken zwischen der I. und III. Konjugation: finir, aber 81, 17 finer; 71, 8. 2 finira — finirunt; 36, 10 finerunt.
suffrir: 36, 16 soffrirai; 80, 16 suffrerunt; 17, 9 suffri; 42, 3 jo suffre.
offrir: 48, 6. 13 offriras; 46, 7 offrez-le.
creer: pf. 1. sg. creï 40, 10.

Verba mit besonderen Formen.

faillir 77, 2; — prés. 3. sg. falt 12, 23; 17, 7; — fut. faldra 41, 14; faldrat 35, 1; — prés. du subj. jo faille 82, 13.

issir 5, 4. 10; — fut. 3. sg. istra 38, 1; 77, 10; istera 61, 3; — pl. eisseroms 9, 11; — isterez 38, 8; — istront 36, 13; istrunt 79, 10; — parf. eissit 4, 10; — impér. isse 38, 3; 52, 9; — issum 49, 1; — issez 38, 1; — prés. du subj. 2. sg. isses 9, 5.

oïr 14, 8 etc. — prés. 3. sg. ot 22, 5; — parf. oït 68, 8; — fut. orrai, orras 19, 9. 10; condit. orreit 70, 5; — impér. oez 68, 7; oiez 69, 11; — part. oï 82, 2 öfter; — prés du subj. 3. sg. oie 6, 8.

sentir: prés. 1. sg. ne sen rien 10, 4.

servir: prés. 3. sg. sert.

e) Starke Konjugation.

Die Zahl der hierhergehörigen Verba aller drei Klassen ist auch in unserm Drama recht gross und die der ihnen entlehnten Formen ausserordentlich umfangreich. Da dieselben indessen weit überwiegend Bekanntes bieten (vgl. Bartsch, Chrestomathie des Altfranz.) sieht Verfasser mit Rücksicht auf die notwendige Raumbeschränkung an dieser Stelle von einer Darstellung dieses Abschnittes der Grammatik ab.

Es erübrigt danach noch, einige Bemerkungen über den Gebrauch der Modi, über die Adverbien der Affirmation, der Negation, die Präpositionen und über einige Interjektionen hinzuzufügen.

f) Zum Gebrauch der Modi und des Infinitivs.

Der Subjonctif wird gebraucht, um eine Aussage mit Zurückhaltung abzugeben; z. B. chescuns n'i poisset trover 8, 12. Ferner in den folgenden mit den Regeln der modernen Sprache sich meist deckenden Fällen:

a) Nach und bei den Ausdrücken des Wollens und Wünschens, z. B. 21, 16 n'en sache nuls; 37, 6 et tu soiez maleit; 42, 15 ne suffret; 45, 10 entre nus n'ait; vgl. 63, 10. 11; 84, 16. — ne voil que isses 9, 3; ne voil que ait 26, 7; gardez qu' il n' ait 39, 5; preom lui qu'il doinst; vgl. noch 42, 10; 55, 13; 74, 13. 14.

b) Hinter einem Ausdruck des Grades wie tel, tant, si; z. B. ne serra si dure que ne soit 7, 67; tel faiz que fuiesez 53, 13. 14; tant bien fichie qui ne chie 72, 21. 22; tel don qu'il voille 46, 12. — Zuweilen fehlen solche Ausdrücke und doch tritt der Subjonctif ein, wenn der ganze Satz einen entsprechenden Sinn hat, z. B. creez conseil que soiet 6, 12. Doch finden sich Ausnahmen auch beim Vorhandensein eines Gradausdruckes nicht selten, namentlich um eine Thatsache als unzweifelhaft hinzustellen, so 57, 5. 6 tel homme istra qui changera; 58, 7. 8 tel verge istra qui fera — portera; 56, 14 tel eirs chi ventra; 74, 12 tant merci que ja gote ne verront.

c) Nach negativen Ausdrücken im Hauptsatze, z. B. ne l'oït homme qui soit en vivant 68, 9; n'i a une que ne face 69, 21; n'est home que vus face 38, 12.

d) Nach den Verben des Sagens und Denkens, wenn sie fragend oder verneint gebraucht werden, z. B. ne sai que die ne k'en face 31, 7; pencez-vus donc que no l' te rende 53, 6; ne quidez pas que jo vos mente! vgl. 42, 9; 82, 13; — 77, 19 auch ohne voraufgehende Negation: quiderunt que Dex n'es voie.

e) Nach unpersönlichen Verben, z. B. droiz est qu'il s'en pleigne 45, 12; semblait . . . fussent.

f) Nach folgenden Konjunktionen: tant que, 24, 14 tant que Adam soit; 29, 19 einz que, 70, 22 eins que queaise; — hinter „si" ist der Modusgebrauch unsicher, vgl. 39, 2 se moi n'en prenge und 9, 14 se jo gerpis; vgl. 9, 8.

Der Sprachgebrauch des anglo-normannischen religiösen Dramas Adam.

Beispiele der fortgelassenen Konjunktion sind: 14,3 quant creiz mal te poisse venir; 68, 16 sembloit li angle fussent. Der Imperativ hat in einzelnen Fällen abweichend ein Pronomen bei sich, so 18,3.5.11 fui-tei (aber 77,9 fuir; 84,5 fuiez); 84,17 co sachez-vos.
Bezüglich des Gebrauchs und der Stellung der Präposition beim Infinitiv mögen sich noch folgende Beispiele hier anschliessen: covendra morir 77,3.5; doinst-il parvenir 84,16; escoto à parler; estuce ja à plore 71, 6. 7; n'est pas saveir 13,10; a moi servir 4, 21; besoing de ço saver 12, 1.
Die Ungleichmässigkeit in der Behandlung des Particips ist schon oben beim Adjektiv erwähnt.

Adverbia der Verneinung und Behauptung.

Die Negation beim Verbum ist viel häufiger ne (noe) als ne — pas; Beispiele dazu sind sehr zahlreich, so 3, 7 ne t'ai fait; 3, 9 n'en ferai; 4,10 n'ait entre vus; 5,10 n'en voldrai; etc.
Für ne — pas steht non — pas 11,9 non ferai pas; ferner non: 30, 2 non iert mal qui. — Ne — pas ist umgestellt 13,6 mon creator pas ne offendrai; 53, 20 pas ne l'pert. — Ne erscheint verdoppelt: 42, 9 ne n'ai raison; 46, 9 ne sor nus ne vendra; 71, 21 nen ne s'apareile; 5, 4 ne n'issir.
Verstärkte Negationen sind:
1. ne — rien mit häufiger Umstellung, z. B. rien n'i poez 8, 6; ne sen rien 10, 4; rien ne li chalt.
2. ne — james (ja mais), z. B. 17,8; 18,12; auch ne — mais, 39, 5 qu'il n'ait mais.
3. ne — gaires; z. B. 22, 10; 40, 9 n'en sei gaires joïr.
4. ne — gote, z. B. que ja gote ne verront 74, 2.
Ne wird immer zur Fortführung eines negativen Gedankens gebraucht, z. B. 8, 7 ja n'i porrez murir ne engruter; 8, 13 ne home de femme verguine ne fróur: vgl. 39, 5. 6.
Ne steht im untergeordneten Satze nach einem voraufgehenden Komparativ, z. B. 20, 12 plus dors que n'est; plus fresche que n'est 21, 6; vgl. 69, 8. 9; 70, 5 etc.
Um einen nichtverbalen Ausdruck zu negieren, steht:
non pas: 40,10 non pas de fors; neis: 22,1 neis Adam.
Die allein stehende Negation vollzieht sich durch die Ausdrücke:
non, z. B. jo certes non; 16, 13 non; nenil, z. B. nenil par moi 20, 4; 22, 2; nenil, por voir 47, 14;
james, z. B. james, à nul jòr.
Zur Bejahung und Versicherung dienen:
oïl, z. B. 13, 1 oïl, mult bien; 13, 8; oïl, par veir 17, 7;
certes, z. B. jo certes non 15, 4;
par, z. B. mult par est bel 7,14; par veir 3,8; 17, 7; 77, 10: mult par sen istra.
Ferner könnten noch erwähnt werden: certes 50, 11; volentiers 45, 14; séurement 27,9.

Präpositionen.

Aus der Zahl derselben sind zu erwähnen:
dedenz, ist Präposition und Adverbium, z. B. dedenz les ventres 72, 9; dedenz terre 77, 18.
denz, vus met 8, 4; jo fui de denz 40, 9; estreinement dedenz 80, 18; botera dedenz 80, 15.
enz, ist gleichfalls Präposition und Adverbium, z. B. enz emfer 80,14; enz entrer; denz sunt enclos 77, 15. 16.
fors, als Präposition mit dem Genitiv oder Accusativ verbunden, z. B. fors de une rien 13, 3; fors de sul un 14, 13; 15, 7; dafür hors 38, 3; isse hors de paradis; — fors

le filz 31, 22; fors li diable 79, 10. — Als Adverbium ziemlich oft gebraucht, z. B. fors isterez 38, 8.11 fors issez; giteront fors 80, 7; vinc ça fors 54, 3; dafür auch defors 9, 13 defors jetez.

sor (sore, desor); als Präposition 64, 12 sor iceste flor; sor ton piz 37, 8; desor terre 73, 1; 82, 9; Adverbium: 31, 12 curut sore, vgl. 40, 2.

à: eigentümlich gebraucht in: reconnuis à seignor 4, 20; conmustrai à seignor — lui à pareille et à forzor 5, 11. 12.

avec, dafür ovec z. B. 6, 19 ovec lui; od, z. B. 5, 8 od lui; 18, 2 od Deu poesté; o, z. B. 18, 9 mesler o mun seignor.

en, mit dem Artikel nur 33, 8 veer en la face; doch häufig vor einem mit einem Pronomen verbundenen Substantivum, z. B. en ceste main 66, 4; en ta vie 66, 7; en ses mains 37, 3.

devant, von der Zeit gebraucht 76, 14 devant cestui n'en fu nul tel.

par, zuweilen por oder per, z. B. trait por home 31, 17; ai guerpi por ma dolor 29, 11; perira per els 62, 3; par foi 20, 2; par lui 56, 10.

souz, auch mit der Orthographie soz oder solz; 71, 4 solz ciel; 76, 9 soz ciel. — Dafür desus: 80, 20 desus terre.

vers, die persönliche Beziehung ausdrückend, z. B. vers Deu et vers toi mult mesfait 42, 5; vers moi estrif 54, 9; vgl. 42, 9; 46, 1; daneben auch envers, z. B. envers lui, envers Deu 46, 2; 61, 8; 71, 21 und öfter.

Interjektionen.

Dem Inhalte entsprechend drücken alle hier gebrauchten Interjektionen Schmerz oder ein andachtsvolles Erstaunen aus, so

aï oder **aï** z. B. 31, 18.19 Aï! Eve; aï femme déavée; 31, 11 Aï! Evo, cum a mal hore.

oi, z. B. 40, 5.17 oi! paradis; oi male femme.

las, z. B. 31, 19; 81, 21.

e las, z. B. 70, 12 e las chaitifs! vgl. 75, 7.

allas, z. B. 28, 11 allas! pecchor; 40, 1 allas! chaitif.

Ableitung einiger Formeln für das sphärische Dreieck durch Zerlegung desselben in rechtwinklige Dreiecke.

Von

C. Besch.

Es seien a, b, c die drei Seiten eines beliebigen sphärischen Dreiecks ABC, α, β, γ die denselben gegenüberliegenden Winkel. Fällt man in demselben auf die Seite AB von C aus die Höhe CD = h, so wird dasselbe in zwei rechtwinklige Dreiecke zerlegt, welche die Höhe zur gemeinschaftlichen Seite haben.

Indem man für diese beiden Dreiecke die Gleichungen zwischen je drei Stücken aufstellt und aus denselben die Höhe eliminiert, erhält man Formeln zwischen den Seiten und Winkeln des ursprünglichen Dreiecks und den Teilen der Seite c und des Winkels γ, in welche dieselben durch die Höhe zerlegt werden. Dieselben sind wegen ihrer logarithmischen Form besonders geeignet zur Auflösung des sphärischen Dreiecks aus drei beliebigen, dasselbe bestimmenden Stücken (Seiten und Winkeln) und erlauben, die Neperschen Analogieen und Gauss schen Formeln auf direktem Wege abzuleiten.

§ 1. Aufstellung der Formeln für die rechtwinkligen Dreiecke.

Es werde der an der Seite a liegende Teil des Winkels γ mit x, der an b liegende mit y bezeichnet, die entsprechenden Teile der Seite c mit p und q. Fällt (Fig. 1) die Höhe in das Dreieck, so sind p und q und ebenso x und y positiv. Liegt die Höhe dagegen ausserhalb des Dreiecks, so sind entweder q und y (Fig. 2) oder p und x negativ (Fig. 3), je nachdem der Höhenfusspunkt auf der Verlängerung der Seite AB über A oder über B hinaus liegt.

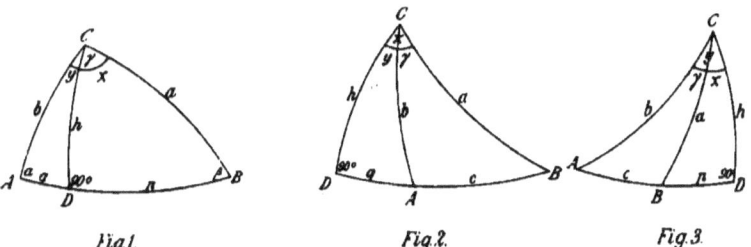

Fig.1.   *Fig.2.*   *Fig.3.*

Im rechtwinkligen sphärischen Dreieck ist nach der Neperschen Regel der Cosinus eines Stücks gleich dem Produkte der Cotangenten der anliegenden Stücke und gleich dem Produkte der Sinus der beiden andern, wenn man den rechten Winkel auslässt und an Stelle der Katheten ihre Komplemente setzt.

Hiernach ergeben sich für △ ACD folgende fünf Doppelgleichungen:

$$\left.\begin{array}{l}\text{I. } \sin h = \tang q \cotg y = \sin b \sin \alpha \\ \text{II. } \sin q = \tang h \cotg \alpha = \sin b \sin y \\ \text{III. } \cos \alpha = \tang q \cotg b = \cos h \sin y \\ \text{IV. } \cos b = \cotg \alpha \cotg y = \cos h \cos q \\ \text{V. } \cos y = \cotg b \tang h = \cos q \sin \alpha\end{array}\right\} 1.$$

und entsprechend für das Dreieck BCD:

$$\left.\begin{array}{l}\text{I. } \sin h = \tang p \cotg x = \sin a \sin \beta \\ \text{II. } \sin p = \tang h \cotg \beta = \sin a \sin x \\ \text{III. } \cos \beta = \tang p \cotg a = \cos h \sin x \\ \text{IV. } \cos a = \cotg \beta \cotg x = \cos h \cos p \\ \text{V. } \cos x = \cotg a \tang h = \cos p \sin \beta\end{array}\right\} 2.$$

§ 2. Elimination der Höhe aus vorstehenden Gleichungen.

Aus den Gleichungen 1. I und 2. I

$$\sin h = \sin b \sin \alpha \text{ und } \sin h = \sin a \sin \beta$$

folgt, wie bekannt: $\sin a : \sin b = \sin \alpha : \sin \beta$.

Durch entsprechende Addition und Subtraktion ergiebt sich hieraus:

$$(\sin a + \sin b) : (\sin a - \sin b) = (\sin \alpha + \sin \beta) : (\sin \alpha - \sin \beta)$$

$$2 \sin \tfrac{1}{2}(a+b) \cos \tfrac{1}{2}(a-b) : 2 \sin \tfrac{1}{2}(a-b) \cos \tfrac{1}{2}(a+b) = 2 \sin \tfrac{1}{2}(\alpha+\beta) \cos \tfrac{1}{2}(\alpha-\beta) : 2 \sin \tfrac{1}{2}(\alpha-\beta) \cos \tfrac{1}{2}(\alpha+\beta)$$

1. $\tang \tfrac{1}{2}(a+b) : \tang \tfrac{1}{2}(a-b) = \tang \tfrac{1}{2}(\alpha+\beta) : \tang \tfrac{1}{2}(\alpha-\beta)$,

welche Gleichung, an sich ohne Bedeutung, in dem folgenden Paragraphen bei der Ableitung der Neper'schen Analogieen zu benutzen ist.

Aus den Gleichungen 1. II und 2. II

$$\sin q = \tang b \cotg \alpha \text{ und } \sin p = \tang a \cotg \beta$$

folgt durch Division:

$$\sin p : \sin q = \cotg \beta : \cotg \alpha = \frac{\cos \beta}{\sin \beta} : \frac{\cos \alpha}{\sin \alpha} = \sin \alpha \cos \beta : \sin \beta \cos \alpha$$

und hieraus durch entsprechende Addition und Subtraktion:

$$(\sin p - \sin q) : (\sin p + \sin q) = (\sin \alpha \cos \beta - \sin \beta \cos \alpha) : (\sin \alpha \cos \beta + \sin \beta \cos \alpha)$$

$$2 \sin \tfrac{1}{2}(p-q) \cos \tfrac{1}{2}(p+q) : 2 \sin \tfrac{1}{2}(p+q) \cos \tfrac{1}{2}(p-q) = \sin(\alpha-\beta) : \sin(\alpha+\beta).$$

Dividirt man die beiden ersten Glieder durch $2 \cos \tfrac{1}{2}(p+q) \cos \tfrac{1}{2}(p-q)$, so ergiebt sich:

$$\tang \tfrac{1}{2}(p-q) : \tang \tfrac{1}{2}(p+q) = \sin(\alpha-\beta) : \sin(\alpha+\beta) \text{ oder}$$

2. $\tang \tfrac{1}{2}(p-q) : \tang \tfrac{1}{2} c = \sin(\alpha-\beta) : \sin(\alpha+\beta)$.

Aus den Gleichungen 1. III und 2. III

$$\cos \alpha = \cos h \sin y \quad \text{und} \quad \cos \beta = \cos h \sin x$$

folgt in derselben Weise durch Division die Proportion:
$$\cos\alpha : \cos\beta = \sin y : \sin x$$
und hieraus durch entsprechende Addition und Subtraktion
$$(\cos\beta-\cos\alpha):(\cos\beta+\cos\alpha) = (\sin x-\sin y):(\sin x+\sin y)$$
$$2\sin\tfrac{1}{2}(\alpha-\beta)\cos\tfrac{1}{2}(\alpha+\beta):2\cos\tfrac{1}{2}(\alpha-\beta)\sin\tfrac{1}{2}(\alpha+\beta) = 2\sin\tfrac{1}{2}(x-y)\cos\tfrac{1}{2}(x+y):2\sin\tfrac{1}{2}(x+y)\cos\tfrac{1}{2}(x-y).$$

Dividiert man die beiden ersten Glieder durch $2\cos\tfrac{1}{2}(\alpha+\beta)\cos\tfrac{1}{2}(\alpha-\beta)$, die beiden andern durch $2\cos\tfrac{1}{2}(x+y)\cos\tfrac{1}{2}(x-y)$, so ergiebt sich:
$$\tang\tfrac{1}{2}(\alpha-\beta)\,\tang\tfrac{1}{2}(\alpha+\beta):1 = \tang\tfrac{1}{2}(x-y):\tang\tfrac{1}{2}(x+y)$$
oder, da $x+y = \gamma$ ist,

3. $\tang\tfrac{1}{2}(\alpha-\beta)\,\tang\tfrac{1}{2}(\alpha+\beta) = \dfrac{\tang\tfrac{1}{2}(x-y)}{\tang\tfrac{1}{2}\gamma}$.

Aus den Gleichungen 1. IV und 2. IV
$$\cos b = \cos h \cos q \quad \text{und} \quad \cos a = \cos b \cos p$$
folgt in gleicher Weise
$$\cos b : \cos a = \cos q : \cos p$$
$$(\cos b-\cos a):(\cos b+\cos a) = (\cos q-\cos p):(\cos q+\cos p)$$
$$\frac{2\sin\tfrac{1}{2}(a-b)\sin\tfrac{1}{2}(a+b)}{2\cos\tfrac{1}{2}(a-b)\cos\tfrac{1}{2}(a+b)} = \frac{2\sin\tfrac{1}{2}(p-q)\sin\tfrac{1}{2}(p+q)}{2\cos\tfrac{1}{2}(p-q)\cos\tfrac{1}{2}(p+q)} \quad \text{oder}$$
$$\tang\tfrac{1}{2}(a-b)\,\tang\tfrac{1}{2}(a+b) = \tang\tfrac{1}{2}(p-q)\,\tang\tfrac{1}{2}(p+q)$$

4. $\tang\tfrac{1}{2}(a-b)\,\tang\tfrac{1}{2}(a+b) = \tang\tfrac{1}{2}(p-q)\,\tang\tfrac{1}{2}c$.

Die beiden Gleichungen 1. V und 2. V
$$\cos y = \cotg b \tang h \quad \text{und} \quad \cos x = \cotg a \tang h$$
geben in gleicher Weise behandelt
$$\cos y : \cos x = \cotg b : \cotg a = \frac{\cos b}{\sin b} : \frac{\cos a}{\sin a} = \cos b \sin a : \cos a \sin b$$
$$(\cos y-\cos x):(\cos y+\cos x) = (\cos b \sin a-\cos a \sin b):(\cos b \sin a+\cos a \sin b)$$
$$2\sin\tfrac{1}{2}(x-y)\sin\tfrac{1}{2}(x+y):2\cos\tfrac{1}{2}(x-y)\cos\tfrac{1}{2}(x+y) = \sin(a-b):\sin(a+b)$$
$$\tang\tfrac{1}{2}(x-y)\,\tang\tfrac{1}{2}(x+y) = \frac{\sin(a-b)}{\sin(a+b)} \quad \text{oder, da } x+y=\gamma \text{ ist,}$$

5. $\tang\tfrac{1}{2}(x-y)\,\tang\tfrac{1}{2}\gamma = \dfrac{\sin(a-b)}{\sin(a+b)}$.

§ 3. Berechnung des sphärischen Dreiecks aus drei gegebenen Stücken.

1. Gegeben seien die drei Seiten a, b, c.

Durch die drei Seiten ist nach Gl. 4 des vorhergehenden Paragraphen die Differenz der von der Höhe h auf der zugehörigen Seite gebildeten Abschnitte p und q bestimmt:

$$\tan\tfrac{1}{2}(p-q) = \tan\tfrac{1}{2}(a+b)\,\tan\tfrac{1}{2}(a-b)\,\cot\tfrac{1}{2}c.$$

Es ergeben sich aus dieser Gleichung, welcher auch die Form

$$\tan\tfrac{1}{2}(q-p) = -\tan\tfrac{1}{2}(a+b)\,\tan\tfrac{1}{2}(a-b)\,\cot\tfrac{1}{2}c$$

zu geben ist, zwei zu berücksichtigende Werte für $\tfrac{1}{2}(p-q)$,

entweder: $\tfrac{1}{2}(p_{,}-q_{,}) = d$ oder $\tfrac{1}{2}(q_{,,}-p_{,,}) = 180^\circ - d$.

Da $\tfrac{1}{2}(p_{,}+q_{,}) = \tfrac{1}{2}c$ $\qquad \tfrac{1}{2}(q_{,,}+p_{,,}) = \tfrac{1}{2}c$ ist, so folgen:

$$p_{,} = \tfrac{1}{2}c + d \qquad q_{,,} = \tfrac{1}{2}c - d + 180^\circ$$
$$q_{,} = \tfrac{1}{2}c - d \qquad p_{,,} = \tfrac{1}{2}c + d - 180^\circ.$$

Die beiden Winkel α und β sind aus den Gleichungen

$$\cos\alpha = \tan q \cot b \quad \text{und} \quad \cos\beta = \tan p \cot a$$

zu bestimmen. Es ist:

$$\tan p_{,,} = \tan\left(\tfrac{1}{2}c + d - 180^\circ\right) = \tan\left(\tfrac{1}{2}c + d\right) = \tan p_{,}$$
$$\tan q_{,,} = \tan\left(\tfrac{1}{2}c - d + 180^\circ\right) = \tan\left(\tfrac{1}{2}c - d\right) = \tan q_{,}$$

Es führen daher die beiden Werte, welche sich für $\tfrac{1}{2}(p-q)$ ergeben, zu denselben Werten für die beiden Winkel α und β.

Der dritte Winkel ist dann entweder nach dem Sinussatz oder nach einer der Neperschen Analogieen bez. Gaussschen Gleichungen abzuleiten.

2. Gegeben seien zwei Seiten und der eingeschlossene Winkel a, b, γ.

In diesem Fall ist aus den gegebenen Stücken die Differenz der von der Höhe gebildeten Teile des Winkels γ nach der Gleichung 5 in § 2:

$$\tan\tfrac{1}{2}(x-y) = \frac{\sin(a-b)}{\sin(a+b)}\cdot\cot\tfrac{1}{2}\gamma$$

zu bestimmen.

Wenn der rechts stehende Ausdruck positiv ist, so folgt entweder

$$\tfrac{1}{2}(x_{,}-y_{,}) = \delta \quad \text{oder} \quad \tfrac{1}{2}(y_{,,}-x_{,,}) = 180^\circ - \delta.$$

Es ist: $\tfrac{1}{2}(x_{,}+y_{,}) = \tfrac{1}{2}\gamma \qquad \tfrac{1}{2}(y_{,,}+x_{,,}) = \tfrac{1}{2}\gamma$

mithin $x_{,} = \tfrac{1}{2}\gamma + \delta \qquad x_{,,} = \tfrac{1}{2}\gamma + \delta - 180^\circ$

$y_{,} = \tfrac{1}{2}\gamma - \delta \qquad y_{,,} = \tfrac{1}{2}\gamma - \delta + 180^\circ.$

durch Zerlegung desselben in rechtwinklige Dreiecke.

Ist dagegen die rechte Seite negativ, so folgt entweder
$$\tfrac{1}{2}(y,-x,) = \delta \quad \text{oder} \quad \tfrac{1}{2}(x_{,,}-y_{,,}) = 180^{0}-\delta.$$
Da $\tfrac{1}{2}(y,+x,) = \tfrac{1}{2}\gamma \quad\quad \tfrac{1}{2}(x_{,,}+y_{,,}) = \tfrac{1}{2}\gamma$ ist, so wird
$$x, = \tfrac{1}{2}\gamma - \delta \quad\quad x_{,,} = \tfrac{1}{2}\gamma + \delta - 180^{0}$$
$$y, = \tfrac{1}{2}\gamma + \delta \quad\quad y_{,,} = \tfrac{1}{2}\gamma - \delta + 180^{0}.$$

Die beiden Winkel an der Seite c sind durch die Gleichungen
$$\cotg \alpha = \tang y \cos b \quad \text{und} \quad \cotg \beta = \tang x \cos a$$
eindeutig bestimmt, da in beiden Fällen
$$\cotg x_{,,} = \cotg\left(\tfrac{1}{2}\gamma \pm \delta - 180^{0}\right) = \cotg\left(\tfrac{1}{2}\gamma \pm \delta\right) = \cotg x,$$
$$\cotg y_{,,} = \cotg\left(\tfrac{1}{2}\gamma \pm \delta + 180^{0}\right) = \cotg\left(\tfrac{1}{2}\gamma \pm \delta\right) = \cotg y,$$
ist. Die Seite c ist nach dem Sinussatz oder nach einer der Neperschen Analogieen oder Gaussschen Gleichungen abzuleiten.

3. Gegeben sei eine Seite und die beiden anliegenden Winkel c, α, β. Aus der Gleichung 2 des vorigen Paragraphen folgt
$$\tang \tfrac{1}{2}(p-q) = \frac{\sin(\alpha-\beta)}{\sin(\alpha+\beta)} \cdot \tang \tfrac{1}{2} c.$$
a und b ergeben sich aus den Gleichungen
$$\cotg a = \cos\beta \cotg p; \quad \cotg b = \cos\alpha \cotg q$$
eindeutig in gleicher Weise wie α und β in der Aufgabe 1.

4. Gegeben seien die drei Winkel α, β, γ.
In diesem Fall giebt die Gleichung 3 in § 2
$$\tang \tfrac{1}{2}(x-y) = \tang \tfrac{1}{2}(\alpha+\beta) \tang \tfrac{1}{2}(\alpha-\beta) \tang \tfrac{1}{2}\gamma$$
für $\tfrac{1}{2}(x-y)$ zwei Werte, welche in Verbindung mit $\tfrac{1}{2}(x+y) = \tfrac{1}{2}\gamma$ ebenso wie in Aufgabe 2 für x und y zwei Wertpaare ergeben.

a und b sind durch die Gleichungen
$$\cos a = \cotg \beta \cotg x \quad \text{und} \quad \cos b = \cotg \alpha \cotg y$$
eindeutig bestimmt.

Die beiden andern Fälle, wenn eine Seite, ein anliegender und der gegenüberliegende Winkel oder ein Winkel, eine anliegende und die gegenüberliegende Seite gegeben sind, a β α oder a b β, sind auf die Auflösung der rechtwinkligen Dreiecke CBD und ABD unmittelbar zurückzuführen.

§ 4. Ableitung der Neperschen Analogieen.

Unter den in § 2 abgeleiteten Gleichungen befinden sich zwei, welche $\tang \tfrac{1}{2}(p-q)$ enthalten. Indem man diese beiden mit einander und mit der ersten Formel in § 2 verbindet, erhält man zwei der Neperschen Analogieen.

Aus den Formeln § 2, 2 und 4 folgt

$$\tan\tfrac{1}{2}(p-q) = \frac{\sin(\alpha-\beta)}{\sin(\alpha+\beta)}\tan\tfrac{c}{2} = \tan\tfrac{1}{2}(a+b)\tan\tfrac{1}{2}(a-b)\cot\tfrac{1}{2}c.$$

Es ist daher

$$\frac{\sin(\alpha-\beta)}{\sin(\alpha+\beta)} = \tan\tfrac{1}{2}(a+b)\tan\tfrac{1}{2}(a-b)\cot\tfrac{1}{2}c.$$

Nach § 2, 1 ist

$$\frac{\tan\tfrac{1}{2}(\alpha+\beta)}{\tan\tfrac{1}{2}(\alpha-\beta)} = \frac{\tan\tfrac{1}{2}(a+b)}{\tan\tfrac{1}{2}(a-b)}.$$

Beachtet man, dass

$$\sin\varphi = 2\sin\tfrac{1}{2}\varphi\cos\tfrac{1}{2}\varphi \text{ und } \tan\varphi = \frac{\sin\varphi}{\cos\varphi}$$

ist, so lassen sich die beiden Gleichungen in folgender Form schreiben:

$$\frac{2\sin\tfrac{1}{2}(\alpha-\beta)\cos\tfrac{1}{2}(\alpha-\beta)}{2\sin\tfrac{1}{2}(\alpha+\beta)\cos\tfrac{1}{2}(\alpha+\beta)} = \tan\tfrac{1}{2}(a+b)\tan\tfrac{1}{2}(a-b)\cot\tfrac{1}{2}c$$

$$\frac{\sin\tfrac{1}{2}(\alpha+\beta)}{\cos\tfrac{1}{2}(\alpha+\beta)}\cdot\frac{\cos\tfrac{1}{2}(\alpha-\beta)}{\sin\tfrac{1}{2}(\alpha-\beta)} = \frac{\tan\tfrac{1}{2}(a+b)}{\tan\tfrac{1}{2}(a-b)}.$$

Durch Multiplikation und Division dieser beiden Gleichungen folgt

1. $\dfrac{\cos\tfrac{1}{2}(\alpha-\beta)^2}{\cos\tfrac{1}{2}(\alpha+\beta)^2} = \tan\tfrac{1}{2}(a+b)^2\cot\tfrac{1}{2}c^2 = \dfrac{\tan\tfrac{1}{2}(a+b)^2}{\tan\tfrac{1}{2}c^2}$

2. $\dfrac{\sin\tfrac{1}{2}(\alpha-\beta)^2}{\sin\tfrac{1}{2}(\alpha+\beta)^2} = \tan\tfrac{1}{2}(a-b)^2\cot\tfrac{1}{2}c^2 = \dfrac{\tan\tfrac{1}{2}(a-b)^2}{\tan\tfrac{1}{2}c^2}.$

Aus den Formeln § 2, 3 und 5 ergiebt sich entsprechend

$$\tan\tfrac{1}{2}(x-y) = \tan\tfrac{1}{2}(\alpha+\beta)\tan\tfrac{1}{2}(\alpha-\beta)\tan\tfrac{1}{2}\gamma = \frac{\sin(a-b)}{\sin(a+b)}\cot\tfrac{1}{2}\gamma$$

und folglich

$$\frac{\sin(a-b)}{\sin(a+b)} = \tan\tfrac{1}{2}(\alpha+\beta)\tan\tfrac{1}{2}(\alpha-\beta)\tan\tfrac{1}{2}\gamma^2.$$

Diese Gleichung wird mit

$$\frac{\tan\tfrac{1}{2}(a+b)}{\tan\tfrac{1}{2}(a-b)} = \frac{\tan\tfrac{1}{2}(\alpha+\beta)}{\tan\tfrac{1}{2}(\alpha-\beta)}$$

multipliziert bez. durch dieselbe dividiert, nachdem sie auf die Form

durch Zerlegen desselben in rechtwinklige Dreiecke.

$$\frac{2\sin\frac{1}{2}(a-b)\cos\frac{1}{2}(a-b)}{2\sin\frac{1}{2}(a+b)\cos\frac{1}{2}(a+b)} = \tan\frac{1}{2}(\alpha+\beta)\,\tan\frac{1}{2}(\alpha-\beta)\,\tan\frac{1}{2}\gamma^2$$

$$\frac{\sin\frac{1}{2}(a+b)}{\cos\frac{1}{2}(a+b)}\frac{\cos\frac{1}{2}(a-b)}{\sin\frac{1}{2}(a-b)} = \frac{\tan\frac{1}{2}(\alpha+\beta)}{\tan\frac{1}{2}(\alpha-\beta)}$$

gebracht sind. Es ergeben sich dann die beiden andern Neperschen Analogien

3. $\quad\dfrac{\cos\frac{1}{2}(a-b)^2}{\cos\frac{1}{2}(a+b)^2} = \tan\frac{1}{2}(\alpha+\beta)^2\,\tan\frac{1}{2}\gamma^2 = \dfrac{\tan\frac{1}{2}(\alpha+\beta)^2}{\cot\frac{1}{2}\gamma^2}$

4. $\quad\dfrac{\sin\frac{1}{2}(a-b)^2}{\sin\frac{1}{2}(a+b)^2} = \tan\frac{1}{2}(\alpha-\beta)^2\,\tan\frac{1}{2}\gamma^2 = \dfrac{\tan\frac{1}{2}(\alpha-\beta)^2}{\cot\frac{1}{2}\gamma^2}.$

§ 5. Ableitung der Gaussschen Formeln.

Aus den in § 2 abgeleiteten Gleichungen

$$\tan\tfrac{1}{2}(p-q) = \frac{\sin(\alpha-\beta)}{\sin(\alpha+\beta)}\cdot\tan\tfrac{1}{2}c \quad\text{und}\quad \tan\tfrac{1}{2}(p-q) = \tan\tfrac{1}{2}(a+b)\,\tan\tfrac{1}{2}(a-b)\,\cot\tfrac{1}{2}c$$

$$\tan\tfrac{1}{2}(x-y) = \tan\tfrac{1}{2}(\alpha+\beta)\,\tan\tfrac{1}{2}(\alpha-\beta)\,\tan\tfrac{1}{2}\gamma \quad\text{und}\quad \tan\tfrac{1}{2}(x-y) = \frac{\sin(a-b)}{\sin(a+b)}\cot\tfrac{1}{2}\gamma$$

folgen, wenn man die erste und dritte, bez. die zweite und vierte multipliziert:

$$\tan\tfrac{1}{2}(p-q)\,\tan\tfrac{1}{2}(x-y) = \frac{\sin(\alpha-\beta)}{\sin(\alpha+\beta)}\,\tan\tfrac{1}{2}c\,\tan\tfrac{1}{2}(\alpha+\beta)\,\tan\tfrac{1}{2}(\alpha-\beta)\,\tan\tfrac{1}{2}\gamma$$

$$\tan\tfrac{1}{2}(p-q)\,\tan\tfrac{1}{2}(x-y) = \tan\tfrac{1}{2}(a+b)\,\tan\tfrac{1}{2}(a-b)\,\cot\tfrac{1}{2}c\,\frac{\sin(a-b)}{\sin(a+b)}\cot\tfrac{1}{2}\gamma.$$

Beachtet man die Beziehungen

$$\sin\varphi\,\tan\tfrac{1}{2}\varphi = 2\sin\tfrac{1}{2}\varphi\cos\tfrac{1}{2}\varphi\,\frac{\sin\tfrac{1}{2}\varphi}{\cos\tfrac{1}{2}\varphi} = 2\sin\tfrac{1}{2}\varphi^2$$

$$\frac{\tan\tfrac{1}{2}\varphi}{\sin\varphi} = \frac{\sin\tfrac{1}{2}\varphi}{\cos\tfrac{1}{2}\varphi}\,\frac{1}{2\sin\tfrac{1}{2}\varphi\cos\tfrac{1}{2}\varphi} = \frac{1}{2\cos\tfrac{1}{2}\varphi^2},$$

so gehen diese Gleichungen über in

$$\tan\tfrac{1}{2}(p-q)\,\tan\tfrac{1}{2}(x-y) = \frac{\sin\tfrac{1}{2}(\alpha-\beta)^2}{\cos\tfrac{1}{2}(\alpha+\beta)^2}\,\tan\tfrac{1}{2}c\,\tan\tfrac{1}{2}\gamma$$

$$\tan\tfrac{1}{2}(p-q)\,\tan\tfrac{1}{2}(x-y) = \frac{\sin\tfrac{1}{2}(a-b)^2}{\cos\tfrac{1}{2}(a+b)^2}\,\cot\tfrac{1}{2}c\,\cot\tfrac{1}{2}\gamma.$$

Werden die erhaltenen Werte gleich gesetzt, so ergiebt sich

$$\frac{\sin\frac{1}{2}(\alpha-\beta)^2}{\cos\frac{1}{2}(\alpha+\beta)^2}\tan\frac{1}{2}c\,\tan\frac{1}{2}\gamma = \frac{\sin\frac{1}{2}(a-b)^2}{\cos\frac{1}{2}(a+b)^2}\cot\frac{1}{2}c\,\cot\frac{1}{2}\gamma \text{ oder}$$

$$\frac{\sin\frac{1}{2}(\alpha-\beta)^2}{\cos\frac{1}{2}(\alpha+\beta)^2}\tan\frac{1}{2}c^2 = \frac{\sin\frac{1}{2}(a-b)^2}{\cos\frac{1}{2}(a+b)^2}\cot\frac{1}{2}\gamma^2.$$

Diese Gleichung wird identisch erfüllt durch

1. $\sin\frac{1}{2}(\alpha-\beta)^2 \sin\frac{1}{2}c^2 = \lambda \sin\frac{1}{2}(a-b)^2 \cos\frac{1}{2}\gamma^2$

2. $\cos\frac{1}{2}(\alpha+\beta)^2 \cos\frac{1}{2}c^2 = \lambda \cos\frac{1}{2}(a+b)^2 \sin\frac{1}{2}\gamma^2,$

in welchen λ einen noch zu bestimmenden Faktor bedeutet.

Wenn man dagegen die im Anfang des Paragraphen angegebenen Formeln durch einander dividiert, so folgt

$$\frac{\tan\frac{1}{2}(p-q)}{\tan\frac{1}{2}(x-y)} = \frac{\frac{\sin(\alpha-\beta)}{\sin(\alpha+\beta)}\tan\frac{1}{2}c}{\tan\frac{1}{2}(\alpha+\beta)\tan\frac{1}{2}(\alpha-\beta)\tan\frac{1}{2}\gamma}$$

$$\frac{\tan\frac{1}{2}(p-q)}{\tan\frac{1}{2}(x-y)} = \frac{\tan\frac{1}{2}(a+b)\tan\frac{1}{2}(a-b)\cot\frac{1}{2}c}{\frac{\sin(a-b)}{\sin(a+b)}\cot\frac{1}{2}\gamma}$$

oder

$$\frac{\tan\frac{1}{2}(p-q)}{\tan\frac{1}{2}(x-y)} = \frac{\sin(\alpha-\beta)\tan\frac{1}{2}c}{\sin(\alpha+\beta)\tan\frac{1}{2}(\alpha+\beta)\tan\frac{1}{2}(\alpha-\beta)\tan\frac{1}{2}\gamma}$$

$$\frac{\tan\frac{1}{2}(p-q)}{\tan\frac{1}{2}(x-y)} = \tan\frac{1}{2}(a+b)\sin(a+b)\frac{\tan\frac{1}{2}(a-b)}{\sin(a-b)}\frac{\cot\frac{1}{2}c}{\cot\frac{1}{2}\gamma}.$$

Setzt man $\dfrac{\sin\varphi}{\tan\frac{1}{2}\varphi} = 2\cos\frac{1}{2}\varphi^2$ und $\sin\varphi\,\tan\frac{1}{2}\varphi = 2\sin\frac{1}{2}\varphi^2$, so gehen diese Gleichungen über in

$$\frac{\tan\frac{1}{2}(p-q)}{\tan\frac{1}{2}(x-y)} = \frac{\cos\frac{1}{2}(\alpha-\beta)^2}{\sin\frac{1}{2}(\alpha+\beta)^2}\frac{\tan\frac{1}{2}c}{\tan\frac{1}{2}\gamma}$$

$$\frac{\tan\frac{1}{2}(p-q)}{\tan\frac{1}{2}(x-y)} = \frac{\sin\frac{1}{2}(a+b)^2}{\cos\frac{1}{2}(a-b)^2}\frac{\cot\frac{1}{2}c}{\cot\frac{1}{2}\gamma}.$$

durch Zerlegen desselben in rechtwinklige Dreiecke.

Setzt man diese Werte gleich, so folgt

$$\frac{\cos\frac{1}{2}(\alpha-\beta)^2}{\sin\frac{1}{2}(\alpha+\beta)^2}\cdot\frac{\tang\frac{1}{2}c}{\tang\frac{1}{2}\gamma} = \frac{\sin\frac{1}{2}(a+b)^2}{\cos\frac{1}{2}(a-b)^2}\cdot\frac{\cotg\frac{1}{2}c}{\cotg\frac{1}{2}\gamma} \quad \text{oder}$$

$$\frac{\cos\frac{1}{2}(\alpha-\beta)^2}{\sin\frac{1}{2}(\alpha+\beta)^2}\tang\frac{1}{2}c^2 = \frac{\sin\frac{1}{2}(a+b)^2}{\cos\frac{1}{2}(a-b)^2}\tang\frac{1}{2}\gamma^2.$$

Hieraus ergeben sich, wenn ein unbestimmter Faktor μ eingeführt wird, die beiden Gleichungen

3. $\quad \cos\frac{1}{2}(\alpha-\beta)^2 \sin\frac{1}{2}c^2 = \mu \sin\frac{1}{2}(a+b)^2 \sin\frac{1}{2}\gamma^2$

4. $\quad \sin\frac{1}{2}(\alpha+\beta)^2 \cos\frac{1}{2}c^2 = \mu \cos\frac{1}{2}(a-b)^2 \cos\frac{1}{2}\gamma^2.$

Das Verhältnis der beiden Faktoren λ und μ ergiebt sich, wenn man eine der Gleichungen 1 und 2 durch eine der Gleichungen 3 und 4 dividirt und den Quotienten mit einer der im vorhergehenden Paragraphen abgeleiteten Neperschen Analogien vergleicht.

Dividirt man z. B. Gl. 1 durch Gl. 3, so folgt

$$\frac{\sin\frac{1}{2}(\alpha-\beta)^2 \sin\frac{1}{2}c^2}{\cos\frac{1}{2}(\alpha+\beta)^2 \sin\frac{1}{2}c^2} = \frac{\lambda}{\mu}\cdot\frac{\sin\frac{1}{2}(a-b)^2 \cos\frac{1}{2}\gamma^2}{\sin\frac{1}{2}(a+b)^2 \sin\frac{1}{2}\gamma^2} \quad \text{oder}$$

$$\tang\frac{1}{2}(\alpha-\beta)^2 = \frac{\lambda}{\mu}\cdot\frac{\sin\frac{1}{2}(a-b)^2}{\sin\frac{1}{2}(a+b)^2}\cotg\frac{1}{2}\gamma^2$$

$$\frac{\lambda}{\mu}\cdot\frac{\sin\frac{1}{2}(a-b)^2}{\sin\frac{1}{2}(a+b)^2} = \frac{\tang\frac{1}{2}(\alpha-\beta)^2}{\cotg\frac{1}{2}\gamma^2}.$$

Vergleicht man diese Gleichung mit § 4, 4, so folgt $\frac{\lambda}{\mu} = 1$, $\lambda = \mu$.

Die Gleichungen 1—4 nehmen daher folgende Gestalt an:

$$\sin\frac{1}{2}(\alpha-\beta)^2 \sin\frac{1}{2}c^2 = \lambda \sin\frac{1}{2}(a-b)^2 \cos\frac{1}{2}\gamma^2$$
$$\cos\frac{1}{2}(\alpha+\beta)^2 \cos\frac{1}{2}c^2 = \lambda \cos\frac{1}{2}(a+b)^2 \sin\frac{1}{2}\gamma^2$$
$$\cos\frac{1}{2}(\alpha-\beta)^2 \sin\frac{1}{2}c^2 = \lambda \sin\frac{1}{2}(a+b)^2 \sin\frac{1}{2}\gamma^2$$
$$\sin\frac{1}{2}(\alpha+\beta)^2 \cos\frac{1}{2}c^2 = \lambda \cos\frac{1}{2}(a-b)^2 \cos\frac{1}{2}\gamma^2.$$

Um λ zu bestimmen, addiert man diese vier Gleichungen. Es folgt

$\sin\frac{1}{2}(\alpha-\beta)^2 \sin\frac{1}{2}c^2 + \cos\frac{1}{2}(\alpha+\beta)^2 \cos\frac{1}{2}c^2 + \cos\frac{1}{2}(\alpha-\beta)^2 \sin\frac{1}{2}c^2 + \sin\frac{1}{2}(\alpha+\beta)^2 \cos\frac{1}{2}c^2 =$
$\lambda\cdot\left[\sin\frac{1}{2}(a-b)^2\cos\frac{1}{2}\gamma^2 + \cos\frac{1}{2}(a+b)^2\sin\frac{1}{2}\gamma^2 + \sin\frac{1}{2}(a+b)^2\sin\frac{1}{2}\gamma^2 + \cos\frac{1}{2}(a-b)^2\cos\frac{1}{2}\gamma^2\right]$

Ableitung einiger Formeln für das sphärische Dreieck

$$\left\{\sin\tfrac{1}{2}(\alpha-\beta)^2+\cos\tfrac{1}{2}(\alpha-\beta)^2\right\}\sin\tfrac{1}{2}c^2+\left\{\cos\tfrac{1}{2}(\alpha+\beta)^2+\sin\tfrac{1}{2}(\alpha+\beta)^2\right\}\cos\tfrac{1}{2}c^2 =$$
$$\lambda\left[\left\{\sin\tfrac{1}{2}(a-b)^2+\cos\tfrac{1}{2}(a-b)^2\right\}\cos\tfrac{1}{2}\gamma^2+\left\{\cos\tfrac{1}{2}(a+b)^2+\sin\tfrac{1}{2}(a+b)^2\right\}\sin\tfrac{1}{2}\gamma^2\right]$$
$$\sin\tfrac{1}{2}c^2+\cos\tfrac{1}{2}c^2 = \lambda\left[\cos\tfrac{1}{2}\gamma^2+\sin\tfrac{1}{2}\gamma^2\right]$$
$$1 = \lambda.$$

Dieser Wert giebt in die vorher abgeleiteten Formeln eingesetzt die **Gaussschen Gleichungen in quadratischer Form**

$$\sin\tfrac{1}{2}(\alpha-\beta)^2\sin\tfrac{1}{2}c^2 = \sin\tfrac{1}{2}(a-b)^2\cos\tfrac{1}{2}\gamma^2$$
$$\cos\tfrac{1}{2}(\alpha+\beta)^2\cos\tfrac{1}{2}c^2 = \cos\tfrac{1}{2}(a+b)^2\sin\tfrac{1}{2}\gamma^2$$
$$\cos\tfrac{1}{2}(\alpha-\beta)^2\sin\tfrac{1}{2}c^2 = \sin\tfrac{1}{2}(a+b)^2\sin\tfrac{1}{2}\gamma^2$$
$$\sin\tfrac{1}{2}(\alpha+\beta)^2\cos\tfrac{1}{2}c^2 = \cos\tfrac{1}{2}(a-b)^2\cos\tfrac{1}{2}\gamma^2.$$

Die Werte für λ und μ lassen sich auch noch auf anderem Wege ohne Benutzung der Neperschen Analogien bestimmen. Dazu giebt man den Gleichungen 1—4 dieses Paragraphen die Form:

$$\sin\tfrac{1}{2}(\alpha-\beta)\sin\tfrac{1}{2}c = \sqrt{\lambda}\sin\tfrac{1}{2}(a-b)\cos\tfrac{1}{2}\gamma$$
$$\cos\tfrac{1}{2}(\alpha+\beta)\cos\tfrac{1}{2}c = \sqrt{\lambda}\cos\tfrac{1}{2}(a+b)\sin\tfrac{1}{2}\gamma$$
$$\cos\tfrac{1}{2}(\alpha-\beta)\sin\tfrac{1}{2}c = \sqrt{\mu}\sin\tfrac{1}{2}(a+b)\sin\tfrac{1}{2}\gamma$$
$$\sin\tfrac{1}{2}(\alpha+\beta)\cos\tfrac{1}{2}c = \sqrt{\mu}\cos\tfrac{1}{2}(a-b)\cos\tfrac{1}{2}\gamma.$$

Dann multipliziert man die erste Gleichung mit der zweiten, die dritte mit der vierten und addiert oder subtrahiert von diesem Produkt das erste. So ergiebt sich

$$\sin\tfrac{1}{2}c\cos\tfrac{1}{2}c\left\{\sin\tfrac{1}{2}(\alpha+\beta)\cos\tfrac{1}{2}(\alpha-\beta)\pm\sin\tfrac{1}{2}(\alpha-\beta)\cos\tfrac{1}{2}(\alpha+\beta)\right\} =$$
$$\sin\tfrac{1}{2}\gamma\cos\tfrac{1}{2}\gamma\left\{\mu\sin\tfrac{1}{2}(a+b)\cos\tfrac{1}{2}(a-b)\pm\lambda\sin\tfrac{1}{2}(a-b)\cos\tfrac{1}{2}(a+b)\right\}.$$

Da $\sin\tfrac{1}{2}c\cos\tfrac{1}{2}c = \tfrac{1}{2}\sin c$, $\sin\tfrac{1}{2}\gamma\cos\tfrac{1}{2}\gamma = \tfrac{1}{2}\sin\gamma$

$$\sin\tfrac{1}{2}(\alpha+\beta)\cos\tfrac{1}{2}(\alpha-\beta)+\sin\tfrac{1}{2}(\alpha-\beta)\cos\tfrac{1}{2}(\alpha+\beta) = \sin\left\{\tfrac{1}{2}(\alpha+\beta)+\tfrac{1}{2}(\alpha-\beta)\right\} = \sin\alpha$$
$$\sin\tfrac{1}{2}(\alpha+\beta)\cos\tfrac{1}{2}(\alpha-\beta)-\sin\tfrac{1}{2}(\alpha-\beta)\cos\tfrac{1}{2}(\alpha+\beta) = \sin\left\{\tfrac{1}{2}(\alpha+\beta)-\tfrac{1}{2}(\alpha-\beta)\right\} = \sin\beta$$

ist, so ergeben sich die beiden Gleichungen:

$$\sin c\sin\alpha = \sin\gamma\left\{\mu\sin\tfrac{1}{2}(a+b)\cos\tfrac{1}{2}(a-b)+\lambda\sin\tfrac{1}{2}(a-b)\cos\tfrac{1}{2}(a+b)\right\}$$
$$\sin c\sin\beta = \sin\gamma\left\{\mu\sin\tfrac{1}{2}(a+b)\cos\tfrac{1}{2}(a-b)-\lambda\sin\tfrac{1}{2}(a-b)\cos\tfrac{1}{2}(a+b)\right\}.$$

Nach dem Sinussatz ist $\sin c\sin\alpha = \sin\gamma\sin a$, $\sin c\sin\beta = \sin\gamma\sin b$, mithin durch Zerlegung desselben in rechtwinklige Dreiecke.

$$\mu \sin\tfrac{1}{2}(a+b)\cos\tfrac{1}{2}(a-b) + \lambda\sin\tfrac{1}{2}(a-b)\cos\tfrac{1}{2}(a+b) = \sin a$$

$$\mu \sin\tfrac{1}{2}(a+b)\cos\tfrac{1}{2}(a-b) - \lambda\sin\tfrac{1}{2}(a-b)\cos\tfrac{1}{2}(a+b) = \sin b\,.$$

Setzt man hierin

$$\sin a = \sin\left\{\tfrac{1}{2}(a+b)+\tfrac{1}{2}(a-b)\right\} = \sin\tfrac{1}{2}(a+b)\cos\tfrac{1}{2}(a-b)+\cos\tfrac{1}{2}(a+b)\sin\tfrac{1}{2}(a-b)$$

$$\sin b = \sin\left\{\tfrac{1}{2}(a+b)-\tfrac{1}{2}(a-b)\right\} = \sin\tfrac{1}{2}(a+b)\cos\tfrac{1}{2}(a-b)-\cos\tfrac{1}{2}(a+b)\sin\tfrac{1}{2}(a-b),$$

so ergeben sich durch Auflösung der beiden Gleichungen $\mu = 1$, $\lambda = 1$.

§ 6. Geometrische Folgerungen.

Bekanntlich findet zwischen den Abschnitten zweier Sehnen AB und CD eines Kreises, welche sich entweder in dem Kreise oder verlängert in dem Punkte E schneiden, die Gleichung statt

$$AE \cdot BE = CE \cdot DE.$$

Eine entsprechende Beziehung gilt für 2 Bogen grösster Kugelkreise, wenn sich durch ihro Endpunkte ein kleinerer Kugelkreis legen lässt.

Es sei ABC ein sphärisches Dreieck, in welchem die Seite BC > AC oder a > b sei. Konstruiert man den kleineren Kugelkreis, welcher durch B geht und dessen Punkte von C gleich weit entfernt sind, so trifft dieser, da a > b ist, die Verlängerung des Bogens BA in D und die Verlängerungen der Seite AC in F und G.

Da die Höhe CE den Bogen BD halbiert, ist

$$AD = DE-AE = BE-AE = p-q,\text{ ferner}$$
$$AF = AC+CF = AC+CB = b+a$$
$$AG = CG-CA = CB-CA = a-b.$$

Nun ist nach § 2.4

$$\tang\tfrac{1}{2}(a+b)\,\tang\tfrac{1}{2}(a-b) = \tang\tfrac{1}{2}c\,\tang\tfrac{1}{2}(p-q)$$

$$\tang\tfrac{1}{2}AF\,\tang\tfrac{1}{2}AG = \tang\tfrac{1}{2}AB\,\tang\tfrac{1}{2}AD.$$

Legt man A einen beliebigen andern grössten Kugelkreis, welcher den Nebenkreis in $B_{\prime}$ und $D_{\prime}$ schneidet, so gilt für das Dreieck $AB_{\prime}C$ ebenfalls die Gleichung

$$\tang\tfrac{1}{2}AF\,\tang\tfrac{1}{2}AG = \tang\tfrac{1}{2}AB_{\prime}\,\tang\tfrac{1}{2}AD_{\prime\prime}$$

mithin 1. $\quad \tang\tfrac{1}{2}AB\,\tang\tfrac{1}{2}AD = \tang\tfrac{1}{2}AB_{\prime}\,\tang\tfrac{1}{2}AD_{\prime\prime}$

entsprechend dem Sehnensatz der Planimetrie.

Konstruiert man dagegen den kleineren Kugelkreis, welcher durch A geht und dessen Punkte von C gleichen Abstand haben, so werden die Seiten AB und BC von diesem Nebenkreis selbst in D und G geschnitten, ferner BC in der Verlängerung in F. Es ist

14 Ableit. einiger Formeln für das sphärische Dreieck durch Zerlegung desselb. in rechtwinklige Dreiecke.

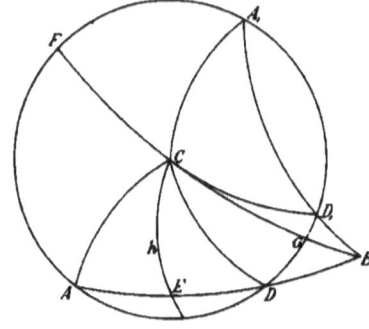

$$BD = BE-DE = BE-AE = p-q$$
$$BF = BC+CF = BC+CA = a+b$$
$$BG = BC-CG = BC-CA = a-b.$$

Die vorher benutzte Formel geht in diesem Fall über in

$$\tang\tfrac{1}{2}BF \tang\tfrac{1}{2}BG = \tang\tfrac{1}{2}BA \tang\tfrac{1}{2}BD.$$

Für ein anderes Dreieck $BCA_{\prime}$ gilt entsprechend die Gleichung

$$\tang\tfrac{1}{2}BF \tang\tfrac{1}{2}BG = \tang\tfrac{1}{2}BA_{\prime} \tang\tfrac{1}{2}BD_{\prime\prime}$$

mithin:

$$\tang\tfrac{1}{2}BA \tang\tfrac{1}{2}BD = \tang\tfrac{1}{2}BA_{\prime} \tang\tfrac{1}{2}BD_{\prime\prime}$$

entsprechend dem Sekantensatz in der Planimetrie.

PERSIUS, MARTIALIS, IUVENALIS QUO MODO DE GRAECIS IUDICENT.

SCRIPSIT

M. BODENDORFF.

Quisquis litteris et disciplinis Latinis studuerit, occasione oblata mirari coeperit, quid causae sit, cur scriptores Romani, qui unaquaque librorum suorum pagina totos se ex Graecorum doctrina pendere doceant, idem nationem Graecam contemnere ac despicere non dubitent. Cuius rei causas explicare et disserendi ratione ita comprehendere, ut, quid quisque de Graecorum moribus dixerit, intellegatur, operae esse pretium videtur. Tamen in tanta scriptorum turba omnium sententias proferre opus amplum est et difficile, quod anno insequenti ad exitum me adducturum spero. Nunc quidem trium poetarum libros, Persii, Iuvenalis, Martialis, qui plus uno inter se coniuncti sunt vinculo, excutiamus quidque de Graecis indicaverint, videamus. Ac si quis memor Iuvenalem acerbissimum Graecorum inimicum indignationem iramque suam in illam gentem effudisse in satira quadam praeter eum locum non ita multa fore arbitretur, quae ad hoc argumentum illustrandum afferri possint, tantum abest ut vere iudicasse eum concedam, ut contra, cum omnia quae ex illis scriptoribus habeo excerpta percenseo, tam multae tamque variae rei tractandae rationes sese offerant, ut certum iam modum finesque huic opusculo ponendos esse sentiam. Non igitur dicam de philosophia Graecorum aut de disciplinis, quas in philosophia illi poetae amplexi esse videntur; non disseram de rebus mythologicis, quae in eorum scriptis exstant, non de terris aut oppidis Graecis, quorum nomina legenti occurrunt; omittam exponere, quae fuerit conditio mercaturae Graecorum earumque rerum, quae quaestus causa apud eos fabricabantur; denique non explicabo litterarum Graecarum statum, non hominum Graecorum aut vera aut ficta nomina. At quaenam ratio quaestionis tractandae relinquitur? Docebo, quo modo iudicaverint Persius, Iuvenalis, Martialis de universa natione Graeca maximeque de suorum temporum Graecis. Quod si rem ita circumscripsero et definiero, non vereor ne vitio mihi vertatur, quod quaestionem mancam quodam modo et inchoatam reliquerim, praesertim cum quas res non esse plena ac perfecta commentatione tractandas modo dixi, tamen ad sententias et mores poetarum illorum recte explicandos aliqua ex parte adhiberi oporteat. Ceterum quibus verbis Plinius in praefatione naturalis historiae utitur, me consoler: nobis itaque etiam non assecutis voluisse abunde pulcbrum est.

„Omnia Graece."
Juv. VI, 187.

Quod noster ille Gregorovius dixit, Romae urbi eam naturam fuisse, quae vi quadam inevitabili ad medium raperet et converteret extrema,[1]) non modo ita intellegendum est, ut legiones invictas ex hac urbe profectas orbem terrarum suae ditionis fecisse finesque imperii Romani ad ultimas oras protulisse dicat, sed proprie dictum ad incrementa quodam modo et amplitudinem urbis ipsius adhiberi posse videtur. Nam republica Romana constituta atque confirmata primum ex Italia tum ex provinciis infinita multitudo continuo agmine in urbem Romam confluxit. Quod ubique hominum genus inveniebatur, in hoc orbis terrarum conciliabulum convenit[2]), ut iam Cicero Romam civitatem ex nationum conventu constitutam diceret,[3]) Martialis vero suo iure exclamaret:[4]) Quantus, io, conventus mundi!

Sed ex omnibus omnium temporum populis nullus maiorem numerum hominum eo misit quam Graecus. Quae natio quam artis societatis vinculis cum populo Romano ex antiquissimis temporibus coniuncta fuerit, explicare ab eo, quod propositum est, abhorrere videtur. Satis erit commemorare oppida Graeca, quae in ea parte Italiae sita erant, quam Magnam Graeciam appellabant. Neque minus notum est, quantopere studia litterarum Graecarum apud Romanos ex tempore belli Punici secundi aucta sint. Cum vero legiones Romanae in Graeciam et Asiam transmissae has quoque terras sub potestatem populi Romani redegissent, „Graecia capta ferum victorem cepit et artes intulit in Latium."

Saeculis insequentibus omnium rationum usus atque necessitudo inter Graecos et Romanos augebatur, ut non modo omnes fere scriptores Romani imitatores litterarum Graecarum dici possint, sed in universae vitae cultu et institutis vis atque auctoritas Graecorum appareat. Eadem natio, quae aliquando in orientis solis terras trans Euphratem progressa cultum atque humanitatem secum intulerat, vestigia victorum secuta suum ingenium, suas litteras, suas artes quasi vindex libertatis amissae in patriam hostium introduxerat. Itaque factum est, ut Caesarum temporibus Iuvenalis Romam urbem Graecam appellaret, quam diutius ferre non posset, cum et faex Achaeorum et Syrus Orontes iam pridem in Tiberim defluxissent.[5]) Singulas insulas et oppida Graeca enumerat maximeque eas, quarum amoenitas et temperies dissolutiores efficere viros dicebatur: Sicyona, Amydona, oppidum Achaiae, Andrum et

---

1) Gregorovius, Geschichte der Stadt Rom im Mittelalter I, 8. Hoc iam loco enumerabo, quibus potissimum libris in opusculo scribendo usus sim: Friedländer, Darstellungen aus der Sittengeschichte Roms. — Hertzberg, Geschichte Griechenlands unter der Herrschaft der Römer. — Boissier, études de moeurs romaines sous l'empire. Revue d. d. mondes 1870. — Pöhlmann, Die Uebervölkerung der antiken Grossstädte. — Becker-Marquardt, römische Altertümer. — Drumann, Geschichte der Stadt Rom. 2) Flori epit. p. 41. Jahn. 3) de pet. cons. 14, 54. 4) VIII, 41. 5) III, 60.

Samum insulae, Tralles, Lydiae oppidum, Alabanda Cariae[1]) quorum omnium incolae propter luxuriam male audiebant, quare apud Martialem molles Iones nominantur.[2])

Quod Sallustius de suis temporibus dixit, qui ubique probro atque petulantia maxime praestitissent, qui patrimonia per dedecora amisissent, postremo omnes, quos facinus aut flagitium domo expulisset, eos Romam ut in sentinam confluxisse, ad tempora Iuvenalis suo iure referri potest. Nam omnia crimina atque scelera in urbe nata esse queritur, ex quo tempore paupertas Romae perisset;[3]) inde ad colles Romanos fluxisse et Sybarim et Rhodum et Miletum et Tarentum; divitiis mollibus turpique luxu gloriam saeculorum fractam esse et obscaena pecunia illatos mores pregrinos.[4]) Quos pregrinos quamquam omnes odit, tamen summam iram in Graecos evomit Iuvenalis: non enim Maurum esse aut Sarmatam aut Thracem qui sumpserit pinnas, ut in alias terras volaret, sed Graecum mediis Athenis natum,[5]) Graecos regnare Romae neque cuiquam Romano locum esse in urbe;[6]) nihil iam valere, quod sua infantia oliva Sabina nutrita Aventini coelum hauserit.[7]) Aegre fert, quod Graecus in iudicio apud praetorem prior signet et in coena meliore toro fultus recumbat: ac tamen fieri posse, ut Graeci isti, qui divitias et auctoritatem Romae consecuti sint, eodem vento sint advecti, quo pruna et cottona.[8]) Romanos non esse pares Graecis arte adulandi et inserviendi: nam si quis Graecus adulatione animum domini amplexus est, cuius in aurem tamquam venenum naturae suae patriaeque stillavit, solus eius amicitia uti, ceteros clientes a limine amici divitis summovere studet, ita ut brevi dominus longum tempus servitii obliviscatur veterum clientium, qui propter Graecum excluduntur.[9]) Hoc loco Iuvenalem invidiae plenum videmus atque obtrectantem iisdem Graecis, qui maximo ei contemptui sunt: quamquam eadem omnia sibi facere liceat, tamen gratiam amici divitis consequi se posse negat. Quae invidia atque malignitas Iuvenalis animo caliginem quandam offundit, qua, quominus Graecorum mores recte et vere diiudicet, impeditur. Quod quamquam infra accuratius explicandum erit, tamen hoc iam loco praemonendum esse videtur, ne quis quae plura naturae Graecorum ac morum exempla ex eius satiris sum propositurus, incorrupta rerum fide digna esse arbitretur.

Quae vitia Cicero Graecis suae aetatis exprobrat, levitatem, assentationem, animos non officiis sed temporibus inservientes, ingenia ad fallendum parata,[10]) temeritatem,[11]) insulsitatem[12]) desidiam, luxuriam,[13]) mendaciam,[14]) ineptiam,[15]) iracundias occultas, blanditias apertas,[16]) Graeculos homines contentionis cupidiores esse quam veritatis[17]) multaque fingere,[18]) otiosos esse et loquaces,[19]) eadem omnia vitia Iuvenalis Graecis attribuit. Vituperat eorum ingenium velox, audaciam perditam, sermonem promptum et Isaeo torrentiorem.[20]) Quibus ingenii virtutibus ad animos divitum amicorum sibi conciliandos usi, quacunque possunt ratione, opes et potentiam consequi student. Itaque nocte dieque parati sunt vultum ab aliena facie sumere, manus iactare, laudare;[21]) si rides, Graecus maiore cachinno concutitur; si lacrimas amici conspexit, flet nec dolet; si tempore brumae te algere dixeris, illico sudabit.[22]) Praeterea sanctum nihil est Graeco in familia amici: non uxor, non filia, non sponsus filiae adolescens, non filius adhuc pudicus; ne aviam quidem amore scelesto persequi veretur.[23]) Non igitur est mirandum, quod saepius infimus Graecus amore dominae ad summos honores divitiasque escendit aut, cum secreta quaedam domus cognoverit, ab omnibus timetur.[24]) Neque enim quidquam pensi habet, quibus modis id consequatur, dummodo opes suas firmet atque augeat. Graeculus esuriens omnia novit: in coelum, si iusseris, ibit.[25]) Ut adulandi est gens peritissima, cum sermonem indocti amici, deformis faciem laudat, longum collum invalidi cervicibus Herculis aequat miraturque angustam vocem,[26]) ita parata sub iudice se vidisse dicere, quod non vidisset, aut per caput alterius iurare.[27]) Tota Graecia mendax est, cum etiam scriptores rerum falsa proponere audeant,

---

1) III, 70. 2) spec. I, 3. 3) VI, 292. 4) VI, 296. 5) III, 80. 6) III, 120. 7) III, 84. 8) III, 83. 9) III, 124. 10) ad Quinct. I. 1. 16. 11) p. Flacc. 16. 12) p. Rabir. 36. 13) Verr. II, 7. 14) ad fam 13, 7. 15) Tusc. II, 18. 16) p. Flacc. 35. 17) de or. I, 47. 18) p. Scauro 3. 4. 19) de or. I, 102. 20) III, 73. 21) III, 105. 22) III, 108. 23) III, 110. 24) III, 112. 25) III, 78. 26) III, 86. 27) VI, 17.

veluti Athonem montem a Xerxe perfossum esse, novum terris mare immissum fluminaque a Medis epota;[1]) idem in aliis rebus a scriptoribus traditis dubitat, num Graecia vera sit.[2])

Quod si adeo occaecatum videmus Iuvenalis animum ira ac furore, ut quae incorruptis rerum gestarum monumentis confirmata sunt, in dubitationem vocet, in aliis quoque rebus modum eum excessisse non mirabimur. Quamvis ex animi sententia sinceraque fide eum mores aetatis suae vituperasse concedamus, tamen vere eum iudicasse negabimus. Ingenio praeceps erat in iram, immoderatus, effusus, sui impotens. Ipse dicit:[3]) quid referam quanta siccum iecur ardeat ira? Itaque in omni crimine, quod oculis sese offert, „coelum terris miscet et mare coelo";[4]) non potest reprimere iram, non exspectat, dum domum redierit, sed in medio quadrivio ceras capaces versibus implet.[5]) Indignatio eius neque modum servat neque discrimen inter scelera novit. Quod Horatius admonet, adsit regula, quae aequas poenas peccatis irroget, ne scutica dignum horribili sectere flagello,[6]) locum non habet apud Iuvenalem; is ubique flagello utitur, quo quasi occaecatus in omnes partes verberat. Quae animi et verborum immoderatio in iis quoque, quae de Graecis iudicat, apparet atque exstat. Nos vero maximam partem non facinorum aut vitiorum Graecos eum incusare dicemus, sed ingenii facultatibus, docilitati, sollertiae invidere, praesertim cum, quidquid agant, felicem exitum habere ipse queratur: frustra sibi eadem facere licere, se non esse parem Graecis, iis credi.[7]) Et oblitus est commemorare castigator saeculi sui, quae virtutes a maioribus quasi hereditate relictae Graecos etiam tum ornaverint, inventionis atque excogitationis ubertatem, cultum atque humanitatem, eruditionem ac doctrinam, leporem et urbanitatem. Quae quidem virtutes non inveniebantur in faece illa Graecorum,[8]) qui ex urbibus atque insulis Graeciae emigraverunt, ut Romae domini fierent.[9]) Certe perditissimos et flagitiosissimos in ea sentina urbis fuisse homines assentiemur. Tamen quod odium Graecorum acerbissimum Iuvenalis prae se fert, idem apud omnes fere scriptores Romanos invenitur, cum discrimina inter Graecorum conditiones non servantes omnium mores ad infimos referant. Huc accedebat, quod homo vere Romanus peregrinos despexit et contempsit, cum quaestus faciendi causa Romam venirent, quem viro ingenuo indignum putabat.

Videamus iam, quas vitae conditiones Iuvenalis Graecis immigrantibus attribuat. Quamvis hominem, inquit, Graecus ad nos attulit:
    grammaticus rhetor, geometres, pictor, aliptes,
    augur, schoenobates, medicus, magus.[10])
Quibus conditionibus si adiunxerimus comoedorum, artificum, paedagogorum, servis exceptis omnia fere genera Graecorum, qui Romae erant, habebimus. De his singulis conditionibus copiosius dicendum est et proponendum, quid scriptores nostri de iis iudicaverint.

Mirum videtur esse, quod Romani, quamquam severis legibus morum perversitatem coercere studebant, in educandis pueris nullam certam aut legibus destinatam aut publice expositam aut unam omnium disciplinam esse voluerunt. Id quantum differt a recentioris aetatis consuetudine, qua proverbii locum obtinet illud: qui scholam habet, habet posteritatem! Quae neglegentia veterum eo minus intellegi potest, quod nemo negabit totius antiquitatis summam in republica conservanda rationem eam fuisse, ut res privatas omnium salute inferiores esse oporteret. Tamen patriae potestati omne ius liberorum educandorum permissum erat. Ad institutum meum illud non pertinet, ut, qui fuerit modus educationis apud Romanos, explicem, sed quanto momento Graeci in ea disciplina fuerint, proponatur.

Quod Iuvenalis Romam urbem Graecam dicit,[11]) in qua lingua Graeca regnet, id iam ad infantes valebat, qui lacte quodam modo Graeco nutriebantur, cum iam dudum non esset natum infantem ancillae Graecae delegare nutriendum. Ita vinculum illud coagulumque animi atque amoris, quo parentes cum filiis natura consociat, a prima infantia interscissum erat aut

---

1) X, 174.   2) XIV, 240.   3) I, 45.   4) II, 25.   5) I, 63.   6) sat. I, 3, 119   7) III, 120.   8) III, 60. 9) III, 72.   10) III, 77.   11) III, 60.

certe laxatum et remissum. Iuvenalis quidem mulierum plebeiarum et pauperum dicit esse suo lacte alere infantes, nobiles et divites feminas nutricis labores non iam subire.¹) Nutrici illi Graecae saepe ex servis aliquis adiungebatur plerumque vilissimus neque ulli serio ministerio accomodatus; praeterea nutricis nomine non eae tantum mulieres vocabantur, quae lacte infantes alebant, sed omnino quae munditiem et diligentiam iis praestabant, nutrices assae.²) Earum erroribus et superstitionibus teneri statim et rudes animi infantium imbuebantur. Apud Persium³) complura earum nutricum vota inepta legimus, ut quidquid calcaverit puer, rosa fiat, ut rex et regina eum generum optent puellaeque rapiant, quae vota contra rationem facta ut Iuppiter neget, poeta orat. Ludi quoque Graeci, qui apud pueros in usu erant, commemorantur apud Persium⁴) et Martialem,⁵) veluti ludus orcae, qui ita exercebatur, ut pro fossula vas fictile angusto collo poneretur, in quod tali vel nuces iacerentur, itemque turbo, Graecorum βέμβιξ sive στρόμβος, apud pueros Romanos usitatus erat, non minus quam „celer trochus qui sonat arguto aere",⁶) ita ut turba obviam venientium cedere cogatur,⁷) quod idem periculum imminet, „splendida cum volitant Spartani pondera disci."⁸)

Ex ore nutricum Graecarum puer linguam Graecam discebat primam, id quod Quintilianus fieri vult, cum sermonem latinum, qui pluribus in usu sit, puer etiam invitus perbibat et disciplinis Graecis prius instituendus sit, unde Romanae fluxerint.⁹) Neque minus puellae iam ab ineunte aetate linguam Graecam discebant, cuius rei testimonium versus illi Iuvenalis sunt,¹⁰) quibus neminem quarere dolet, unde quis habeat, sed oportere habere idque omnes puellas ante alpha et beta discere. Alio loco queritur omnia Graece exprimere et loqui feminas Romanas, cum sit magis turpe nescire latine:¹¹) nullam mulierem esse formosam putare, nisi de Romana facta sit Graecula; sermone Graeco mulieres pavere, hoc sermone iram, gaudia, curas, cuncta animi secreta effundere, quin etiam in lectulis Graece loqui. Ac non modo puellae hoc sermone in omnibus occasionibus utebantur, sed ne matronas quidem pudebat exclamationibus Graecis, ut ζωή καὶ ψυχή, publice uti.¹²) Eadem de causa Martialis mulierem Romanam vituperat, cui cum neque Ephesus neque Rhodus patria sit, sed domus in vico patricio, Κύριέ μου, μέλι μου, ψυχή μου in ore habet: puella utatur his vocibus non casta matrona.¹³)

Sed quod poeta feminis Romanis vitio dat, mirum quantum ipse non observat. Quot enim in locis epigrammatum verba Graeca inveniuntur! Qui mos verbis Latinis Graeca miscendi eo minus apud Martialem vituperandus videtur, quod in ea re exemplum optimorum qui ante eum fuerunt scriptorum sequitur, veluti Lucilii, Ciceronis, Horatii, deinde quod saepius ex vita quotidiana atque sermone vulgari petita adhibere solet. Et erat mixtus illis temporibus sermo urbanus verbis Graecis, quod nescio an nullius scripta clarius probant quam Petronii, quae consuetudinis et linguae plebeiae verissimam imaginem nobis exhibent. Itaque nos quidem poetae adeo non vertemus crimini, quod, quamquam tanto studio corruptum dicendi genus impugnat, idem in vitium incurrit, ut tributum saeculo suo eum solvisse dicamus.

Non alienum a proposito videtur ex Graecis illis locutionibus ad rem illustrandam afferre quasdam. Procillum amicum, quocum nocte superiore coenabat, quod ebrius invitaverat, ut postridie secum coenaret; is statim factam sibi rem putavit et ebria verba subnotavit, quam memoriam convivae Martialis vituperat, cum exclamat: Μισῶ μνάμονα συμπόταν.¹⁴) Qui forte putent brevitatem epigrammatum esse vitium, ex iis quaerit, num formulas malint ut illud Homeri: Τὸν δ' ἀπαμειβόμενος.¹⁵) Calliodoro cuidam, qui quamquam ipse censum equestrem habet, fratrem sibi esse obliviscitur, facete suadet: σῦκα μέριζε, cum σολοικισμὸν faceret, si unus cum esset eques, duo in equo sederent.¹⁶) Lepide dictum id quoque videtur, quod interrogat Aemilianum amicum, qui coquo suo Mystillon nomen imposuerat imitatus primum verbum versus illius Homerici μίστυλλόν τ' ἄρα τἆλλα καὶ ἀμφ' ὀβελοῖσιν ἔπειραν,¹⁷) cur non Taratalla coquus

---

1) VI, 592. 2) XIV, 208. 3) II, 38. 4) III, 50. 5) XI, 21. 2. XIV, 166. 169. 6) Mart. XI, 21. 7) XIV, 169. 8) Mart. XIV, 164. 9) I, 1. 12. 10) XIV, 209. 11) VI, 187. 12) VI, 195. 13) X, 68. 14) I, 27. 15) I, 45. 16) V, 38. 17) II. I, 465.

Martialis dicatur. Similiter versus Homerici memor[1]) Χρύσεα χαλκείων ἑκατόμβοι' ἐννεαβοίων dicit „Χάλκεα donanti χρύσεα qui dederas".[2]) Quam facile et commode poeta lingua Graeca utatur, ex annominationibus illis apparet, cum commutatione litterarum aut diremptione ad idem verbum alius sensus accedit, veluti cum pueros qui per placidas undas navigantes ludunt, non nautas esse putat sed Argonautas, id est ἀργοὺς nautas.[3]) Similia quae sunt obscoena aliis locis inveniuntur.[4]) — Filiae Sotae clinici, quae marito deserto alium secuta erat, dicit: ἔχεις ἀσώτως.[5]) Candidum quendam, qui magniloquus nocte dieque κοινὰ φίλων sonat, vituperat, quod ex opibus magnis veteri fidoque sodali nihil det atque tamen dicat κοινὰ φίλων.[6]) Munera πεζά, id est munera sine carmine, cum pauper sit, ab amico petit, qui, dum munus suum carmine commendare vult, et se et Martialem pariter multis diebus excruciat.[7]) — Aenigma haud infacetum ex nomine Earini format, quem cum pocula temperaret Tonanti, id est Domitiano, eique dilectus praecipue esset, saepius carminibus celebravit: Quis est, cui verna tempora nomen dederunt? Responsum facile invenitur ex versibus praecedentibus, cum ex auctumno Oporinos, ex hieme Chimerinos, ex aestate Therinos derivatur.[8]) Nomen Earini magnas poetae difficultates praebet, quod prima syllaba, cum brevis sit, versui contumaciter repugnat; itaque Graeco more Eiarinum fingit, quam immutationem excusatam vult, cum homini Romano non idem liceat, quod disertis Graecis, quibus nihil sit negatum et quos Ἄρες Ἄρες sonare deceat.[9]) Quicunque poeta vocari cupit, eum linguae Graecae imperitum esse, vix credendum videtur, id quod probat exclamatio illa: Graece, numquid, poeta, nescis?[10]) Homo indoctus facile cognoscitur, cum ne have quidem Latinum aut χαῖρε Graecum recte exprimere possit.[11]) Denique neminem nisi rusticum nescio putat, quid Graeco nomine dicatur aphronitrum.[12])

Ex ingenti acclamationum numero, quas adulatores sibi comparaverant et quorum exempla apud Martialem exstant:[13]) belle, effecte, graviter, cito, nequiter, beate, pulchre, bene, recte, in usu imprimis fuisse videntur, quod saepius inveniuntur, euge et sophos, id est Graecum εὖγε, σοφῶς.[14]) Quae acclamationes Graecae cum musica Graeca Romam translatae prorsus verba latina facta sunt, quae etiam cum adiectivis iunguntur, veluti grande et insanum sophos, magnum sed perinane sophos, tergeminum sophos, mille sophos. Memoratu dignum videtur, quod etiam hodie apud complures nationes idem est usus interiectionum ex lingua peregrina petitarum. Nam cum Germani ex arte musica vel ex spectaculo tantum gaudium ceperunt, ut rem revocent, verbis Italicis utentes bravo, da capo conclamant, Francogalli Latine bis, Britanni more Francogallico encore; hi duo populi etiam nova ab his interiectionibus verba derivantes dicunt: il a été biseé vel he has been encored.

Litteris Graecis Romani etiam ad personas significandas utebantur: eo pertinet illud, quod Martialis, cum in charta iocaretur, unum ex amicis alpha paenulatorum vocat;[15]) qui versus cum bilem amico movisset, eum ita consolatur, ut se ipsum beta togatorum nominet.[16]) Hoc loco 9 illud commemorandum est, quod nominibus mortuorum praefigebatur in sepulcris (θανών) quodque iudicium signum erat, si quem capitis damnabant, unde Persius nigrum theta vocat,[17]) Martialis mortiferum et letale.[18]) Quantopere omnino Romani formulis Graecis in vita quotidiana usi sint, ex eo apparet, quod etiam aves verba Graeca imitari docebant, potissimum formulas salutandi χαῖρε, εὖ πρᾶσσε, Ζεὺς ἵλεως. Ita psittacus χαῖρε sonat,[19]) pica salutatrix[20]) vel loquax certa voce dominum salutat,[21]) corvus salutator have sonat.[22])

Quoniam, quae fuerit auctoritas et vis linguae Graecae in universa Romanorum vita et cultu, exemplis a poetis nostris petitis satis exposuisse mihi videor, iam redeamus ad varias conditiones, quibus Graecos Romae fungentes invenimus. Sub finem reipublicae in mores Romanos transiit, ut pueris e manibus nutricis dimissis paedagogus Graecus adiungeretur „custos assiduusque

---

1) II. VI, 235. 2) IX, 94. 3) III, 67. 4) VII, 57. XIV, 201. VI, 6. XI, 58. III, 77, 78. 5) IV, 90. 6) II, 43. 7) VII, 46. 8) IX, 12. 9) IX. 11. 10) V, 51, 5. 11) V, 51. 12) XV, 58. 13) II, 27, 8. 14) Pers. I, 49. 75. 111. V, 107. Mart. I, 3, 7. — 49. 37. — 66. 4. — 76, 10. III, 46, 8. — VI, 48. 1. VII, 32. 4. 15) II, 57. 4. 16) V, 26. 17) IV, 13. 18) VII, 37 1. 19) Pers. prol. 8. 20) Mart. VII, 87. 21) Mart. XIV, 76. 22) Mart. XIV, 74. III, 95. 2. XIV, 73.

comes",[1]) qui puerum sequebatur, dum togam virilem sumpsisset. Quanta eorum auctoritas etiam in adulescentes fuerit, apud Martialem videmus moleste ferentem, quod Charidemus paedagogus, qui cunarum suarum motor fuerit, nihil adulescenti licere velit, quamquam virum ipsum iam esse amica dicat: non desinit paedagogus admonere, observare, queri, suspiria ducere, vix a ferulis manum abstinet.[2]) Is paedagogus saepe primas litteras pueros docebat; quod enim antiquitus institutum erat, ut suus cuique parens pro magistro esset, hunc morem consuetudo saeculi iam pridem mutaverat. Qui igitur pater puerum litteris studentem domi atque intra privatos parietes continere noluit, frequentiae scholarum et publicis praeceptoribus tradidit. Atque primus praeceptor erat litterator sive magister litterarius, γραμματιστής. In ludis litterariis[3]) cum pueri legere et scribere et numerare didicissent, institutione grammatici utebantur, qui animos ad humanitatem fingeret acueretque ingenia, quo facilius possent maiora discere. Grammatici lectionem ab Homero inceperunt, qui et apud Graecos et apud Romanos principatum in usu scholarum obtinuit, quanquam postea Latini quoque poetae tractabantur, quorum Juvenalis Horatium et Vergilium,[4]) Martialis sui temporis quosdam commemorat.[5]) Grammaticus ipse praelegebat carmina[6]) atque id clara voce atque varie pro rerum modo, qua in re maxime laborandum erat, ut lectio virilis esset, non in canticum dissoluta aut plasmate effeminata.[7]) Omnis haec institutio „quolibet tormento gravior erat",[8]) praesertim cum tot manus oculosque puerorum observare non esset leve.[9]) Lectione facta atque a discipulis repetita, omne genus scriptoris excutiendum est, quae eius sit dictio, grammatice, philosophia, alia. His accedit enarratio historiarum diligentissima ita, ut auctores omnes noverit puer tamquam ungues digitosque suos, et forte rogatus nutricem Anchisae dicat vel quot annos Acestes vixerit vel quot urnas vini Siculi Phrygibus donaverit.[10]) Omnis ἐγκύκλιος παιδεία in ludis grammaticorum docebatur, quo factum est, ut saepius, priusquam rhetores Romam venerunt, adulescentes ex iis ludis statim in forum transirent atque in numerum praestantissimorum patronorum reciperentur. Postquam vero Romam rhetores Graeci confluxerunt, adulescentes ex grammaticorum disciplina in rhetorum ludos transierunt, ut veram doctrinam et humanitatem discerent. Atque adeo Romani rhetorum Graecorum institutione uti consueverant, ut diu rhetores Latinos scholas aperire vetarent. Nam apud Graecos, cuiouimodi essent, vidisse se tamen esse praeter exercitationem linguae doctrinam et humanitatem dignam scientia, Cicero Crassum censorem dicentem facit.[11]) A rhetoribus praeter illas grammaticorum exercitationes et declamationes duo maxime genera materiarum tractabantur, suasoriae et controversiae. Argumenta causarum fictarum et ex historia Graeca et patria petebantur, veluti Persius meminit puerum se saepe oculos olivo tetigisse, si nollet grandia verba Catonis morituri discere[12].) Juvenalis se quoque manum ferulae subduxisse dicit et consilium dedisse Sullae, ut omni reipublicae cura deposita reliquum vitae tempus in otio transigeret,[13]) sive Hannibalem deliberantem finxisse, utrum Romam a Cannis peteret an cautus cohortes circumageret.[14]) Vulgare argumentum tyrannicidium et tyrannicidarum praemia erant, quae disputationes cum iterum atque iterum recitarentur, miseros magistros fastidio conficiebant,[15]) quem ad modum „crambe repetita" manibus creat stomacho, quibus verbis proverbium Graecum poeta significat δὶς κράμβη θάνατος. Quod Juvenalis hos rhetoras et grammaticos miseros nominat, omnium sermonem atque existimationem sequitur. Cum enim maiore eorum pars natione Graeci essent, non mirum est, quod in eandem contemptionem venerunt, in quam tota natio iam dudum inciderat. Accedebat, quod permulti vel clarissimorum rhetorum ex servis sive ex libertis ad eos honores escenderant. Itaque factum est, ut non prius quam Augusto regnante ex ordine equestri Blandus quidem rhetor Latinus commemoretur. Postea quidem ab imperatoribus nonnullis rhetoribus etiam ex infimo loco ortis dignitas equestris data est. Sed ea exempla rarissima exstant. Vulgo conditio eorum qui aetatem puerilem ad humanitatem informabant,

---

1) Mart. XI, 39. Iuv. VII, 218. 2) XI, 39. 3) Iuv. VII, 222. 4) VII, 227. 5) VIII, 3. 16. 6) Mart. I, 35. 2. VIII, 3. 16. 7) Pers. I, 18. 8) Iuv. VII, 152. 9) Iuv. VII, 240. 10) Iuv. VII, 235. 11) de orat. III, 24. 93. 12) III, 45. 13) I, 16. 14) VII, 161, X, 167. 15) Iuv. VII, 154.

iniqua et misera erat. Quamquam omnes artem rhetoricam discere cupiunt, nemo magistris iustam et debitam laboris molestissimi mercedem solvere vult.1) Martialis amico, qui sollicitus quaerit, cui magistro filium suum tradat, suadet, ut omnes grammaticos rhetorasque evitet: cum artes pecuniosas discere velit, citharoedum aut choraulem fieri oportere, vel si duri ingenii puer videatur, praeconem pater eum faciat aut architectum.2) Idem queritur, quod stulti parentes sui litteras se docuerint: quid sibi cum grammaticis rhetoribusque esse, cum sutor dentibus antiquas pelles producere solitus sit dives, ipse poeta pauperrimus,3) cumque is qui tonsor tota urbe notissimus fuerit, dominae munere eques sit factus, quamquam non rhetor, non grammaticus aut ludi magister esse possit.4) Itaque non raro rhetores, cum vitae miserae et umbratilis eos taedeat, a schola ad forum transeunt et patroni causarum fiunt, quorum ars et minus molesta et quaestiosior est.5) Quid enim rhetorem delectare potest, cum ne hoc quidem solatii sibi parare possit, ut discipuli in litteris aliquid proficiant, quod alii, qui patrimonio a maioribus accepto utuntur, securi tranquillam vitam agunt neque quidquam ulterius appetunt, alii generis nobilitate freti et elati, omne studium inutile habent neque ad se pertinere putant6.) Aliis rhetores tam odiosi et lenti videbantur, ut balneum fervens refrigerare possent7). Ceterum omnibus temporibus non defuerunt qui, si discipuli haud multum proficerent in litteris, omnem eius rei culpam in praeceptores conferrent immemores viros doctos non posse fingi et formari ex iuvenibus Arcadicis id est stultis „quibus laeva parte mamillae nil salit."8) Nihilo minus rhetorum scholae per totum imperium Romanum instituebantur, veluti certamina rhetorum Graecorum Lugduni facta sunt;9) „etiam Thule iam de conducendo rhetore loquitur."10)

Res ipsa hortari videtur, ut copiosius de universa educatione Romana dicam; tamen ne longius ab eo quod propositum est, aberrem, ex Iuvenalis satira decima quarta, in qua acerbissime parentes accusat, quod exemplis et praeceptis liberos ad sua vitia et in suos mores pravos forment, his versibus absolvam, quorum nova nostra aetate admonitum velim, quicunque temere scholae vitio dat, quae domi peccantur, immemor mentibus ea maxime infixa haerere, quae ab ineunte aetate et a parentibus discuntur:

nil dictu foedum visuque haec limina tangat,
intra quae puer est. . . . . .
maximo debetur puero reverentia, si quid
turpe paras, nec tu pueri contempseris annos,
sed peccaturo obstet tibi filius infans.

Quoniam de variis disciplinis dixi, quibus pueri a magistris Graecis ad humanitatem informabantur, ad reliquas vitae conditiones redeamus, quibus Graeci in urbe Roma potissimum utebantur. Quae vero varia genera Graecorum Romam immigrantium Iuvenalis supra dixit, duobus capitibus ita comprehendi possunt, ut primum de artificibus, deinde de medicis agatur, quaeque artes cognatione quadam cum his duabus sunt coniunctae.

Ac primum quidem praemonendum esse videtur, quantum Romani a Graecis arte aestimanda differant. Apud Graecos omnia, quae manu fiunt atque eorum etiam contemptissima, artes (τέχναι) habebantur; Romani omnes artes, quae manu constant atque ad vitam ornandam pertinent, quaestum negotiumque esse volebant sordidum et viro ingenuo indignum. Itaque Seneca11) in numerum liberalium artium pictores non recipit, non magis quam statuarios aut marmorarios aut ceteros luxuriae ministros; atque Vitruvius, qui artificis nomine suo iure gloriari nostra quidem sententia potuit, nullum aliud discrimen inter artem sutrinam vel fullonicam vel architecturam servat, nisi quod hanc difficiliorem esse putat.12) Quaerenti quomodo factum sit, ut et artes et artifices in diversissima conditione apud utramque nationem collocarentur, hanc unam causam satis videtur afferre, quod in Graecia a deorum cultu artes profectae sunt, in Italia nihil ad sacra aut religiones primis quidem saeculis pertinuerunt. Postea vero quam simulacra atque formae deorum Graecorum in usum Romanum introducta

---

1) Iuv. VII, 157. 2) Mart. V, 56. 3) IX, 73. 4) VII, 64. 5) Iuv. VII, 168. 6) Pers. III, 24. 7) Mart. III, 25. 8) Iuv. VII, 160. 9) Iuv. I, 44. 10) Iuv. XV, 112. 11) ep. 88,18. 12) 6 pr. 7.

sunt, omnia illa opera arte Graeca creata et perfecta ingenio Romano nihil debebant. Sub finem reipublicae Cicero, quem litteris Graecis atque arte imbutum fuisse nemo negabit, quamquam itineribus in Graeciam Asiam Siciliam factis animum ad veram humanitatem excolendum arbitrabatur, adeo subtili iudicio et sensu sincero caret, ut miretur, quod Graeci arte nimis delectentur, quam Romani contemnant,[1]) cum ipsi rudes earum rerum sint.[2]) Vergilius vero versibus illis, quibus Romanis imperium orbis terrarum vaticinatur, aperte dicit Romanorum artes esse populos imperio regere: alii excudant spirantia aera vivosque de marmore vultus ducant.[3])

Quamquam igitur in Romanorum mentibus ea vis et sollertia non inerat, quae operibus et artificiis creandis faveret, tamen paulatim cum Graecia et Asia subactis innumerabilis copia operum Romam transportaretur, ipsi ornamentis illis delectari coepti sunt. Sed immanitas illa atque artium inscitia, quae Mummio Corintho expugnata infamiam movit, certe per longum tempus in populo Romano residebat atque efficiebat, ut omnium operum honorem in pretio solo positum ducerent.

Quod totam nationem subtiliore artis sensu caruisse dixi, idem in litteris apparet. Nam ex tanta turba scriptorum, quos politioris humanitatis et doctrinae elegantioris non expertes fuisse constat, nescio an nemo veram ac meram artem intellexerit. Frustra raris illis locis, quibus monumenta arte perfecta tractantur, eam admirationem atque quasi fervorem quaerimus, qui animos spectantium magnificentia et dignitate operum commotos aut perculsos esse doceat. Ac si quis contra dixerit, intellexisse et sensisse Romanos, quanta auctoritate ad vitam et cultum essent artes, cum ingentem operum arte factorum numerum Romam transportarent, ei respondendum est, ex numero artificiorum aut ex monumentis politissima arte ornatis effici cogique non posse vera arte imbutos fuisse animos Romanorum: nam quamvis aedificia et monumenta publica ornare studuerint, quamvis opera vetera Romam congesserint, quamvis pretiosas res in villis aedibusque coacervarint, omnia illa studia ex immani et inhumana luxuria profecta sunt, qua orbis terrarum domini usi vitam splendidiorem et delicatiorem reddere sibi cuperent.

Nihilo minus Romanorum in artem merita tanta sunt, ut nos quidem, quorum artes prorsus in veterum rationibus positae videntur, studio illi potissimum colligendi et congerendi, quas habemus veteris artis reliquias, debere dicamus. Tamen hoc suo iure dici potest, si ex veterum scriptis quae exstant solis de artis magnificentia iudicandum esset, ne suspicione quidem nos intellecturos esse, quanta ubertate et dignitate etiam tum fuerint artes, aut quantum desiderium artis et studium omnium ordinum homines tenuerit.

Quod vero universi scriptorum generis proprium est, etiam apud poetas nostros apparet. Iuvenalis quidem praestantiam operum Graecorum adeo non sentit, ut pristini temporis simplicitatem laudet, cum miles Romanus rudis et artes Graecas mirari nescius pocula argentea artificum illustrium frangebat, ut phaleras et casses faceret.[4]) Quodque Martialis pulchritudine statuae cuiusdam adeo excitatus videtur, ut Phidiaco caelo eam formatam dicat, omnibus laudibus unum hoc spectat, ut Iuliae filiae Titi blandiatur.[5])

Nomina quidem illustrium artificum Graecorum ita non desunt, ut potius quaeri possit, cuius nomen non commemoretur. Occurrunt enim legentibus Phidias,[6]) Praxiteles,[7]) Myron,[8]) Scopas,[9]) Mentor,[10]) Euphranor,[11]) Polyclitus,[12]) Lysippus,[13]) Mys,[14]) Parrhasius,[15]) Apelles.[16]) Qui omnes artifices Graeci aut ex illa aetate sunt, cum artes in Graecia maxime florebant, aut ex temporibus successorum Alexandri; sed recentioris aetatis aut artificis Romani nomen invenitur nullum. Quae res probare videtur primum artem et statuas fingendi et pingendi Romae praecipue a Graecis cultam esse, tum Romanos non magni aestimasse artificia nisi quae antiqua essent

---

1) in Ver. 4. 59. 182. 2) Verg. 2. 35. 87. 3) Aen. VI, 847. 4) XI, 100. 5) VI, 13. 6) Mart. III, 35. 1. IX, 24. 2. 7) Mart. IV, 39. 8) Iuv. VIII, 102. M. VI, 92. 9) Mart. IV, 39. 2. 10) Mart. XI, 11, 6. 11) Iuv. III, 217. 12) Iuv. III, 217. 13) Mart. IX, 34. 14) Mart. VIII, 34. XIV, 95. 15) Iuv. VIII, 102. 16) Mart. VII, 84, 7.

aut dicerentur esse. Quam aviditatem operum vetustatis sanctitate commendatorum Martialis vituperat: nihil esse odiosius archetypis vetuli Aucti, cum stemmata fumosa argenti sui narret et in antiquissima tempora reducat; pocula sua iam in mensa Leomedontis fuisse Apollinemque lyra muros Troiae exstruxisse, ut ea acciperet; cratere suo Rhoetum ferocem cum Lapithis proelia commisisse opusque pugna laesum esse; ἀμφικύπελλον idem esse Nestoris, quod Homerus in Iliade describat, columbasque duas eius pollice trita; scyphum eum esse, in quo Achilles Phoenici, Aiaci, Ulixi largius vividiusque merum misceri iusserit; in patera Didonem Bitiae propinasse, cum in honorem Aeneae epulas daret. Aliis quoque locis apud Martialem eadem cupiditas antiquorum operum apparet.[1]

Reliquae artes Romae non minus Graecis obnoxiae erant excepta architectura, quae sola Romanorum propria dici posse videtur. Histriones quidem praestantissimi Romae primis post Christum natum saeculis Graeci erant, ex quibus Iuvenalis Stratoclem et Demetrium nominat,[2] maximos comoediae actores, ut ait Quintilianus.[3] Praeterea Haemum, Antiochum, Carpophorum comoedos invenimus apud Iuvenalem,[4] qui summam famam personis feminarum agendis consecuti erant, quod non ita multum poeta miratur, cum totam nationem Graecam comoedam esse dicat:[5] neminem melius agere comoediam Graeco, cum aut amica aut uxor aut ancilla sustinenda sit; ipsas mulieres loqui crederes. Cum vero more Romano, quicunque artem ludicram faceret, infamia notaretur, eo maior nationi Graecae invidia conflata est. Huc accedebat, quod paene omnes actores aut servi aut liberti erant. Tamen haec ignominia totius ordinis non impedivit, quin complures, postquam manu missi sunt, ad summos honores et potestatem escenderent. Satis erit Paridis exemplum afferre, Domitiano familiarissimi, a quo ad magnas opes eximiamque auctoritatem evectus est, postea vero quam Domitia uxor amore eius exarsit, occisus. Quem cum Iuvenalis satiris suis offendisset, cum diceret histrionem multis praefecturas et tribunatus vendidisse equestremque dignitatem largitum esse,[6] poeta in exilium missus est. In eundem Paridem Martialis lepidum illud epigramma fecit,[7] quo viatorem monet, ne praetereat sepulcrum, quo urbis deliciae, ars et gratia, lusus et voluptas, theatri Romani decus et dolor, omnes Veneres Cupidinesque condita sint. Quanta eius gratia apud omnes Romanos fuerit, ex illis versibus Iuvenalis apparet,[8] quibus maxime esse mirandum dicit, non quod uxor senatoris immemor liberorum et coniugis cum gladiatore in Aegyptum profecta sit, non quod molliter in domo paterna educatam amor lascivus tam audacem reddiderit, ut pericula navigationis spernerec, sed quod ludos et Paridem reliquerit. Quam effrenatam in histriones Graecos libidinem matronarum Romanarum saepius verbis acerrimis vituperat.[9]

Quod supra dixi omnes artes Romanorum Graecis obnoxias esse, satis explicasse mihi videor. Architectura sola propria Romanorum ars et ex ipsis esse nata videtur, quam unam suo ingenio dignam arbitrabantur, cum una ingentia illa monumenta exstruere posset, quae Romanos orbis terrarum dominos esse praedicarent; ea arte suam quasi formam expressit ingenium Romanum liberum solutumque ab auctoritate Graeca. Suo igitur iure Martialis gloriatur omnia Graeciae opera, Dianae Ephesiae templum, Deli insulae aras, mausoleum Cariae cedere amphitheatro Caesareo;[10] miracula regia pyramidum colossumque Rhodium vinci aedibus, quas Domitianus in monte Palatino exstruxisset.[11]

Ex variis generibus Graecorum, quos Romam immigrare Iuvenalis dicit,[12] restat, ut de medicis agam atque paucis absolvam, quid de eorum conditione apud eos poetas inveniatur. Medicorum ars Romae praecipue a Graecis exercebatur sive liberis sive servis. Romanorum gravitas adeo aliena erat ab eo studio, ut etiam Plinii temporibus pauci id sequerentur, qui et ipsi brevi Graece medicinam tractabant, cum aliter etiam apud imperitos expertaeque linguae Graecae auctoritas non esset. Cum vero moris non esset Romani, ut quid in sua quisque arte

---

1) VII, 19. VIII, 51. XIV, 94. XI, 44. XII, 69. IX, 43. 60. III, 41. XIV, 98. 2) III, 98. 3) XI, 3. 178. 4) VI, 198. 5) III, 100. 6) VII, 87. 7) XI, 13. 8) VI, 87. 9) VI, 60—75. 78—113. 379—397. 10) sp. 1. 11) I, 70. VIII, 86. 12) III, 77.

didicisset, publice examinarent, neque lex esset, quae inscitiam puniret, factum est, ut quicunque medicum se profiteretur, quamvis alienam ab ea arte conditionem antea egisset, medicinam exerceret, quae res auctoritatem huius ordinis non ita auxit. Itaque Martialis facetiis acerbis medicos irridet, cum dicit eum, qui antea medicus fuerit, nunc esse vispillonem[1]) aut hoplomachum,[2]) sed quod vispillo aut hoplomachus faciat, idem iam medicum fecisse, cum homines remediis suis necaret. Alio loco[3]) dolet amicum, qui secum hilaris coenavisset, eundem mane mortuum inventum esse: causam subitae mortis fuisse, quod in somnis Hermocratem medicum vidisset; proinde quicunque sanus fieri velit, omnes medicos dimittat.[4]) Nihil ab eorum insidiis tutum esse, non uxorem[5]) non puerum;[6]) quin etiam trullam Herodem clinicum aegroto subduxisse.[7]) Insuper venefici putabantur medici vitioque eis dabatur, quod cum uxores adulterio pellicerent, mariti sine febre, id est veneno, morerentur.[8]) Praeter medicos libros servi in familiis divitum medici inveniuntur, medicae quoque commemorantur.[9]) Nobiles et inclutos medicos, cum aegrotos circumirent, magna turba discipulorum sequebatur: itaque Martialis queritur Symmachum cum centum discipulis ad se venisse, centum manus aquilone gelatas se tetigisse, quo factum esset, ut, cum non habuisset antea febrim, nunc haberet.[10]) Neque deerant, qui certis partibus corporis mederentur, quos complures apud Martialem legimus:[11]) Cascellius dentes aegros eximit aut reficit: Hyginus pilos oculis infestos urit; Fannius uvam stillantem non secat et tollit; Eros servorum stigmata delet; Hermes peritissimus enterocelarum dicitur; Alcon ossa fracta manu fabrili dedolat.[12])

Quae modo dixi nomina medicorum quaeque aliis locis occurrunt legentibus, paene omnia sunt Graeca, veluti Themison Laodicenus Syrus, quem Iuvenalis sescentos aegrotos uno auctumno occidisse dicit[13]) cuiusque Molierus poeta Francogallicus in comoedia „le malade imaginaire" meminisse videtur, cum novo medicinae doctori a collegio medico potestas datur impune occidendi per totam terram. Deinde Archigenes Syrus commemoratur,[14]) qui temporibus Domitiani artem suam Romae exercuit multosque physici et medici argumenti libros scripsit; tum Philippus Caesarea oriundus,[15]) Heliodorus,[16]) Hermocrates,[17]) Heras,[18]) Herodes,[19]) denique Dasius,[20]) Symmachus,[21]) Alcon,[22]) quos Martialis celeberrimos Romae medicos dicit.

Non minor quam medicorum Graecorum auctoritas erat astrologorum[23]) sive Chaldaeorum,[24]) mathematicorum,[25]) augurum,[26]) magorum,[27]) quorum arti a communi omnis superstitionis fonte, quae est cupiditas res futuras perscrutandi et praenoscendi, profectae tum viri aeque ac mulieres dediti erant.[28]) Neque dubitandum est, quin maior pars medicorum in eius artis studiis versata sit, non modo quod voluntati aegrotorum morem gerebant, sed ipsi ex animi sententia magnam in res humanas vim tribuebant planetis et sideribus praecipue iis, quae eo momento, quo quisque nascebatur, surgebant. Itaque astrologi e genesi[29]) et sidere natalicio suum cuiusque fatum augurari solebant. Ad hanc artem exercendam libris utebantur[30]) sive tabellis[31]) sive ephemeridibus,[32]) in quibus omnes motus siderum notabant. Astrologis maxima fides habebatur et, quidquid dixerant, credebatur, quasi ab oraculo Iovis petitum esset.[33]) Eoque maior et ipsorum et artis, quam profitebantur, fama erat, quo saepius in exsilium missi erant sive in vincula coniecti sive in deserta insula inclusi.[34])

Sed ex tanta multitudine Graecorum, qui Romam confluxerunt, nescio an maxima pars fuerint servi; certe non ita pauca, quae supra dixi negotia, a servis administrabantur. Cum vero tota natio a Romanis contemneretur, mirum esse non potest, quod vulgo servi Graeci male audiebant. Proverbia quaedam, quae apud Ciceronem exstant,[35]) quanto contemptui fuerint, ostendunt: Phrygem plagis fieri meliorem; si quid cum periculo experiri velis, in Care id

---

1) I, 47. 2) VIII, 74. 3) VI, 53. 4) II, 16, 5. 5) VI, 31. 6) XI, 28. 7) IX, 96. 8) VI, 31. 9) Mart. XI, 71, 7. Iuv. II, 141. 10) V, 9. 11) XI, 84. 13) X, 221. 14) Iuv. VI, 236. XIV, 252. 15) Iuv. XIII, 124. 16) VI, 373. 17) Mart. VI, 53. 18) Mart. VI, 78. 19) Mart. IX, 96. 20) V, 9. VII, 18. 21) VI, 70, 4. 22) XI, 84. 5. 23) Iuv. VI, 564. 24) Iuv. VI, 552. 25) VI, 562. 26) III, 77. 27) III. 77. 28) Iuv. III, 4. VII, 194. IX, 33. XIV, 248. XVI, 4. — Mart. II, 7, 4. IX, 82. 29) Iuv. VII, 579. 30) VI, 578. 31) V, 558. 32) V, 574. 33) Iuv. VI, 555. 34) Iuv. VI, 560. 35) p. Flacc. 27, 65.

potissimum faciendum; ut quisque optime Graece sciat, ita esse nequissimum.¹) Itaque Iuvenalis gloriatur²) in sua domo non Phrygem aut Lycium servum esse, sed Italum, pastoris aut bubulci filium, cumque convivae aliquid vini aut cibi poscant, latine posci oportere, quod sui servi linguam Graecam nesciant. Idem monet, ne quis falsum iudicium dicat, quod indignum sit homine Romano: faciant id, qui aliquando servi fuerint Asiani, Cappadoces, Bithyni.³) Neque aliter Martiali fortuna esse iniqua videtur, quod civis non Syriae aut Cappadociae, sed de plebe Remi Numaeque, cuius unum sed magnum vitium sit, quod sit poeta, vitam in egestate degat.⁴) Ceterum ad hunc locum planius illustrandum conferenda sunt, quae supra dixi de universa natione Graeca.

Respicientibus nobis, quas sententias de Graecis dictas ex scriptoribus nostris proposui, mirum videatur, quod omnes plenae sunt contemptionis atque odii. Iure quaeri potest, num testimonia laudis et honoris iuveniantur nulla. Sunt quidem, sed rarissima. Apud Iuvenalem unus hic locus exstat,⁵) quo cum immanitatem gentis cuiusdam Africae crudam hominis carnem deglutientis castigat, non iam ignorantia vel feritate excusari posse dicit, quae contra humanitatem peccentur, nam „nunc totus Graiias nostrasque habet orbis Athenas".

Martialis quidem passim de lepore Attico⁶) vel Cecropio⁷) loquitur exhortaturque libellum suum, ut si auribus Atticis probari velit, docto Apollinari placeat.⁸) Idem per blanditias, si quisquam imbutus sit artibus Minervae Cecropiae, eum esse Decianum amicum dicit.⁹) Tamen et apud Martialem et apud Iuvenalem frustra eos versus quaereremus, quibus quantum Romani Graecis eorumque litteris debeant, sincere professi sint. Unus Persius, qua est integritate, fide ac paene dixi virginali verecundia, Graeciam fontem omnis doctrinae Romanae esse ex animi sententia proloquitur. Itaque eos improbat, qui rudes et impoliti Graecorum studia rideant: cui Graeculi et eorum fabulae despectui sint, is centuriones, osores et irrisores litterarum Graecarum sequatur et edicta consulis legat, quae populo in foro recitentur;¹⁰) se quidem gloriam veterum poetarum Graecorum assequi non posse, non somniasse se in monte Parnasso neque ex Hippocrene fonte hausisse; quare qui honor sit poetis illustribus, ut imagines cum ipsorum operibus in bibliothecis collocentur et hedera coronentur, ad eum se non aspirare. Tamen ab iis scripta sua legi vult, qui vero litterarum studio ducti poetas Graecos noverint et vereantur.¹¹)

Nunc si quaeritur, quo modo factum sit, ut iisdem poetis, qui unaquaque scriptorum suorum pagina totos se ex Graecorum doctrina pendere doceant, cum historiae exempla, mythologiam, imagines, similia, formam poeticam, sententias, verba ipsa inde repetant, natio Graeca tanto despectui fuerit, respondendum videtur, scriptores Romanos aliam voluisse suorum temporum esse Graeciam, aliam veterem illam, quam admirari, colere, observare, diligere non dubitant. Cuius veterum Graecorum honoris et reverentiae duo habemus monumenta illustria, epistolas illas dico, quarum alteram Cicero ad Quintum fratrem, alteram Plinius ad Maximum dedit. In ea epistola Cicero toto genere veteres Graecos a suae aetatis Graecis disiungit, cum hos vetere Graecia indignos esse dicit.¹²) Plinius vero Maximum admonet, ut in provinciam Achaiam se missum esse cogitet, illam veram et meram Graeciam, in qua primum humanitas et litterae inventae sint, ad homines maxime homines, ad liberos maxime liberos: habeat ante oculos eam esse terram, quae Romanis iura et leges miserit, Athenas esse quas adeat, Lacedaemonem esse, quam regat.¹³) Quod ai eius verecundiae documenta evidentia et expressa apud Persium, Martialem, Iuvenalem non inveniuntur, tamen idem discrimen et ipsos servasse iudicabimus; certe quanti momenti apud eos Graeci fuerint, probasse mihi videor. Itaque, quod dictum initio huius opusculi praeposui, finem faciam eodem:

„Omnia Graece!"

---

1) de or. II, 66, 265. 2) XI, 147. 3) VII, 15. 4) X, 76. 5) XV, 110. 6) III, 20. 9. 7) IV, 23. 6. 8) IV, 86. 9) I, 39, 3. 10) I, 134. 11) I, 23 sq. 12) I, 1. 16. 13) IX, 2.

Die Heimat der Kimbern.

Von

G. Zippel.

Die grosse Kimbernwanderung, mit der zum ersten Male die Germanen in die Geschicke der südeuropäischen Völker eingriffen, erregt immer von neuem unser Interesse, und eine Reihe von Fragen knüpft sich daran, die von der modernen Forschung zum Teil sehr verschieden beantwortet sind, und auch Müllenhoffs eingehende Behandlung im zweiten Bande der Deutschen Altertumskunde scheint mir nicht alle Schwierigkeiten in befriedigender Weise zu lösen. Es sollen darum im Folgenden zunächst die Nachrichten über die Herkunft der Wanderer einer erneuten Prüfung unterzogen werden.

Besonders schwer empfinden wir hier den Verlust des Livius. Seine Epitomatoren sagen grossenteils über den Anfangspunkt der Wanderung nichts; nur bei Florus lesen wir (3, 3, 1): *Cimbri, Teutoni atque Tigurini ab extremis Galliae profugi, cum terras eorum inundasset Oceanus.* Ähnlich schreibt Ammian (31, 5, 12): *inundarunt Italiam ex abditis Oceani partibus Teutones repente cum Cimbris.*

Weisen uns diese Angaben nur im allgemeinen auf die Küstenländer des nördlichen Oceans, so verdanken wir eine genauere Darlegung dem Posidonius, der zeitlich den Ereignissen am nächsten steht. Aus Strabo (7, 2, 2, p. 293) wissen wir, dass er die Kimbern mit den Kimmeriern der älteren griechischen Überlieferung gleichsetzte: Ποσειδώνιος — οὐ κακῶς εἰκάζει, διότι λῃστρικοὶ ὄντες καὶ πλάνητες οἱ Κίμβροι καὶ μέχρι τῶν περὶ τὴν Μαιῶτιν ποιήσαιντο στρατείαν, ἀπ᾽ ἐκείνων δὲ καὶ ἡ Κιμμέριος κληθείη Βόσπορος, οἷον Κιμβρικός, Κιμμερίους τοὺς Κίμβρους ὀνομασάντων τῶν Ἑλλήνων. Dieselbe Auffassung zeigt Diodor (5, 32, 4). Er macht einen Unterschied zwischen Κελτοί und Γαλάται; Κελτοί nennt er die oberhalb Massilia neben den Alpen und diesseit der Pyrenäen Wohnenden, die ferner am Ocean und dem herkynischen Waldgebirge und weiter bis nach Skythien Wohnenden Γαλάται. Dass er dabei einer griechischen Quelle folgt, ergiebt sich schon aus der ausdrücklichen Bemerkung, dass die Römer alle ohne Unterschied Γαλάται nennen. Er spricht dann besonders von seinen Γαλάται, unter denen wir also vorzugsweise die Germanen zu verstehen haben; dann heisst es § 4: φασί τινες ἐν τοῖς παλαιοῖς χρόνοις τοὺς τὴν Ἀσίαν ἅπασαν καταδραμόντας, ὀνομαζομένους δὲ Κιμμερίους, τούτους εἶναι, βραχὺ τοῦ χρόνου τὴν λέξιν φθείραντος ἐν τῇ τῶν καλουμένων Κίμβρων προσηγορίᾳ. Es ist klar, dass hier mit dem τινές auf Posidonius verwiesen wird. Am vollständigsten ersehen wir aus Plutarch (Marius 11), was Posidonius über die Herkunft der Kimbern berichtet hat: Αὐτοὶ μὲν γὰρ ἀμιξίᾳ τῇ πρὸς ἑτέρους μήκει τε χώρας, ἣν ἐπῆλθον, ἠγνοοῦντο, τίνες ὄντες ἀνθρώπων ἢ πόθεν ὁρμηθέντες ὥσπερ νέφος ἐμπέσοιεν Γαλατίᾳ καὶ Ἰταλίᾳ. Καὶ μάλιστα μὲν εἰκάζοντο Γερμανικὰ γένη τῶν καθηκόντων ἐπὶ τὸν βόρειον ὠκεανὸν εἶναι τοῖς μεγέθεσι τῶν σωμάτων καὶ τῇ χαροπότητι τῶν ὀμμάτων, καὶ ὅτι Κίμβρους ἐπονομάζουσι Γερμανοὶ τοὺς λῃστάς. Einige sagen, das Keltenland erstrecke sich von dem äusseren Meere und den nördlichen Himmelsstrichen nach Osten gegen die Maeotis hin und grenze an das pontische Skythien; dort seien die Stämme gemischt, und während sie zahlreiche Einzel-

namen führten, bezeichneten sie die Heeresmasse insgesamt als Keltoskythen. ἄλλοι δέ
φασι Κιμμερίων τὸ μὲν πρῶτον ὑφ' Ἑλλήνων τῶν πάλαι γνωσϑὲν οὐ μέγα γενέσϑαι τοῦ
παντὸς μόριον, ἀλλὰ φυγὴν ἢ στάσιν τινὰ βιασϑεῖσαν ὑπὸ Σκυϑῶν εἰς Ἀσίαν ἀπὸ τῆς Μαιώ-
τιδος διαπεράσαι Λυγδάμιος ἡγουμένου, τὸ δὲ πλεῖστον αὐτῶν καὶ μαχιμώτατον ἐπ' ἐσχάτοις
οἰκοῦν παρὰ τὴν ἔξω ϑάλασσαν γῆν μὲν νέμεσϑαι σύσκιον καὶ ὑλώδη καὶ δυσήλιον πάντη
διὰ βάϑος καὶ πυκνότητα δρυμῶν, οὓς μέχρι τῶν Ἑρκυνίων εἴσω διήκειν, οὐρανοῦ δὲ
εἰληχέναι, καϑ' ὃ δοκεῖ μέγα λαμβάνων ὁ πόλος ἔξαρμα διὰ τὴν ἔγκλισιν τῶν παραλλήλων ὀλίγον
ἀπολείπειν τοῦ κατὰ κορυφὴν ἱσταμένου σημείου πρὸς τὴν οἴκησιν, αἵ τε ἡμέραι βραχύτητι καὶ
μήκει πρὸς τὰς νύκτας ἴσαι κατανέμεσϑαι τὸν χρόνον· διὸ καὶ τὴν εὐπορίαν τοῦ μυϑεύματος
Ὁμήρῳ γενέσϑαι πρὸς τὴν νεκυίαν. Ἔνϑεν οὖν τὴν ἔφοδον εἶναι τῶν βαρβάρων τούτων ἐπὶ τὴν
Ἰταλίαν, Κιμμερίων μὲν ἐξ ἀρχῆς, τότε δὲ Κίμβρων οὐκ ἀπὸ τρόπου προσαγορευομένων. Augenscheinlich wird von ἄλλοι δέ φασι an die Meinung des Posidonius wiedergegeben. Das wird
noch mehr dadurch klar, dass Posidonius bei den Anfängen des Kimbernzuges thatsächlich
von dem herkynischen Walde gesprochen hat. Strabo fährt an der angeführten Stelle (7, 2, 2,
p. 293) fort: φησὶ δὲ καὶ Βοΐους τὸν Ἑρκύνιον δρυμὸν οἰκεῖν πρότερον, τοὺς δὲ Κίμβρους
ὁρμήσαντας ἐπὶ τὸν τόπον τοῦτον u. s. w.

Posidonius steht unstreitig unter unsern Gewährsmännern für den Kimbernkrieg in
erster Linie. Er war i. J. 86, in den letzten Tagen des Marius, als Gesandter in Rom (Plut.
Mar. 45). Eine spätere Anwesenheit i. J. 51 bezeugt Suidas: ἦλϑε δὲ καὶ εἰς Ῥώμην ἐπὶ
Μάρκου Μαρκέλλου. Vielleicht deutet darauf Ciceros Äusserung i. J. 50 ad Att. 2, 1, 2:
quamquam ad me rescripsit iam Rhodo Posidonius. Das *iam* könnte in Verbindung mit
der Notiz des Suidas so verstanden werden, dass Posidonius zur Zeit dieses Briefes sich in
Rom aufhielt. Doch hat dieser Aufenthalt schwerlich längere Zeit gedauert; sonst würde sich
in den zahlreichen Erwähnungen des Mannes bei Cicero wohl eine Andeutung davon finden.
Wahrscheinlich lebte er noch i. J. 44. Darauf führen Ciceros Worte de fato 3, 5: *pace
magistri dixerim* und namentlich ad Att. 16, 11, 4 verglichen mit de off. 3, 2, 7—10. In dem
Briefe erwähnt Cicero eine Schrift des Posidonius, die den von Panaetius in seinem Buche
über die Pflichten nicht ausgeführten Teil ergänzen soll. Er hat sich nicht nur das Buch
selbst, sondern daneben noch Auszüge daraus bestellt, die er offenbar schneller zu erhalten
hofft, und er bittet Atticus, den Athenodorus, der sie schicken soll, zur Eile zu drängen. Es
handelt sich also um ein eben vollendetes Werk. Als er aber die angeführte Stelle seines
Buches über die Pflichten schrieb, kann Cicero dieses Buch des Posidonius noch nicht gelesen
haben; er wundert sich (§ 8), dass Posidonius die Sache nur flüchtig berühre, und führt (§ 10)
einen Brief des Rhodiers an Rutilius an, wonach niemand sich an die Vollendung von
Panaetius' Werk gewagt habe, wie kein Künstler an die Vollendung der koischen Venus
des Apelles.

Hat Posidonius somit aller Wahrscheinlichkeit nach noch den Tod Caesars erlebt, so
war er doch bereits ein Zeitgenosse der Kimbernkämpfe. Da er i. J. 86 bereits als Gesandter
einer Stadt, der er nicht durch Geburt angehörte, thätig war, und da er nach Lukian (Makrob. 20)
84 Jahre alt wurde, müssen wir seine Geburtszeit jedenfalls vor 120 v. Chr. ansetzen. Hat
er auch den Kimbernsieger wohl nur auf dem Sterbelager gesehen, so hat er doch jedenfalls
viele Teilnehmer jener Kämpfe persönlich gekannt und somit die besten Nachrichten eingezogen,
die er als Hellene unbefangen verwenden konnte. Wann er freilich sein Geschichtswerk geschrieben hat, muss dahingestellt bleiben.

Der Bericht des Posidonius hat Müllenhoff (D. A. 2, 288) dazu veranlasst, die Gegend
an der mittleren Elbe als die Heimat der Kimbern anzunehmen; er hält sie für binnenländische
Stämme im Gegensatz zu den von der Nordseeküste herstammenden Teutonen. Allein wenn
Posidonius die alten Kimmerier als einen nicht allzu grossen Teil des Kimbernvolkes bezeichnet,
so giebt er diesem damit eine solche Bedeutung, dass wir darunter kaum etwas anderes als
die Germanen insgesamt verstehen können, und dazu passt auch durchaus die Bezeichnung

Die Heimat der Kimbern.

der Wohnsitze. Auch für ihn wohnen sie παρὰ τὴν ἔξω θάλασσαν; ja, Plutarch sagt gar nicht einmal, dass die Wohnsitze der Kimbern sich bis an die herkynischen Berge erstrecken; das sagt er nur von den Wäldern. Auf die Küstenlandschaften weist auch die starke Betonung der nördlichen Lage des Kimbernlandes, wo der Polarstern nur wenig vom Zenith entfernt sei.

Somit steht Poseidonius mit den übrigen Nachrichten über das Kimbernland nicht im Widerspruch. Wir haben aber, glaube ich, wenigstens eine wesentlich ältere Erwähnung des Namens, die uns ebenso auf das nördliche Meer hinweist. Strabo (7, 2, 1, p. 293) bekämpft die Erzählung, die Kimbern seien durch eine grosse Flut zur Auswanderung getrieben, und überhaupt übertriebene Schilderungen der Flut. Dabei sagt er: οὐκ εὖ οἰδ' ὁ φήσας ὅπλα αἴρεσθαι πρὸς τὰς πλημμυρίδας τοὺς Κίμβρους, οὐδ' ὅτι ἀφοβίαν οἱ Κελτοὶ ἀσκοῦντες κατακλίζεσθαι τὰς οἰκίας ὑπομένουσιν, εἶτ' ἀνοικοδομοῦσι, καὶ ὅτι πλείων αὐτοῖς συμβαίνει φθόρος ἐξ ὕδατος ἢ πολέμου, ὅπερ Ἔφορός φησιν. Die etwas eigentümliche Art, wie hier der Name des Urhebers dem Citat angehängt ist, liess mich früher glauben, von Ephorus rühre nur die letzte Bemerkung her; allein die etwas starke Behauptung, die Kelten erlitten durch das Wasser grössere Verluste als durch den Krieg, lässt sich nicht trennen von der Zerstörung ihrer Häuser durch die Flut, und der davon redende Satz lässt sich wieder von dem voranstehenden ὁ φήσας nicht scheiden, so dass wir entschieden den ganzen Satz aus Ephorus herleiten müssen. Dass das Ganze aus einer Quelle herrührt, zeigen auch die anderweiten Erwähnungen derselben Sache. Eine Andeutung finden wir schon bei Aristoteles (Eth. Nicom. 3, 7, 7): εἴη δ' ἄν τις μαινόμενος ἢ ἀνάλγητος, εἰ μηδὲν φοβοῖτο, μήτε σεισμὸν μήτε τὰ κύματα, καθάπερ φασὶ τοὺς Κελτούς. Dasselbe ist etwas weiter ausgeführt in der Ethik des Eudemus (3, 1, 25): διόπερ οὔτ' εἴ τις ὑπομένοι τὰ φοβερὰ δι' ἄγνοιαν, ἀνδρεῖος, — οὔτ' εἰ γιγνώσκων ὅσος ὁ κίνδυνος, διὰ θυμόν, οἷον οἱ Κελτοὶ πρὸς τὰ κύματα ὅπλα ἀπαντῶσι λαβόντες. Liegt schon hier wahrscheinlich Ephorus zu Grunde, so ist das als sicher zu betrachten bei Nikolaus von Damaskus (fr. 104 Müller F. H. G. 3, 457): Κελτοὶ οὐ τῷ οἰκεανῷ γειτνιῶντες αἰσχρὸν ἡγοῦνται τοῖχον καταπίπτοντα φεύγειν. πλημμυρίδος δὲ ἐκ τῆς ἔξω θαλάττης ὑπερχομένης μεθ' ὅπλων ἀπαντῶντες ὑπομένουσιν, ἕως κατακλύζωνται, ἵνα μὴ δοκῶσι φεύγοντες τὸν θάνατον φοβεῖσθαι. Dasselbe gilt von Aelian (var. hist. 12, 23): ἀνθρώπων ἐγὼ ἀκούω φιλοκινδυνοτάτους εἶναι τοὺς Κελτούς. — οὕτως δὲ αἰσχρὸν νομίζουσι τὸ φεύγειν, ὡς μηδὲ ἐκ τῶν οἰκιῶν καταολισθανουσῶν καὶ συμπιπτουσῶν ἀποδιδράσκειν —. πολλοὶ δὲ καὶ ἐπικλύζουσαν τὴν θάλατταν ὑπομένουσιν, εἰσὶ δὲ καὶ οἳ ὅπλα λαμβάνοντες ἐμπίπτουσι τοῖς κύμασι καὶ τὴν φορὰν αὐτῶν ἐσδέχονται, γυμνὰ τὰ ξίφη καὶ τὰ δόρατα προσείοντες, ὥσπερ οὖν ἢ φοβήσαι δυνάμενοι ἢ τρώσαι.

Ist es unzweifelhaft, dass alle diese Angaben auf Ephorus zurückgehen, so ist es nicht minder klar, dass sich darin eine Kenntnis der Zustände an der deutschen Nordseeküste zeigt. Die Standhaftigkeit bei der Überschwemmung der Häuser fügt sich vortrefflich an das, was Plinius (h. n. 16,3) von den Chauken berichtet, nachdem er von den weit ins Land greifenden Fluten gesprochen: *illic misera gens tumulos optinet altos ceu tribunalia extructa manibus ad experimenta altissimi aestus, oasis ita inpositis, navigantibus similes cum integant aquae circumdata, naufragis vero cum recesserint;* und die Zustände auf den Halligen geben noch heute die beste Erläuterung zu Ephorus und Plinius. Nun werden allerdings die Kimbern nur von Strabo genannt, und daher meint Müllenhoff, bei Ephorus hätte der Name sicher nicht gestanden; aber Strabo ist der einzige, der die Quelle angiebt und von dem wir eine genaue Wiedergabe ihres Inhalts erwarten können. Aristoteles und sein Schüler hatten keinen Anlass, den damals jedenfalls neuen Namen der Kimbern wiederzugeben, wenn sich der altbekannte der Kelten dafür bot; von Nikolaus haben wir eine ganz späten Auszug, und Aelian hat schwerlich noch den Ephorus selbst gelesen. Dagegen zählt dieser zu den von Strabo am höchsten geachteten (s. 13, 3, 6, p. 622; 10; 3, 5, p. 465) und am meisten benutzten Schriftstellern, und gerade der Teil seines Werkes, aus dem an unserer Stelle entlehnt sein muss, wird von ihm wiederholentlich angeführt, so 10, 4, 9, p. 477: Ἔφορος ἐν τῇ Εἰρώπῃ, 1, 2, 28, p. 34: ὅς φησιν ἐν τῷ περὶ Εὐρώπης λόγῳ, und am genauesten 7, 3, 9, p. 302: Ἔφορος δ' ἐν τῇ τετάρτῃ μὲν τῆς ἱστορίας, Εὐρώπη δ' ἐπιγραφομένη βίβλῳ ἐπὶ τέλει φησίν. Es ist ausserdem kein Grund ersichtlich, warum Strabo den Namen der Kimbern in das Citat sollte eingeschoben haben; gerade die Gegenüberstellung verschiedener Namen, die sonst keinen Sinn hätte, ὅπλα αἴρεσθαι — τοὺς Κίμβρους, οὐδ' ὅτι ἀφοβίαν οἱ Κελτοὶ ἀσκοῦντες, beweist die Genauigkeit des Citats. Man vergleiche übrigens, was Florus (3, 3, 12) von den Kimbern an der Etsch erzählt.

Dass Ephorus in der Beschreibung Europas ausführlich von den Kelten gesprochen hat, beweist Strabo 4, 4, 6, p. 199: Ἔφορος δὲ — πολλὰ ἰδίως λέγει περὶ αὐτῶν οὐκ ἐοικότα τοῖς νῦν. Offenbar stand das, was Strabo dort anführt, unserer Stelle nahe, und zwar am Anfang des Buches. Das ersehen wir aus der Anordnung des Skymnus, der grossenteils Ephorus folgt, besonders aus v. 841 ff., wo mit ausdrücklicher Berufung auf Ephorus die pontischen Völker in der Reihenfolge von der Donau nach Osten aufgezählt werden.

Den Ursprung von Ephorus' Nachrichten über die Kelten und Kimbern haben wir ohne Frage bei den Massalioten zu suchen, die früh ihre Handelsverbindungen durch das gesamte Keltenland ausdehnten. Ihr Einfluss auf die Kelten begann nach Aristoteles (fr. 239, Müller F. H. G. 2, 176, vgl. Justin. 43, 3) gleich bei der Gründung der Stadt. Ihre schnell steigende Macht und ihren Einfluss auf die Kelten bezeugen namentlich Trogus (Justin. 43, 4, 5) und Strabo (4, 1, 5, p. 181), dazu die keltischen Münzen (Herzog, Gallia Narbonensis S. 20 f. 30 f. Mommsen, Röm. Münzwesen S. 397 f.). Auf massaliotischen Einfluss weist auch die von Ephorus den Kelten zugeschriebene Hellenenfreundlichkeit (Str. 4, 4, 6, p. 199. Skymn. 183 ff., vgl. Müllenhoff D. A. 1, 178). Bei den Massalioten zog der jüngere Scipio in erster Linie Nachrichten über Brittannien ein (Polyb. 34, 10, 7 aus Strabo 4, 2, 1, p. 190), und über den Handelsverkehr von dort durch das Keltenland nach Massilia geben uns nach Posidonius Strabo (3, 2, 9, p. 147) und Diodor (5, 38, 5) Nachricht.

Haben wir so bereits um die Mitte des vierten Jahrhunderts die Kimbern als Anwohner der Nordsee kennen gelernt, so werden uns wenig später, und zwar in derselben Gegend, wenigstens gleichfalls an der germanischen Nordküste, die Teutonen genannt. Wie früher Müllenhoff die Kimbern, so hat jetzt R. Much (in Sievers' Beiträgen z. Gesch. d. deutschen Sprache u. Litteratur 17, S. 5 ff.), gestützt auf den Miltenberger Grenzstein mit dem Namen *Toutoni* und die Korrektur von Τωυγενοὶ in Τευτονοὶ bei Strabo (4, 1, 8 p. 183; 7, 2, 2, p. 293) von dem Meere verwiesen und zu einem helvetischen Stamme gemacht. Allein dem widerspricht Strabo selbst, wenn er (4, 4, 3, p. 299) die Teutonen mit den Germanen ausdrücklich für Germanen erklärt: πρὸς τὴν τῶν Γερμανῶν ἔφοδον, Κίμβρων καὶ Τευτόνων, wenn die Stelle auch auf Caesar beruhen mag. Wie erklärt es sich ferner, dass Appian (Celt. 13), der hier entschieden einer guten Quelle folgt, in der Erzählung der Schlacht bei Noreia, also ehe der Kimbernzug das Helvetiergebiet berührte, von den Teutonen spricht (τῶν Τευτόνων μοῖρα λῃστεύουσα πολύανδρος ἐς τὴν γῆν τῶν Νωρικῶν ἐσέβαλε, weiter οἱ μὲν δὴ Τεύτονες — προσέπεμπον, τοῖς Τεύτοσιν ἐμπεσών, und am Schluss: καὶ Τεύτονες ἐς Γαλάτας ἐχώρουν)? Sollte Caesar, der stets Kimbern und Teutonen zusammen nennt und beide als Germanen bezeichnet (b. G. 1, 33, 4. c. 40, 5. 2, 4, 2. c. 29, 4. 7, 77, 12) so gar nichts von der Zugehörigkeit der Teutonen zu den Helvetiern erfahren haben, obwohl er doch auch mit deren Vergangenheit sich zu beschäftigen alle Ursache hatte? Den Römern war die germanische Abkunft der Teutonen so feststehend, dass Martial (14, 26 vgl. Plin. 28, 191) *Teutonicus* einfach für germanisch gebrauchen konnte. Ich kann nicht sehen, was in den Guiones anderes stecken könnte als die Gutones (Plin. 4, 99), was ein Teil der Handschriften auch hat, und noch weniger ist es verständlich, wodurch Plinius veranlasst sein sollte, die Gutonen

Danach sehe ich auch keinen genügenden Grund, die Nennung der Teutonen bei Pytheas anzuzweifeln; Plin. 37, 35: *Pytheas Guionibus Germaniae genti accoli aestuarium oceani Metuonidis nomine spatio stadiorum sex milium, ab hoc diei navigatione abesse insulam Abalum, illo per ver fluctibus advehi* (sc. sucinum) *et esse concreti maris purgamentum, incolas pro ligno ad ignem uti eo proximisque Teutonis vendere.*

und Teutonen, von denen die ersten zu seiner Zeit noch gar keine Rolle spielten, die andern ihre Rolle längst ausgespielt hatten, in den Bericht aus Pytheas „einzuschwärzen". Es würde zu weit führen, hier die ganze Frage nach der Herkunft des Bernsteins zu erörtern; hier genügt die Feststellung, dass Pytheas um 330 (Müllenhoff D. A. 1, 235 f.) von den beiden Völkern als Anwohnern des Nordmeeres gehört hat, und zwar wohnten die Teutonen westlich von den Gutonen, da sie den Bernsteinhandel vermittelten. Mithin führen uns zwei von einander völlig verschiedene Nachrichten dahin, dass Kimbern und Teutonen, die später eng verbunden den Römern entgegen traten, bereits zwei Jahrhunderte früher durch Nachbarschaft und, wie es danach selbstverständlich ist, durch Stammverwandtschaft mit einander verbunden waren.

Die nächste Nachricht über die Wohnsitze der Kimbern finden wir bei Plinius 4, 95, wo vom Nordmeere gesprochen wird: *Philemon Morimarusam a Cimbris vocari, hoc est mortuum mare, inde usque ad promunturium Rubeas, ultra deinde Cronium*. Den Versuchen, aus den Namen *Morimarusa* und *Cronium* auf die Nationalität der Kimbern zu schliessen (so Sepp, Die Wanderung der Cimbern und Teutonen S. 71), hat Müllenhoff (D. A. 1, 413) damit ein Ende gemacht, dass er, unzweifelhaft richtig, *a Cimbris* lokal auffasst. Das beweist namentlich das *inde*, womit Plinius nach der Namenerklärung die Ortsbestimmung wieder aufnimmt. Jetzt hat Much (S. 219) überdies den Namen *Morimarusa* germanisch gedeutet. Jedenfalls sehen wir, dass das Kimbernland für Philemon nicht mehr im allgemeinen am nördlichen Ocean lag, sondern seinen bestimmten Platz an dessen Küsten erhalten hatte. Leider fehlt uns für die Zeit Philemons jeder sichere Anhalt. Vielleicht hilft uns etwas ein Blick auf die Gruppierung der Quellenschriftsteller bei Plinius. Hier führt er nur Timaeus, Hekataeus (den Abderiten, um 300), Philemon und Xenophon von Lampsakus (vermutlich von Alexander Polyhistor, † 60 v. Chr., citiert, Müller F. H. G. 3, 209) an. Unter einer grossen Zahl von Schriftstellern erscheint Philemon bei der Besprechung des Bernsteins in B. 37. Vor ihm stehen unter den *modestiores* § 33 nur Theophrast und Chares, beide der Zeit Alexanders und der Diadochen angehörig; hinter ihm folgen § 34 Demostratus (nach dem älteren Africanus, § 86), Zenothemis, Sudines (9, 115 in Verbindung mit Alexander Polyhistor genannt), Metrodorus († 70 v. Chr.); dann folgt § 35 Sotakus, den Plinius 36, 146 zu den *vetustissimi auctores* rechnet, dann Pytheas, Timaeus, noch einmal Philemon, Nikias, Theochrestus, Xenokrates, den wir nach § 27 und 36, 197 für einen Zeitgenossen des Augustus oder des Tiberius halten müssen, dann der noch lebende Asarubas; dann folgen Mnaseas (unter Ptolemäus Philometor 158—146), Theomenes, Ktesias (um 400), § 40 endlich noch einmal Xenokrates und zuletzt Sophokles. Die Schriftsteller erscheinen in drei Reihen geordnet: Voran stehen diejenigen, deren Gedankenkreis nicht über das nähere Meer hinausreicht, wenigstens den nördlichen Ocean noch nicht umfasst; in diese ist Philemon geraten, weil Skythien auch an den Pontus gehört; Chares ist hieher gesetzt, weil bei ihm, wie bei den vorher Genannten, der Bernstein mit der Phaethon-Sage zusammenhängt. Die Reihe schliesst mit Metrodorus. Dann folgen die Schriftsteller, die den Bernstein vom Ocean herleiteten, wobei am deutlichsten eine chronologische Ordnung eingehalten ist. Hier ist Nikias der erste, der die germanische Küste als Fundstätte des Bernsteins kennt, und die Reihe schliesst mit Plinius' Zeitgenossen Asarubas. Die dritte Reihe endlich giebt Nachträge über Bernstein in Afrika und Indien und über seine verschiedenen Bezeichnungen. Philemon hat nach § 36 (*negavit flammam ab electro reddi*) gegen Pytheas Widerspruch erhoben; anderseits muss er früher geschrieben haben, als die Römer nähere Kenntnis von Germanien erhielten, also wenigstens vor Augustus. Er gehört auch nicht zu den *Graeci recentiores*, von denen Plinius 4, 103 spricht: *ab adversa* (an der andern Seite Brittanniens) *in Germanicum mare sparsae Glaesiae, quas Electridas Graeci recentiores appellabant, quod ibi electrum nasceretur*; er sprach vielmehr von Bernsteingruben, Plin. 37, 33: *Philemon fossile esse et in Scythia erui duobus locis*.

Die Thatsache, dass bereits vor Augustus ein bestimmtes Kimbernland bekannt war, ist auch für die Beurteilung der Nachrichten aus Augustischer Zeit von Bedeutung, zu der wir auch Strabo rechnen können, wenn er auch sein Werk erst i. J. 18 n. Chr. herausgegeben hat. Er zählt (7, 1, 3, p. 291) die Kimbern unter den deutschen Küstenvölkern auf: ἄλλα δ' ἐνδεέστερά ἐστιν ἔθνη Γερμανικά — πρὸς δὲ τῷ ὠκεανῷ Σούγαμβροί τε καὶ Χαῖβοι καὶ Βροῦκτεροι καὶ Κίμβροι, Καῦκοί τε καὶ Καοῦλκοι καὶ Καμψιανοὶ καὶ ἄλλοι πλείους. Strabo beabsichtigt hier offenbar eine regelmässige Aufzählung vom Rhein ostwärts. Die Sugambern setzt er neben die keltischen Menapier in die Nähe der Rheinmündungen (4, 3, 4, p. 194), die Brukterer dachte er an der Emsmündung, wo Drusus ihnen eine siegreiche Seeschlacht lieferte (7, 1, 3, p. 290), die Καῦκοι können nicht verschieden sein von den *Chauci* Plin. 4, 99. 101. 16, 2. 5. Tac. Germ. 35, den Καῦχοι Ptol. 2, 11, 7. 9, die an der linken Seite der Elbmündung wohnten. Danach müsste man die Kimbern etwa an die Jade setzen, wo später die kleinen Chauken wohnten (Ptol. 2, 11, 7). Diese Ansetzung scheint dadurch bestätigt zu werden, dass Strabo die Kimbern noch einmal ausdrücklich auf die linke Elbseite verweist: 7, 2, 4, p. 294 sagt er von den germanischen Völkern: γνωρίζονται δ' ἀπὸ τῶν ἐκβολῶν τοῦ Ῥήνου λαβόντες τὴν ἀρχὴν μέχρι τοῦ Ἄλβιος. τούτων δ' εἰσὶ γνωριμώτατοι Σούγαμβροί τε καὶ Κίμβροι. τὰ δὲ πέραν τοῦ Ἄλβιος τὰ πρὸς τῷ ὠκεανῷ παντάπασιν ἄγνωστα ἡμῖν ἐστιν. οὔτε γὰρ τῶν προτέρων οὐδένα ἴσμεν τὸν παράπλουν τοῦτον πεποιημένον πρὸς τὰ ἑωθινὰ μέρη, οὔθ' οἱ Ῥωμαῖοί πω προῆλθον εἰς τὰ περαιτέρω τοῦ Ἄλβιος· ὡς δ' αὔτως οὐδὲ πεζῇ παρωδεύκασιν οὐδένες. Allein völlig genau kann die Aufzählung der Küstenvölker bei Strabo gar nicht sein. Die Chauken wohnten bereits an der Elbe und können auch von Strabo nicht westlicher gedacht sein, da sonst der Raum nicht ausreichen würde; er nennt jedoch nach ihnen noch Καοῦλκοι καὶ Καμψιανοί. Entweder also wohnten diese Völkerschaften rechts der Elbe; dann hat Strabo unrichtigerweise die Elbe als absolute Grenze seines Wissens bezeichnet, oder sie wohnten westlicher; dann verliert die Reihenfolge ihren Wert, oder endlich sie waren gar keine Küstenanwohner. Das Letztere würde für die Καοῦλκοι zutreffen, wenn man sie den Καλοῦκωνες des Ptolemaeus (2, 11, 10) gleichsetzen könnte, die an beiden Seiten der Elbe wohnten und nach der Anordnung des Ptolemaeus in die Gegend von Wittenberg und Magdeburg zu setzen sind. Allein abgesehen von der Verschiedenheit der überlieferten Namen ist diese Gleichsetzung wenig wahrscheinlich, weil aus beiden Völkern Gefangene im Triumphzuge des Germanicus aufgeführt wurden (Str. 7, 2, 4, p. 294). Sind hier auch etwas andere Namensformen überliefert, Κασίλκων καὶ Ἀμψάνων, so zeigt doch die gleiche Zusammenstellung, dass wir an die gleichen Völker zu denken haben. Des Germanicus Züge haben sich aber weder zu Lande noch zur See bis an die Elbe ausgedehnt. Strabo hat also die allerdings beabsichtigte geographische Reihenfolge nicht eingehalten, offenbar weil ihm dazu die genügende Kenntnis der germanischen Küste fehlte, und für die Kimbern ergiebt sich aus beiden Stellen nur, dass er sie sich westlich von der Elbmündung am Ocean dachte.

Nun finden wir aber bei Strabo noch eine andere Andeutung über die Wohnsitze der Kimbern, wo er von den Ursachen ihrer Auswanderung spricht (7, 2, 1, p. 292): οὔτε γὰρ τὴν τοιαύτην αἰτίαν τοῦ πλάνητας γενέσθαι καὶ λῃστρικοὺς ἀποδέξαιτ' ἄν τις, ὅτι χερρόνησον οἰκοῦντες μεγάλῃ πλημμυρίδι ἐξελαθεῖεν ἐκ τῶν τόπων· καὶ γὰρ νῦν ἔχουσι τὴν χώραν, ἣν εἶχον πρότερον, καὶ ἔπεμψαν τῷ Σεβαστῷ δῶρον τὸν ἱερώτατον παρ' αὐτοῖς λέβητα, αἰτούμενοι φιλίαν καὶ ἀμνηστίαν τῶν ὑπηργμένων· τυχόντες δὲ ὧν ἠξίουν ἀπῆραν. Die Angabe, dass die Kimbern auf einer Halbinsel wohnten, hat Strabo also bereits bei seinen Vorgängern gefunden, die in einer grossen Flut die Ursache der Wanderung sahen. Er selbst widerspricht dieser Angabe nicht, erkennt sie vielmehr ausdrücklich nicht nur für die Vergangenheit, sondern auch für seine Zeit als richtig an. Diese Halbinsel aber lässt sich unmöglich westlich der Elbe denken, wo die Küstenlinie damals wahrscheinlich glatter verlief als heute; es kann nur die grosse Halbinsel zwischen Nord- und Ostsee gemeint sein, die seitdem nach den Kimbern benannt wurde. Die von Strabo erwähnte Kimbern-Gesandtschaft kennen wir aus dem Berichte des Kaisers Augustus (mon. Anc. 5, 14): *classis mea per Oceanum] ab ostio Rheni ad solis orientis regionem usque ad fines Cimbrorum* (μέχρι Ἔθνους Κίμβρων hat der griechische Text), *navigavit, quo neque terra neque mari quisquam Romanus ante id tempus adit, Cimbrique et Charydes et Semnones et eiusdem tractus alii Germanorum populi]i per legatos amicitiam meam et populi Romani petierunt.* Die Gesandtschaft war hienach die unmittelbare Folge der grossen Flottenexpedition, und die Flotte ist ohne Zweifel dieselbe, die Velleius i. J. 5 n. Chr. in die Elbmündung einlaufen sah (2, 106, 3): *et eodem* (zu des Tiberius Lager an der Elbe) *mira felicitate et cura ducis temporumque observantia classis, quae Oceani circumnavigaverat sinus, ab inaudito atque incognito ante mari flumine Albi subvecta, plurimarum gentium victoria cum abundantissima rerum omnium copia exercitui Caesarique se iunxit.* Das von der Flotte erreichte Ziel ist allerdings nicht angegeben; doch die Worte *ab inaudito atque incognito ante mari* wären selbst für Velleius zu stark, wenn es sich nur um eine Küstenfahrt vom Rhein zur Elbe handelte, wo das Meer seit Drusus zum grössten Teile bekannt war. Den Endpunkt der Fahrt giebt Plinius an (2, 167): *septentrionalis vero Oceanus maiore ex parte navigatus est auspiciis divi Augusti Germaniam classe circumvecta ad Cimbrorum usque promunturium et inde immenso mari prospecto aut fama cognito.* Zweifellos ist damit Skagen als Endpunkt der Flottenfahrt bezeichnet, und wir können sie auch nicht mit Müllenhoff (2, 283 f.) weiter, bis auf die Höhe von Samsö ausdehnen; dann hätte die Fahrt nicht vor einem neuen, grossen Meere, sondern vor einer neuen Inselwelt ihren Abschluss gefunden.

Nun sucht Müllenhoff zu beweisen, dass damals erst die Halbinsel „offiziell für die Heimat der Kimbern erklärt sei". Also hätte es in Wirklichkeit damals überhaupt keine Kimbern gegeben, und die Kimberngesandtschaft wäre eine grossartige römische Fälschung gewesen, um den Römern für die Niederlagen der Vergangenheit eine Genugthuung zu verschaffen. Damit wird denn doch der römischen Regierung und dem Rechenschaftsberichte des Kaisers Augustus etwas viel zugemutet. Ob wohl auch die Wiedergabe der römischen Feldzeichen durch die Parther auf Erfindung beruht? Da hätte die Erfindung noch einen Sinn gehabt, da dort eine römische Niederlage noch keine genügende Sühne gefunden hatte; aber mit den Erfolgen des Marius konnten die Römer doch wohl zufrieden sein, und durch die Erfindung, dass noch Reste der Kimbern vorhanden seien, konnte die römische Ehre doch nicht vermehrt werden. Jeder Gedanke an eine offizielle Fälschung wird dadurch beseitigt, dass neben den Kimbern die *Charydes* erscheinen, das sind offenbar die Χαροῦδες, die Ptolomaeus (2,11,7) als südliche Nachbarn der Kimbern ans Kattegat setzt, und die Semnonen, die bedeutendsten Nachbarn des römischen Reichs, als dieses bis an die Elbe ausgedehnt war (Vell. 2,106,2). Strabo, der den Flottenzug völlig übergeht, spricht doch von der Gesandtschaft und fügt ein von den Kimbern übersandtes Ehrengeschenk hinzu. Dieser Kessel erinnert natürlich an den Opferkessel, in den die kimbrische Priesterin das Blut der geopferten Gefangenen fliessen liess (Str. 7, 2, 3, p. 294). Doch dieser Zug ist nur von Strabo überliefert, und schwerlich war die Sache so allgemein bekannt, dass man eine derartige Sendung hätte erfinden können. In der That zerfliessen die Einwände gegen die Gesandtschaft und damit gegen die Existenz der Kimbern zu Augustus' Zeit in nichts (Much S. 216).

Liegen damit die Wohnsitze der Kimbern im Norden der Halbinsel fest, so fragt es sich, wie Strabo dazu kam, sie westlich der Elbe anzusetzen. Er zeigt damit vornehmlich seine ungenügende Kenntnis der germanischen Küste; er wusste von einer grösseren Halbinsel, doch war ihm deren Verhältnis zu der Elbmündung unklar. Es ist eine ähnliche Unklarheit, wie über die Lage des *sinus Codanus* bei Mela 3, 3, 31. Da wird deutlich der Busen an die Westseite der Halbinsel gesetzt und das Wattenmeer an der schleswigschen Küste beschrieben; andererseits weisen die grossen Inseln auf die Ostküste. Noch schärfer tritt die Unklarheit 3, 6, 54 hervor, wo er *Scadinavia* (so Müllenhoff, der Vat. 4929 hat *Codanovia*) in den Codanischen Busen verlegt. Die Unklarheit über das Inselmeer konnte leicht eine gleiche über die Elbmündung nach sich ziehen, und dazu kommt, dass eine nördliche Fortsetzung der Mittelelbe auf die Ostsee führt.

Für Strabo kommt noch eines in Betracht. Wie hier an der Elbe, so stellt er im Norden von Brittannien von vornherein die Grenze der Kenntnis fest, wo er über Pytheas spricht (1, 4, 4, p. 63). Die willkürliche Annahme, Irland liege an der Grenze der bewohnbaren Erde, ist ihm ein vollgiltiger Grund, des Pytheas Erzählung über Thule zu verwerfen. So betrachtet er die Elbe als die Grenze des bekannten Landes und setzt darum alles, was ihm bekannt ist, an deren linke Seite. Selbst seine Behauptung, zu Lande hätte kein Römer die Elbe überschritten (7, 1, 4, p. 291) ist ungenau; denn schwerlich wird jemand Strabo zu Liebe die Elbüberschreitung des Domitius i. J. 1 v. Chr. (Dio 55, 10a, 3) verwerfen wollen.

Die späteren Nachrichten bestätigen im wesentlichen nur, was wir für die augustische Zeit erkannt haben. Mela (3, 3, 31) setzt die Kimbern nicht irgendwohin in das unbekannte Land jenseits der Elbe (Müllenhoff 2, 283), sondern auf den Vorsprung (*supercilium*) neben dem Codanischen Busen. Plinius kommt in seiner Beschreibung von Osten her zu der Halbinsel (4, 97): *quidam haec habitari ad Vistilam usque fluvium a Sarmatis Venedis Sciris Hirris (?) tradunt, sinum Cylipenum vocari et in ostio eius insulam Latrim, mox alterum sinum Lagnum conterminum Cimbris*. Es ist die erste bestimmte Nachricht über die Südküste der Ostsee: der *sinus Lagnus* kann nur die Lübecker Bucht sein. Die Kimbern zählt Plinius zu den Ingvaeonen, § 96: *incipit deinde clarior aperiri fama ab gente Inguaeonum quae est prima in Germania*, dann § 99: *alterum genus Inguaeones, quorum pars Cimbri Teutoni ac Chaucorum gentes*. Er beginnt die Ingvaeonen mit der Halbinsel und setzt dahin Kimbern und Teutonen. Die angeblichen *Cimbri mediterranei* (Neumann, Geschichte Roms 1, 284 ff. Sepp S. 69, A. 22) sind durch Detlefsen glücklich beseitigt; das *mediterranei* gehört notwendig zu dem folgenden *Herminones* (man vergleiche: *Germanorum genera quinque; Vandili — alterum genus Inguaeones — proximi autem Rheno Istvaeones — mediterranei Herminones — quinta pars Peucini*), und für *Cimbri* muss mit Spener *Sicambri* eingesetzt werden.

Einige Schwierigkeit machen dann noch die Nachrichten des Tacitus und des Ptolemaeus, die zwar beide die Kimbern, sonst aber durchweg verschiedene Völkernamen nennen. Müllenhoff (Die deutschen Völker an Nord- und Ostsee. Neues Archiv der schleswigholsteinischen Ges. für vaterl. Gesch. 1858, S. 112 ff.) verwarf die Liste des Ptolemaeus vollständig, damit aber auch die Kimbern des Tacitus, und suchte den Germ. 40 genannten Nerthus-Völkern ihre Wohnsitze auf der Halbinsel anzuweisen. Die Nerthusinsel war or geneigt in der Nordsee zu suchen. Allein selbst abgesehen davon, dass eine Erdgöttin (*Terra mater* Tac.) in das wogende Wattenmeer wenig hineinpasst, wo auch von einem Haine (*castum nemus*) kaum die Rede sein konnte, widerspricht dem auch die Anordnung des Tacitus. C. 35 beginnt ein neuer Abschnitt: *hactenus in occidentem Germaniam novimus. in septentrionem ingenti flexu redit. ac primo statim Chaucorum gens —*. Er setzt also die Nordwendung der deutschen Küste bereits an die Wesermündung, wie Ptolemaeus (2, 11, 1), der Weser- und Elbmündung unter denselben Meridian verlegt. Neben den Chauken wohnt im Binnenlande der Rest der Cherusker (c. 36). Der Anfang von c. 37 *eundem Germaniae sinum proximi Oceano Cimbri tenent, parva nunc civitas* verweist die Kimbern deutlich auf die Westküste der Halbinsel. C. 38 beginnt dann die Besprechung der Sueben, von denen c. 39 die Semnonen hervorgehoben werden. Mit den Langobarden kehrt Tacitus c. 40 an die Unterelbe zurück, ohne es zu sagen, und vielleicht ohne sich dessen klar zu werden. Darauf folgt die Gruppe der Nerthus-Völker: *Reudigni deinde et Aviones et Anglii et Varini et Eudoses et Suardones et Nuithones* (Much S. 214 möchte *Nutiones* lesen) *fluminibus aut silvis muniuntur*. Nachdem er dann von dem Nerthus-Dienst gesprochen, schliesst er c. 41 *et haec quidem pars Sueborum in secretiora Germaniae porrigitur*. Dadurch wird die ganze Gruppe entschieden an die Ostsee verwiesen; nur da ist auch von Wäldern und Flüssen die Rede, dorthin weisen auch die Gräberfunde, die eine wesentlich stärkere Besiedelung der Ostseite in alter Zeit bekunden.

(Jansen, Poleographie der Cimbrischen Halbinsel. Forschungen zur deutschen Landes- und Volkskunde 1886, S. 506 f.) Nerthus, die so lange vergeblich eine Stätte für ihr Heiligtum suchte, wird nun wohl durch Much (S. 196) ihren Platz auf Seeland gefunden haben.

Ptolemaeus eine völlige Unkenntnis vorzuwerfen, war ein gewagtes Ding, da er von den Küsten der Halbinsel jedenfalls die genaueste Kenntnis zeigt (2, 11, 2). Zwar giebt er ihr ungenau die Richtung nach Nordosten, doch wie der von Müller wesentlich mit Hilfe von Markians Stadien-Berechnung hergestellte Text zeigt, giebt er ihre Ausdehnung nach Norden nahezu richtig auf $3^1/_4$ Breitengrade an; er weiss auch, dass Nord- und Ost-Ecke verschieden sind, und die Vorsprünge der Westseite lassen sich unschwer auf Eiderstedt und Blaavands Huk deuten; nur dem südlichen Teil der Ostküste fehlt es an Klarheit. Die Inseln (§ 16) sind nur ungefähr nach Mittelpunkten auf die Karte gesetzt, doch kennt Ptolemaeus wenigstens die Inseln im Westen wie im Osten, und dass er von Skandinavien nur den südlichen Teil kennt, wird ihm niemand verübeln. Die Völkerschaften der Halbinsel zählt Ptolemaeus § 7 auf: ἐφεξῆς δὲ ἐπὶ τὸν αὐχένα τῆς Κιμβρικῆς χερσονήσου Σάξονες, αὐτὴν δὲ τὴν χερσόνησον ὑπὲρ μὲν τοὺς Σάξονας Σιγούλωνες ἀπὸ δυσμῶν, εἶτα Σαβαλίγγιοι, εἶτα Κοβανδοί. ὑπὲρ οὓς Χάλοι, καὶ ἔτι ὑπὲρ τούτους δυσμικώτεροι μὲν Φουνδούσιοι, ἀνατολικώτεροι δὲ Χαροῦδες, πάντων δ' ἀρκτικώτεροι Κίμβροι. Die festen Haltpunkte des Verzeichnisses sind einerseits die aus dem Monumentum Ancyranum bekannten Kimbern und Charuden, die an den Bericht über die augustische Flottenfahrt als Quelle denken lassen, anderseits die Σάξονες, die hier zum ersten Male genannt werden. Zwar haben Markian und die Mehrzahl der Handschriften Ἄξονες, andere Αὔξονες, doch die volle Form Σάξονες haben der Vat. 191 und der erste Druck, und § 9 haben mehrere Σαξόνων. Wir können es danach als sicher ansehen, dass Ptolemaeus zuerst die Sachsen genannt hat, die dann erst i. J. 286 in der Geschichte genannt werden (Eutrop. 9, 21. Oros. 7, 25, 3).

Much hat die übrigen Namen etymologisch zu erklären und sie mit den Völkerschaften des Tacitus und denen des angelsächsischen Epos zu vereinigen gesucht. Er setzt Σάξονες = Reudigni (S. 192 ff.), Σιγούλωνες, Σαβαλίγγ(ι)οι, Κοβανδο[ί]οι = Aviones auf den Inseln (S. 198 ff.), Χάλοι = Anglii (S. 203), Χαροῦδες = Varini, Φουνδούσιοι = Eudoses (S. 204 ff.), endlich Κίμβροι = Suardones, Nuitones = Wendle im Beowulf und Widsith. Im einzelnen wird in diesen Ausführungen vieles zweifelhaft bleiben, und für einen Teil seiner Etymologieen gesteht Much selbst zu, dass damit nur Möglichkeiten gegeben sind; zweifelhaft ist z. B. die Gleichsetzung der *Sedusii* (Caes. b. G. 1, 51, 2) und der *Eudoses*, da sie nicht neben der Haruden, sondern an der entgegengesetzten Stelle der Schlachtlinie genannt werden (*Harudes, Marcomanni, Triboces, Vangiones, Nemetes, Sedusios Suebos*); damit fällt auch eine Stütze für die Gleichsetzung der Φουνδούσιοι und *Eudoses*, der Χαροῦδες und *Varini*. Auch die Gleichung Κίμβροι = *Suardones*, *Nuitones* = *Wendle* kann ich nur als Möglichkeit gelten lassen. Soviel indes scheint mir sicher, dass die Liste des Ptolemaeus im wesentlichen gerettet ist. Für ihre Beurteilung ist aber eines nicht zu vergessen. Much betont richtig, dass des Ptolemaeus Nachrichten sich gegenüber denen des Tacitus mehrfach als die älteren zeigen, anderseits aber auch, dass viele seiner Namen Spottnamen sind, die hauptsächlich auf den Mitteilungen der reisenden Kaufleute beruhen. Ein regerer Handelsverkehr der Römer mit den ferner wohnenden germanischen Völkern konnte sich aber erst in den friedlicheren Zuständen entwickeln, wie sie besonders für das zweite Jahrhundert bezeichnend sind. Wir müssen also bei Ptolemaeus mit verschiedenartigen Quellen und verschiedenen Zeiten rechnen, und es bleibt für seine Liste charakteristisch, dass an ihrem Ende ein Volk steht, das seine geschichtliche Rolle längst ausgespielt hatte, an ihrem Anfange eines, dem sie erst bevorstand.

Weit weniger bezeugt sind die Wohnsitze der Teutonen an der deutschen Küste. Von Pytheas bis Mela nennt sie dort niemand, Mela und Plinius nennen sie neben den Kimbern, Mela (3, 6, 54) ausserdem in Skandinavien („*Scadinavia, quam adhuc Teutoni tenent*"), endlich hat Ptolemaeus (2, 11, 9): (μεταξὺ) Σαξόνων δὲ καὶ τῶν Συήβων Τευτονόαροι (Τεντονοάριοι hat der Paris. 1401, *Teutonari* die lateinische Handschrift) καὶ Οὐίροινοι · Φαροδεινῶν δὲ καὶ Σνήβων Τεύτονες καὶ Ἄυαρποι. Danach gehören die Τευτονόαροι nach Mecklenburg, die Τεύτονες nach der Priegnitz. Müllenhoff (2, 282 ff.) verwirft alle Nachrichten über die Teutonen nach der Wanderung. Mela und Plinius können leicht historischen Erinnerungen gefolgt sein, auch das *adhuc* Melas bedeutet gewiss weniger als das *nunc* des Tacitus; bei Ptolemaeus liegt die Sache aber doch anders. Wir dürfen nicht ohne zwingenden Grund aus einem im ganzen glaubwürdigen Verzeichnis ein paar einzelne Namen hinauswerfen. Wären sie nur hineingebracht, um doch auch die alten Teutonen zu nennen, dann müssten sie an der Küste stehen. Und wenn man selbst die Τεύτονες verwerfen will, so geht das mit den Τευτονόαροι doch nicht an; wer wird es glauben, dass die Römer für die Teutonen auch noch eine germanische Ahleitungssilbe erfunden hätten, nur um uns irre zu führen? Wir haben also, abgesehen von dem Glauben des Altertums an den ursprünglichen Zusammenhang der Kimbern und Teutonen, ihre Erwähnung durch Pytheas bei Gelegenheit des nordischen Bernsteinhandels, an die ich so lange zu glauben wage, bis Kossinna den angekündigten Gegenbeweis geliefert haben wird, wir haben die Bezeichnung des kimbrischen Rastplatzes an der Skordiskergrenze als Teutoburg (Τευτοβούργιον Ptol. 2, 15, 3 *Teutiburgio* Itin. p. 267, 4, *Tittoburgo* tab. Peut., *Teutiborgio* und *Teutibarcio* Not. dign. Oc. 32, Much S. 218), woran sich wohl anfügt, was ich früher (Röm. Herrschaft in Illyrien S. 140 ff.) über die Einwirkung der Kimbernwanderung auf die Balkanhalbinsel ausgeführt habe; wir haben die Nennung der Teutonen, als der Sieger von Noreia; wir haben endlich Τευτονόαροι oder mag man auch Τευτονόαροι lesen, bei Ptolemaeus unweit der Ostseeküste; all das scheint mir hinreichend, die Herkunft der Teutonen aus Norddeutschland und ihre Zusammengehörigkeit mit den Kimbern sicher zu stellen, auch wenn wirklich Posidonius sie für einen Helvetier-Stamm gehalten haben sollte.

Auf das Verhältnis der Kimbern und Teutonen zu einander will ich hier nicht weiter eingehen. Für die Kimbern ist so viel klar, dass sie nicht immer auf den engen Raum im Norden des Limfjords beschränkt sein konnten; vielmehr müssen sie sich vor der Wanderung viel weiter nach Süden erstreckt haben. Erst der zurückgebliebene Rest wurde auf den stillen Nordwinkel beschränkt. Ausser den Kimbern muss damals aber noch eine ganze Zahl deutscher Stämme in Bewegung gekommen sein, und die Kimbern haben nur als der hervorragende dem ganzen Zuge seinen Namen gegeben. Wir kennen die Ambronen, über deren Herkunft und Nationalität kein Zweifel bestehen kann; mit der Kimbern-Wanderung muss es zusammenhängen, dass die Charuden später im Heere des Ariovist auftreten; auf dieselbe Weise erklärt sich fern im Südosten das Erscheinen der Skiren in der Inschrift des Protogenes von Olbia (Illyrien S. 151 ff.); der Kimbernfürst Lugius (Oros. 5, 16, 20) weist um so mehr auf die Lugier, als der Zug sicher durch die Lausitz ging, wo wir später deren Wohnsitze kennen. Richtig bezeichnete Posidonius den Charakter des Zuges: τὴν τῶν Κίμβρων καὶ τῶν συγγενῶν ἐξανάστασιν (Str. 2, 3, 6, p. 102), und seine Angabe über die Heimat der Kimbern gewinnt noch grössere Wahrheit, wenn wir sehen, dass auch binnenländische Stämme sich den Wanderern anschlossen. Es war ein grossartiges Drängen der germanischen Stämme nach Süden, der erste jener gewaltigen Stösse, denen schliesslich die Römerwelt erlag.

Die Schriftcitate der Skeireins und ihre Bedeutung für die Textgeschichte der gotischen Bibel.

Von

K. Marold.

Selbständige Nachrichten über Existenz und Verbreitung der gotischen Bibelübersetzung aus dem ersten Jahrhundert nach ihrer Entstehung sind so spärlich und dürftig, dass sie für eine textkritische Verwertung unbrauchbar sind. Das älteste Denkmal für eine Beschäftigung mit der gotischen Bibel, das Berücksichtigung verdient, sind die acht Bruchstücke einer Erklärung des Evangelium Johannis in gotischer Sprache, die Massmann unter dem Titel *Skeireins aivaggeljons thairh Johannen* 1834 herausgab, nachdem sie von Angelo Mai aufgefunden und von ihm und Castiglione 1819 schon einmal publiciert waren.[1]) Da diese Bruchstücke eine Reihe von Schriftcitaten, am zahlreichsten natürlich aus dem Johannesevangelium, enthalten, so bieten sie uns eine Handhabe für die Beurteilung etwaiger Änderungen, denen der gotische Bibeltext im Laufe der Zeit unterworfen gewesen. Die folgenden Untersuchungen sollen demnach einen Beitrag zur Geschichte des gotischen Bibeltextes geben.

Dass die Skeireins nicht von Ulfilas selbst herrühren kann, ergiebt sich vor allem aus dem Inhalte. Denn es unterliegt keinem Zweifel, worauf Bernhardt (Vulfila S. 617) zuerst hingewiesen hat, dass unter anderem der Kommentar der Cyrillus von Alexandria zum Evangelium des Johannes von dem Verfasser der Skeireins benutzt ist,[2]) dass diese also frühestens um die Mitte des fünften Jahrhunderts verfasst sein kann. Damit steht im Einklang, dass der Sprachgebrauch in einigen Einzelheiten von dem der Bibel bereits abweicht, wenn auch Vokalismus

---

1) Die neuesten Ausgaben der Skeireins sind enthalten in Bernhardts *Vulfila* (Halle 1875), in der kleinen Ausgabe desselben (Halle 1884) und in allen Auflagen des Stammschen Ulfilas.

2) Nach Bernhardt, *Vulfila* S. 612, hat nur eine Stelle Verwandtschaft mit dem Kommentar des Cyrillus. Die Übereinstimmungen sind aber viel häufiger, wie ein Vergleich zeigt (Cyrilli archiepiscopi Alexandriae operum tom. IV hggb. von J. Aubert. Paris 1638). Aus einer Fülle von Stellen hier nur eine kleine Auslese. Ein Lieblingsausdruck des Cyrill ist ἡ διαβόλου τυραννίς (z. B. p. 386. 387. 559. 740), dazu stimmt Skeireins I b us diabulaus anamahtai; ein anderer ist πολιτεία ἡ εὐαγγελική (z. B. p. 154. 767. 891) = aivaggeljons usmet Skeir. I d; ein anderer τὸ εὐαγγελικὸν κήρυγμα (s. B. p. 177. 258. 283. 389. 836) = aivaggeljons mereins Skeir. IV b (die beiden ersten Stellen des Cyrill zeigen ausserdem eine schlagende Übereinstimmung des Gedankens: ith fraujins laiseins [d. i. aivaggeljons mereins] anastodjandei af Judaia jah and alla midjungard gathaih = Cyrill p. 177 κἂν τῆς Ἱερουσαλὴμ τὸ εὐαγγελικὸν ἐκφοιτήσῃ κήρυγμα καὶ εἰς ἔθνη λοιπὸν ὁ θεῖος ἐκδράμοι λόγος, p. 268 heisst es sogar: οὐ γὰρ εἰς μόνην τὴν Ἰουδαίων ἡκούσθη χώραν, μᾶλλον δὲ εἰς πᾶσαν ἐξῆλθε τὴν γῆν ὁ φθόγγος αὐτοῦ). Die Häufung valdufni mahtais Skeir. I b entspricht dem ἐξουσίας δύναμις des Cyrill (p. 448), die Erklärung des inpathro Skeir. II b stimmt fast wörtlich zu Cyrill. p. 146 u. 147; auch die Beziehung von Wasser und Geist bei der Taufe auf Leib und Seele des Menschen Skeir. II d findet sich Cyrill p. 147; der Satz Skeir. IV b c: ni thatei — manna vas ist zu vergleichen mit Cyrill p. 165; Skeir. V d wird die Ernährung der Juden in der Wüste erwähnt als Gegenbild zu der Speisung der Fünftausend, dasselbe geschieht Cyrill p. 278 f.; Skeir. VI b wird ein Teil der Worte des Kommentars Jesu in den Mund gelegt, dasselbe steht Cyrill. p. 252; auch die Stelle Skeir. VII a hat nicht allein ihre Parallele bei Theodorus (s. Massmann, Skeireins S. 79 f und Bernhardt, Vulfila S. 613 u. 643), sondern auch bei Cyrill p. 277; der Anfang von Skeir. VIII 8 findet sich zum Teil wörtlich bei Cyrill p. 478.

und Konsonantismus sowie die Flexion im wesentlichen übereinstimmt. Da sich aber auf einem der zu Rom aufbewahrten Blätter die Notiz findet liber acti columbani de bobio, so wird der Codex wohl erst im 6. Jahrhundert geschrieben sein. Dass jedoch der Stand der gotischen Sprache dieses Jahrhunderts nicht darin enthalten ist, zeigt ein Vergleich mit den Verkaufsurkunden. Auf jeden Fall werden uns aber die Bibelcitato zeigen, wie der gotische Bibeltext im 5. Jahrhundert beschaffen war, denn der Abschreiber scheint sehr mechanisch verfahren zu sein und seine Vorlage genau kopiert zu haben: die Versehen sind niemals willkürliche Änderungen.

1. Bibelstellen, die schon im CA (bezw. in andern Handschriften) überliefert sind.[1])

In vollständiger Übereinstimmung mit CA befinden sich Joh. VI 9 (Sk. VII), VII 44. 45. 47. 49. 51 (Skeir. VIII). Ausserdem kommen aber hier noch folgende Stellen in Betracht: Joh. VI 10—13 (Skeir. VII), VII 46. 48. 52 (Skeir. VIII), XVII 23 (Skeir. V); Eph. V 2 (Skeir. I); diese zeigen einige Abweichungen und müssen daher besonders erwogen werden.

Joh. VI 10 u. 11 (Skeir. VII) ist zum grössten Teil in freier Erzählung wiedergegeben, so dass nur einzelne Ausdrücke zur Vergleichung verwendet werden können, die entweder wörtlich citiert werden sollten oder aus der Erzählung heraus ihren Ursprung von Ulfilas verraten. So ist der Anfang: *vaurkeith thans mans anakumbjan* (= ποιήσατε τοὺς ἀνθρώπους ἀναπεσεῖν [it. vg. *discumbere*]) in voller Übereinstimmung, das übrige aber frei wiedergegeben, sogar mit Zusätzen nach dem Matthäus- und Lukasevangelium, falls nicht hier auch die Benutzung des Johanneskommentars des Cyrillus von Einfluss gewesen ist. Aus der Parallelstelle des Lukasevangeliums ist sicher herübergenommen *ith eis — tho filusma anakumbjan gatavidedun* = CA Lc. IX 15 *jah gatavidedun anakumbjan allans* (= καὶ ἀνέκλιναν ἅπαντας, *et discumbere fecerunt omnes*), was weder bei Johannes, noch bei Matthäus oder Marcus steht. Selbst hier aber, wie der Verfasser der Skeireins den Wortlaut des ulfilanischen Textes beherrschte: dem Befehl Christi (*ga)vaurkeith — anakumbjan*, steht wie im CA hier das *gatavidedun anakumbjan* gegenüber. Den Anspruch eines wörtlichen Citats erheben sodann die Worte aus Joh. VI 11 *samaleikoh than jah thize fiske sva filu sve vildedun*. Im CA lautet die Stelle jedoch *samaleiko jah thize fiske* etc. = ὁμοίως καὶ ἐκ τῶν ὀψαρίων (D M ὁμοίως δὲ καὶ). Wie die Skeireins den Bibeltext wiedergiebt, ist derselbe eine Übersetzung von ὁμοίως δὲ καὶ ἐκ τῶν ὀψαρίων, so dass also der griechische Codex, den der Verfasser benutzte, hier nach einem griechischen Texte interpoliert gewesen zu sein scheint, denn die Lesart des CA ist dieselbe, wie sie unter anderen in den griechischen Handschriften steht, denen die griechische Vorlage des Ulfilas besonders nahe gestanden hat. *Samaleiko(h) than jah* ist aber Lc. V 10 = ὁμοίως δὲ καὶ, Lc. XX 31 und 1. Tim. V 25 = ὡσαύτως δὲ καὶ, während *samaleiko jah* Mc. XV 31. Lc. V 33. XVII 28 = ὁμοίως καὶ und 1. Tim. II θ = ὡσαύτως καί ist. — Joh. VI 12 sind die griechischen Worte λέγει τοῖς μαθηταῖς αὐτοῦ CA übersetzt mit *qath du siponjam seinaim*, in der Skeireins (VII d) ohne *du*, χλάσματα CA mit *drauhsnos*, Skeir. mit *draunsos*, ἵνα CA mit *thei*, Skeir. mit *ei*. Die erste Variante hat wenig zu bedeuten, da bei *qithan* die Person, zu der gesprochen wird, sowohl mit als ohne Präposition im Dativ steht (Mat. XXVI 72 ist dieselbe Variante im CA und im Ambros.). Die zweite Variante ist nur graphisch, wie ja auch schon im CA das *h* vor einem Konsonanten, der eine neue Silbe beginnt, bisweilen ausfällt (Mt. V 15 *liuteith* für *liuhteith*, Lc. VI 17 *hiuma* für *hiuhma* u. m. a.). Schliesslich verrät die dritte Variante sich leicht als Interpolation; denn *ei* ist die häufigste Partikel für das griechische ἵνα (*thei* nur im Johannesevangelium), und wenn wir dieses in dem Citat der Skeireins lesen, *thei* im CA, so geht daraus hervor, dass in dem Bibelcodex des

---

1) Die Bezeichnungen der Handschriften sind die gewöhnlichen: CA bedeutet codex argenteus, die Buchstaben für die griechischen und lateinischen Bibeltexte sind nach Tischendorf gewählt.

Skeireinisten dieses *ei* aus einer Glosse seiner Vorlage in den Text geraten ist, ein Vorgang, der wie in anderen Handschriften so auch in denen der gotischen Bibel sich mehrfach konstatieren lässt.[1]) — Joh. VI 13 weist zunächst eine Variante in der Übersetzung der griechischen Worte ἐκ τῶν πέντε ἄρτων τῶν κριθίνων auf. Im CA sind sie übersetzt mit *us fimf hlaibam thaim barixeinam*, in der Skeireins (VII d) *us thaim .e.* (d. i. *fimf*) *hlaibam barixeinam*. Dem gewöhnlichen gotischen Sprachgebrauch entspricht die Stellung des Artikels im CA (vgl. GL Gramm. S. 175. Bernhardt, Kurzgefasste got. Gramm. S. 97), während die Stellung nach der Skeireins ganz vereinzelt ist und nur noch einmal in einer Epistelstelle vorkommt, Eph. VI 13 *in thamma daga ubilin*. Hier scheint aber *dags ubils* als ein Begriff gefasst (etwa = Verfolgung) und so die Stellung des Artikels motiviert zu sein. Denselben Grund könnte man für die Johannesstelle in Anspruch nehmen; es ist ausserdem in Erwägung zu ziehen, dass die Episteln sowie das Johannesevangelium in der gotischen Übersetzung mehr Freiheiten in syntaktischen Dingen zeigen als die synoptischen Evangelien. Danach würde sich die Lesart des Skeireinisten als die ursprüngliche herausstellen, während die des CA eine Angleichung an den gewöhnlichen Sprachgebrauch enthielte. Der darauf folgende Zusatz in dem Citat der Skeireins *jah .b. fiskam* ist eine Interpolation nach der Parallelstelle Mc. VI 43. Eine merkwürdige Variante enthält sodann der Schluss, kurz bevor das Fragment der Skeireins abbricht: die griechischen Worte ἃ ἐπερίσσευσεν τοῖς βεβρωκόσιν sind im CA übersetzt *thatei aflifnoda thaim matjandam* (mit einer bemerkenswerten Abweichung im Tempus; die lateinischen Übersetzungen wählen für das Participium einen Relativsatz, um das Tempus ausdrücken zu können). In der Skeireins beginnt dieser Satz also: *thatei aflifnoda at thaim* .... Hier bricht das Fragment ab, natürlich folgte *matjandam*. Auffallend ist daran, dass der Bibeltext des Skeireinisten einen Dativus absolutus statt des von *aflifnoda* abhängigen Objektsdativ hatte: eine selbständige Änderung ohne Einblick in eine griechische oder lateinische Handschrift. Es zeigt sich somit auch hier, dass der Bibeltext, den dem Skeireinisten vorlag, eine von CA abweichende Recension enthielt, aber der Hauptsache nach den alten Text bewahrt hatte.

Joh. VII 46 wird Skeir. VIII a citiert und enthält zwei Abweichungen von CA. Die griechischen Worte ἀπεκρίθησαν οἱ ὑπηρέται sind im CA wörtlich übersetzt *andhofun thai andbahtos*, in der Skeir. dagegen ist nach *andhofun* noch *than* (= δέ, *autem*) hinzugefügt. Von den griechischen Texten fügt D ebenfalls ein δέ zu und cod. Sinait. sagt οἱ δὲ ὑπ. ἀπ.; einige Minuskelhandschriften fügen οὖν zu. Vielleicht also mag auch hier wie schon oben der Text des Skeireinisten eine griechisch-lateinische Interpolation sein, das Wahrscheinlichere ist allerdings, dass dieser Zusatz selbständig von einem Bibelleser gemacht wurde, wie ja auch im CA mehrfach ein *than* ohne Vorgang des Griechischen oder Lateinischen zugesetzt sich findet (z. B. Joh. XIII 31). Dass das *than* nur dadurch in den Text gekommen, weil der Skeireinist aus dem Gedächtnis citierte, wie Bernhardt will, ist bei der sonstigen Genauigkeit der Citate, die der Erklärung zu Grunde gelegt sind, unwahrscheinlich. Ferner ist in dem Verse, wie er in der Skeireins citiert wird, *qithandans thatei* zugefügt, und es ist Bernhardt durchaus beizustimmen, wenn er sagt, dass ähnliche Zusätze auch schon im CA vorkommen.[2]) Hier scheint eine Interpolation vorzuliegen, ob nach einem lateinischen Texte oder eine selbständige, muss dahingestellt bleiben. Joh. VII 47 enthält nur eine graphische Abweichung: *siuth*, CA *sijuth*, worin sich die Verwandtschaft mit cod. A der Episteln kund giebt. — VII 48 hat der Eigenname *Fareisaie* in der Skeireins noch den Artikel *thize*, der aber wohl nur im Anklang an das vorausgehende *thize reike* zugesetzt sein wird. — Schliesslich bleibt noch Joh. VII 52 die freiere Einleitung einer direkten Rede zu erwähnen; die Worte des griechischen Textes ἀπεκρίθησαν καὶ εἶπον αὐτῷ giebt CA wörtlich wieder: *andhofun jah qethun du imma*, Skeir. VIII d dagegen lauten sie: *andhofun qithandans*. Aber der

---

1) S. meinen Aufsatz in der Germania XXVI (N. R. XIV) S. 143.
2) Über derartige Erweiterungen des Originals s. Germania XXVIII (N. R. XVI) S. 55 ff.

Zusammenhang der Stelle zeigt deutlich, dass der Kommentator hier kein Citat beabsichtigte, sondern dass erst die folgende Frage Citat sein sollte.

Aus den andern biblischen Büchern ist nur Skeir. Ia eine Stelle aus dem Epheserbriefe, V 2, verwertet, die wir nach der ulfilanischen Übersetzung kontrollieren können. Sie ist in der Skeireins nicht als eigentliches Citat behandelt, sondern in den Gedankengang des Erklärers hineinverflochten. Die Worte lauten daselbst: *qam — nasjands — gasaljands sik faur uns hunsl jas sauth gutha*, in beiden Codices Ambrosiani aber: *atgaf sik silban faur uns hunsl jah sauth gutha* (παρέδωκεν ἑαυτὸν ὑπὲρ ἡμῶν προσφορὰν καὶ θυσίαν τῷ θεῷ). Es ist demnach ein freies Citat aus dem Gedächtnisse, die Worte aber, auf die es ankommt, in genauer Übereinstimmung mit dem ulfilanischen Texte, also ein Zeichen, wie fest derselbe Wurzel geschlagen hatte im gotischen Volke.

Nicht sicher zu entscheiden, ob wörtliches oder freies Citat, sind Skeir. Vd die Worte: *ei frijos ins svasve frijos mik* Joh. XVII 23 = ἠγάπησας αὐτοὺς καθὼς ἐμὲ ἠγάπησας. Im CA hat diese Stelle gemäss dem Griechischen in beiden Fällen das Präteritum: *frijodes ins svasve mik frijodes*. Eine Abweichung vom Tempus der griechischen Vorlage ist im gotischen Bibeltext nicht selten. Hält man dazu, dass 2. Cor. II 10 Cod. A κεχάρισμαι mit *fragaf*, Cod. B mit *fragiba* übersetzt, so ist wohl anzunehmen, dass auch hier der Skeireinist nach einer andern Handschrift als dem CA citiert hat, falls es nicht nur ein Citat nach dem Gedächtnisse ist. Der CA wird hier wohl auch das Richtige bieten, da dort der Zusammenhang das Tempus der Vergangenheit fordert. Auffallend ist jedoch, dass Luther an der Johannesstelle das Präsens setzt.[1]) Der Kommentar des Cyrillus von Alexandria, mit dem der letzte Teil dieses Bruchstückes der Skeireins recht genau übereinstimmt, giebt das Bibelcitat in Übereinstimmung mit dem Evangelientext im Aorist (p. 226 der Pariser Ausgabe von Aubert).

2. Bibelstellen, die nur in der Skeireins überliefert sind.

Es sind dies folgende Stellen: Ps. XIV 2. 3 oder LIII 3. 4 (Skeir. I). Mt. III 11 (Skeir. III). V 8 (Skeir. VI). Joh. I 29 (Skeir. I). III 3—5 (Skeir. II). 23—25 (Skeir. III). 26—32 (Skeir. IV). V 21—23 (Skeir. V). 35—38 (Skeir. VI).

Ps. XIV 2. 3 oder LIII 3. 4 (Skeir. I) . . . *saei frathjai aiththau sokjai guth. allai usvandidedun, samana unbrukjai vaurthun* = (κύριος [LIII 3 ὁ θεός] ἐκ τοῦ οὐρανοῦ διέκυψεν ἐπὶ τοὺς υἱοὺς τῶν ἀνθρώπων τοῦ ἰδεῖν εἰ ἔστι) συνιῶν ἢ ἐκζητῶν τὸν θεόν. πάντες ἐξέκλιναν, ἅμα ἠχρειώθησαν. Dass die Übersetzung hier nach der Septuaginta gemacht ist und nicht etwa nach dem hebräischen Urtext,[2]) ist fast aus jedem Worte ersichtlich, besonders aber aus der Übersetzung des beiordnenden ἢ und der beiden letzten Worte im Vergleich zu dem Hebräischen. Im gotischen Ausdruck ist nicht ein Wort vorhanden, das von dem sonstigen Sprachgebrauch der gotischen Bibel abwiche. Dass übrigens das Citat nicht etwa Röm. III 11 und 12 zu Grunde liegt, wie L. Meyer Germania X S. 226 darthun wollte, sondern die Psalmstelle selbst, zeigt die genau hiermit übereinstimmende Übersetzung, während Paulus das Citat frei wiedergiebt mit οὐκ ἔστιν ὁ συνιῶν, οὐκ ἔστιν ὁ ἐκζητῶν τὸν θεόν.

Skeir. III am Schluss enthält ein Citat, das der Hauptsache nach eine Wiedergabe von Mt. III 11 ist, aber ausgeglichen mit den Parallelstellen aus Mc., Lc., Jh.,[3]) so dass wir hier keinen festen Boden für die Kritik haben: es ist ein freies Citat, wahrscheinlich nach

---

1) Vgl. Massmann Skeireins S. 88 u. 89 Anmerk.
2) Vgl. über diesen Punkt W. Grimm, Zur Literatur der Runen S. 20. Massmann Skeireins S. 88 Anmerk. und O. Ohrloff, Die Bruchstücke vom alten Testament der gotischen Bibelübersetzung. Halle 1876.
3) S. über diese Stelle Bernhardt, Vulfila S. 1.

dem Gedächtnisse, zumal der Kommentar des Cyrillus Alex., dem der Skeireinist im Gedankengang auch hier im wesentlichen folgt, das Citat nicht hat (s. editio Paris. p. 156 f.).

Skeir. VI am Schluss enthält den gotischen Text für Mt. V 8 *audagai thai hrainjahairtans, unte thai guth gasaihvand* = μακάριοι οἱ καθαροὶ τῇ καρδίᾳ, ὅτι αὐτοὶ τὸν θεὸν ὄψονται. Die Stelle entspricht so genau wie möglich sowohl dem griechischen Text, als auch dem gotischen Sprachgebrauch. Über das Compositum *hrainjahairts* s. Germania XXVI (N. R. XIV) S. 171 und über den Ersatz des Futurums durch *ga* — Wissenschaftliche Monatsblätter 1875 Nr. 11.

Joh. I 29 (Skeir. I) *sai sa ist vithrus guths saei afnimith fravaurht thizos manasedais* = ἴδε ὁ ἀμνὸς τοῦ θεοῦ ὁ αἴρων τὴν ἁμαρτίαν τοῦ κόσμου. Origenes giebt die Stelle einige Male mit οὗτός ἐστιν, das ist aber für den gotischen Text, der zu Anfang beide griechischen Lesarten vereinigt, von keinem Belang. Im CA ist Joh. XIX 5 ἴδε ὁ ἄνθρωπος mit *sa ist sa manna* übersetzt, jedoch eine Vereinigung beider Übersetzungen lässt sich nicht Interpolation vermuten. Da nun dieses Citat ein solches ist, das der Skeireinist der Auslegung zu Grunde gelegt hat, so ist anzunehmen, dass er es genau seiner Bibel entlehnt haben wird; wir haben also hier eine Bestätigung der obigen Wahrnehmung, dass der Bibeltext des Skeireinisten eine interpolierte Recension der gotischen Übersetzung repräsentierte. *Afnimith* erinnert an die lateinischen Übersetzungen *tollit, tollet; aufert, auferet* (die letzteren bei mehreren Kirchenvätern: Irenaeus, Cyprianus, Julius Firmicus).

Joh. III 3. 4. 5 sind in Skeir. II so erhalten, dass sie kaum einen nennenswerten Anstoss geben. Joh. III 3 *niba saei* = ἐὰν μήτις ist durchaus nicht auffallend, wie sich aus den von mir in der Germania XXVI (N. R. XIV) S. 157 gebrachten Nachweisen ergiebt. Der Vers 4 wird zweimal citiert, das erste Mal in genauer Übereinstimmung mit den griechischen Texten und das zweite Mal so, dass *gabairan* hinter *visands* zu stehen kommt: nichts weiter als ein Versehen des Abschreibers, vielleicht dadurch veranlasst, dass der Schreiber der Vorlage es ausgelassen und ein Leser es an den Rand geschrieben hatte. Die orthographische Variante in beiden Citaten *jag gabairaidau* = *jah gabairaidau* zeigt nur, wie man auch in der Zeit, da die Handschrift geschrieben wurde, noch in der Assimilation schwankte. Schliesslich ist die Änderung der Konstruktion durch das Verbum finitum *gabairaidau* auch nichts Ungewöhnliches bei Ulfilas, vgl. Lc. XVII 25. XIX 12. Wegen des fehlenden Infinitivs des Praesens im Passiv konnte γεννηθῆναι überhaupt wörtlich nicht übersetzt werden.

Joh. III 23. 24. 25 sind in Skeir. III überliefert: *[vatna ma]naga vesun jainar, tharuh qemun jah daupidai vesun; ni nauhthanuh galagiths vas in karkarai Johannes. Thathroh than varth sokeins us siponjam Johannes mith Judaium bi sviknein* = [ὕδατα] πολλὰ ἦν ἐκεῖ, καὶ παρεγίνοντο καὶ ἐβαπτίζοντο· οὔπω γὰρ ἦν βεβλημένος εἰς τὴν φυλακὴν ὁ Ἰωάννης. ἐγένετο οὖν ζήτησις ἐκ τῶν μαθητῶν Ἰωάννου μετὰ Ἰουδαίου (der Pluralis Ἰουδαίων im Sinait. in G $A^a\Pi^a$, einigen Minuskelhandschriften, it. vg.) περὶ καθαρισμοῦ. Auffallend erscheint zunächst *tharuh* als Übersetzung von κat. Diese Übersetzung findet sich noch einmal in einem Citat der Skeireins (VIII) aus Joh. VII 45 (gleichlautend im C A), ferner Joh. IX 2 im C A; sodann ist *tharuh sai* = καὶ ἰδού Lc. VII 12. 37, *tharuh* allein = καί Lc. Mt. IX 3. Lc. II 25 und *tharuh* = ἰδού Mt. IX 18;[1]) daraus ergiebt sich eine völlige Übereinstimmung mit dem Sprachgebrauch des C A. — Auch das darauf folgende *qemun* = παρεγίνοντο ist eine Übersetzung, wie sie auch sonst in den Bibelfragmenten häufig ist und nach dem Lateinischen gewählt (it. vg. haben hier teils *et veniebant* [a b d vg.] teils *et adveniebant*); man vergl. Mc. I 11 (Lc. III 22 καὶ φωνὴν ἐξ οὐρανοῦ γενέσθαι — jah stibna us himina varth, it. vg. vox — facta est, dagegen Mc. I 11 haben die beiden Italatexte a f *vox* — *venit*, womit Ulfilas übereinstimmt). Joh. VI 19. 25. 2. Tim. I 17. Mc. XIV 43. Lc. VII 4. 20.

---

1) Ausführlicheres über den Gebrauch von *tharuh* s. in meiner Abhandlung „Über die gotischen Konjunktionen, welche οὖν und γάρ vertreten" (Programm des Königl. Friedrichskollegiums 1881), S. 12 f.

VIII 19. XIV 21. XIX 16. 1. Cor. XVI 3 u. e. a. An allen diesen Stellen lässt sich in gleicher Weise die Berücksichtigung des Lateinischen konstatieren, so dass die obige Johannesstelle durchaus im Einklang damit steht. — So ist ferner die Wortstellung *galagiths vas* mit der lateinischen Übersetzung *missus fuerat* in Übereinstimmung. — Die Auslassung von *auk* = γάρ ist sicher nur Flüchtigkeit des Abschreibers. — Die Übersetzung von οὖν mit *thathroh than* ist zwar eine seltene, kommt aber gerade im Johannesevangelium noch einmal vor, XVIII 7 *thathroh than ins aftra frah* = πάλιν οὖν ἐπηρώτησεν αὐτούς (so in A B u. m. a., ferner in e f der Itala).[1]) — Der Pluralis *mith Judaium* steht nicht in Übereinstimmung mit den griechischen Texten, zu denen Ulfilas sonst in den Evangelien hinneigt, nämlich ΑΓΔΛΠ, die den Singularis μετὰ 'Ιουδαίου haben, da aber in anderen griechischen Texten und besonders in der Itala der Pluralis steht, so verliert diese Stelle ihre Bedeutung. — Noch zwei Worte des Citats, die sonst in den Bibelfragmenten nicht vorkommen, bedürfen einiger Erörterung, *sokeins* und *svikneins*. Statt des ersteren wird ζήτησις mit *sokns* übersetzt (1. Tim. I 4. VI 4. 2. Tim. II 23), aber eine genaue Prüfung dieser Stellen und Vergleichung mit der Johannesstelle zeigen, dass die beiden gotischen Ausdrücke, wo sie stehen, durchaus an der richtigen Stelle sich befinden und durchaus nicht mit einander vertauscht werden könnten. Denn *sokns* bedeutet gemäss seiner Ableitung von *sakan* das Rechthaben, die Rechthaberei, *sokeins* aber ist die Substantivierung des kausativen Verbums *sokjan* und bezeichnet dementsprechend in derselben Begriffssphäre die Thätigkeit eines, der darauf aus ist, dass etwas klargestellt werde, das Disputieren, die Unterredung.[2]) Wenn daher *sokeins* auch sonst nicht bei Ulfilas vorkommt, so liegt das eben daran, dass keine andere Stelle des vorhandenen Textes dieses Wort forderte: die feine Unterscheidung der Begriffe gehört aber zu den hervorragenden Eigentümlichkeiten der gotischen Bibelübersetzung. Ähnlich wie bei *sokeins* liegt die Sache nun bei *svikneins*. Es giebt hier drei Worte desselben Stammes: *sviknei*, *sviknitha* und *svikneins*; das erste übersetzt ἁγνεία und ἁπλότης, das zweite ἁγνότης und ἁγνεία und das letzte an der obigen Stelle καθαρισμός. Allen drei Worten gemeinsam ist die Beziehung auf das Ethische, während das griechische καθαρισμός jede Reinigung bedeutet und daher in den Fällen, wo dieselbe nur den Körper betrifft, im Gotischen mit *hraineins* oder *gahraineins* wiedergegeben wird. Unter ihnen aber bezeichnet *svikneins* die Thätigkeit des Reinigens, *sviknitha* das Gereinigtsein und *sviknei* den Zustand der Reinheit als einen bleibenden. Auch hier zeigt sich, wie die Worte an jeder Stelle nur so, wie sie gewählt sind, dem Sinne des Zusammenhangs entsprechen, dass also auch in dem obigen Citat aus dem Johannesevangelium *svikneins* durchaus an seinem Platze ist.

    Joh. III 26 (Skeir. IV) hat nichts Auffallendes, weder im Vergleich mit dem griechischen Text, noch hinsichtlich des gotischen Sprachgebrauchs.

    Joh. III 29. 30. 31. 32 (Skeir. IV) enthält auch nur wenig Bemerkenswertes. *Minznan* (V. 29) ist zwar ἅπαξ λεγόμενον, aber nach der Analogie von *blindnan*, *dumbnan*, *managnan*, *mikilnan* u. ä. von *mins* abgeleitet, das griechische ἐλαττοῦσθαι (lat. min-uere) wiederzugeben. V. 32 entspricht das *jah* am Anfang dem καί in ΑΓΔΛΠ (c f ff² g q vulg.), und dieses sind wiederum die griechischen Texte, denen die gotische Übersetzung sich anschliesst. In demselben Verse entspricht *thata* dem τοῦτο, das in allen griechischen Texten ausser in Sinait. D steht. Die Wortform *veitvodida* für *veitvoditha* zeigt nur einen Lautwandel, keine Textvariante.[3])

    Joh. V 21. 22. 23 (Skeir. V) ist ohne Anstoss. *Liban gataujan* (V. 21) im Vergleich zu Joh. VI 63, wo dasselbe griechische Verbum ζωοποιεῖν mit *liban taujan* übersetzt ist, zeigt wiederum, wie scharf der Übersetzer den Sinn der einzelnen Stelle ins Auge fasste: *gataujan*

---

1) Vgl. meine Abhandlung „Über die gotischen Konjunktionen, welche οὖν und γάρ vertreten" S. 12.
2) Vgl. Grimm's Lexikon Graeco-latinum in libros novi testamenti s. v. ζήτησις.
3) Vgl. darüber Bernhardt, Vulfila z. d. Stelle im Bibeltext; GL Grammatik § 50. Braune, Got. Grammatik § 74 Anmerk. 1.

hat kollektivische Bedeutung, denn viele Wesen sind es, die Gott Vater und Sohn aus dem Tode zum Leben erwecken, während Joh. VI 32 nur vom Einzelindividuum handelt. In den Episteln hat die gotische Bibel bereits ein eigenes Wort für den zusammengesetzten Begriff.[1]) Die Auslassung von *auk* = γάρ zu Anfang des V. 22 ist nur Ungenauigkeit des Citats; die doppelte Negation in demselben Verse ist nicht ungewöhnlich (vgl. Bernhardt zu Mc. XV 4, wo zu den citierten Stellen noch 2. Cor. V 16 hinzuzufügen ist).

    Joh. V 35—38 (Skeir. VI) zeigt einige Besonderheiten. Auffallend ist zuerst die Übersetzung des Finalsatzes (V. 36) ἵνα τελειώσω αὐτά durch *ei ik taujau tho*. Bei der sonst überall hervortretenden scharfen Unterscheidung verwandter Begriffe durch Ulfilas ist es undenkbar, dass er die Nuance, die das Griechische enthält, unberücksichtigt gelassen haben sollte, τελειοῦν und τελεῖν werden aber sonst mit *ustiuhan* oder *usfulljan* übersetzt. Auch die lateinischen Texte geben das Griechische genau mit *ut perficiam ea* wieder. So bleibt nur die Annahme übrig, dass wir es hier mit einer Interpolation zu thun haben nach dem kurz darauffolgenden *thoei ik tauja*, worauf auch das gegen alle Texte zugefügte *ik* schliessen lässt. Das nächste *ik* (*thoei ik tauja*) ist jedoch nach ἐγώ in ΓΔΛΠ gesetzt, also nach den Texten, denen die Vorlage des Ulfilas nahe stand. Dieselbe Erscheinung liegt in V. 38 in der Stellung von *visando in izvis* vor, die dieselbe ist wie in ΑΔΓΔΛΠ. Noch bleibt zu erwähnen V. 37, wo mit Ausnahme von D alle griechischen Texte das Perfectum μεμαρτύρηκεν haben, die gotische Übersetzung aber das Praesens *veitvodeith* setzt. Das Zeugnis des Vaters, das nach den griechischen Texten Jesus als endgiltig geschehen hinstellt, ist nach der gotischen Übersetzung als jetzt und für alle Zeit geschehend zu denken. Die Auffassung hat Ulfilas dem Lateinischen entnommen, denn in den Italatexten a b c f l q steht auch das Praesens: *et qui* (a *quia*) *misit me* (a *me m.*) *pater ipse* (a *ille*) *testimonium perhibet de me* (a *de me test. dicit*). Mit diesen lateinischen Texten aber geht D (μαρτυρεῖ). Der Wechsel im Tempus gegenüber der griechischen Vorlage ist bei Ulfilas keine seltene Erscheinung, und es lässt sich auch hier wieder die Beobachtung einer ausgiebigen Benutzung der Itala machen; unter der grossen Anzahl von Stellen seien nur folgende erwähnt, die wie an der obigen Johannesstelle Praesens für griechisches Tempus der Vergangenheit haben. Lc. V 26 *thatei gasaihvam vulthaga* = ὅτι ἴδομεν παράδοξα (*videmus* nur in d; *vulthaga* ist ebenfalls nach der Itala übersetzt: a *mirifica*, e *praeclara*, die übrigen *mirabilia*). Joh. V 45 *du thammei jus veneith* = εἰς ὃν ὑμεῖς ἠλπίκατε[2]) (a c d e f *in quem vos speratis*). Joh. VIII 55 *jah ni kunnuth ina* = καὶ οὐκ ἐγνώκατε αὐτόν (e *non scitis eum*, f *nescitis eum*). Joh. XIV 7 *jah gasaihrith ina* = καὶ ἑωράκατε αὐτόν (e f m *et ridetis eum*). Phil. I 30 *thoei gasaihvith in mis* = οἷον εἴδετε ἐν ἐμοί (die lateinischen Texte haben hier durchweg nur *quale vidistis*).

    Hin und wieder sind ausserdem in dem Texte der Skeireins Anklänge an andere Bibelstellen enthalten, wie sie jeder Kommentar einer biblischen Schrift enthalten muss. Eine kritische Verwertung solcher Anklänge ist jedoch unthunlich, weil dieselben meistens nur aus einzelnen Worten bestehen und zu geringe Gewähr bieten, dass sie in Übereinstimmung mit einem vorhandenen Bibeltexte stehen.

    So ergeben sich aus den obigen Zusammenstellungen immerhin einige sichere Gesichtspunkte. Der Text der Citate ist im wesentlichen durchaus ulfilanisch, d. h. in Übereinstimmung mit den vorhandenen Fragmenten der gotischen Bibelübersetzung; wo nicht diese zur Vergleichung vorhanden sind, beweisen es die griechischen Texte und der gotische Sprachgebrauch. Selbst wo der Verfasser frei nach dem Gedächtnis citiert, geschieht es in den festen Ausdrücken der ulfilanischen Übersetzung. Andererseits, obwohl der Verfasser ein literarisch gebildeter Mann war — das beweist seine Benutzung griechischer Auslegungen — finden wir in den Bibelcitaten keine Spur sogenannter Textkritik, also einer absichtlichen Änderung des

---

1) Näheres über ähnliche Ausdrücke s. Germania XXVII (N. R. XV) S. 51—60.
2) Vgl. zu dieser Stelle Winer, Grammatik des neutestamentlichen Sprachidioms 7. Aufl. S. 256.

Textes nach griechischen oder lateinischen Handschriften. Denn selbst Joh. VI, 11 *samaleikoh than jah* könnte aus dem Gotischen nach einer Reminiscenz interpoliert sein, zumal ein *than* leicht auch ohne Vorgang einer griechischen Handschrift zugefügt wurde (z. B. Joh. XIII, 31). Alle die kleinen Abweichungen sind vielmehr geringe Textänderungen und Zusätze, die durch ehemalige Randglossen entstanden sein mögen. Immerhin aber repräsentierte der Bibeltext, der dem Skeireinisten vorgelegen, gegenüber dem CA und den Epistelhandschriften eine mehr interpolierte Textgestalt (nur an einer Stelle zeigte der CA eine Interpolation, wo der Bibeltext des Skeireinisten das Ursprüngliche enthielt), und wir könnten somit für das 5. Jahrhundert das Vorhandensein mindestens zweier gotischer Textrecensionen feststellen. Dass im 6. Jahrhundert verschiedene Recensionen existierten, beweisen die erhaltenen Bibelhandschriften und das bekannte Nachwort des Codex Brixianus der Itala (vgl. Germania XXVI, N. R. XIV S. 149).

Zum Investiturgesetz Gregors VII.

Von

E. Meyer.

Das erste der von Gregor VII. gegen die Laien-Investitur erlassenen Dekrete ist nicht in seinem Wortlaut überliefert. Das erste Gesetz, dessen Text vorhanden ist, finden wir Reg. IV, 22. Es lautete: .... ut conservanda deinceps in promovendis episcopis canonica et apostolica auctoritate, nullus metropolitanorum aut quivis episcoporum alicui, qui a laica persona donum episcopatus susceperit, ad consecrandum illum imponere manum audeat; nisi dignitatis suae honore officioque carere et ipse velit. Similiter etiam: ut nulla potestas aut aliqua persona de huiusmodi honoris donatione vel acceptatione ulterius se intromittere audeat, quod si praesumpserit, eadem sententia et animadversionis censura,[1]) quam beatus Adrianus papa in octava synodo de huiusmodi praesumptoribus et sacrae auctoritatis corruptoribus statuit atque firmavit, se astrictum ac ligatum fore cognoscat. Es wurde auf der französischen Provinzialsynode zu Autun im September 1077 veröffentlicht, hatte die französischen Verhältnisse im Auge und ist nicht in allgemein verbindlicher Form verkündigt worden.

Nach Berthold wurde auf der Fastensynode 1078 zu Rom zum ersten Mal die Laien-Investitur verboten: In laicos — data est sententia anathematis sive clericos, quicunque contra sacrorum canonum decreta episcopatus, abbatias, praeposituras, qualescunque ecclesias, decimas, vel qualescunque ecclesiasticas dignitates cuilibet clerico seu cuicunque personae juxta usurpationem suam antiquam in beneficium dare et, quod domino Deo prius canonica et ligittima traditione in proprietatem et servitium legaliter delegatum est, hoc quasi proprium quiddam et heriditarium laico et non consecrata Deo manu consecratis Deo altaris et ecclesiasticae dispensationis ministria procurandum et ordinandum contradere seu praestare omnino praesumpserint.

Ich ziehe diese Angabe Bertholds aus verschiedenen Gründen in Zweifel.[2]) Seine Nachrichten über die drei Synoden der Jahre 1078 und 1079 zeigen trotz ihrer scheinbaren Genauigkeit doch Verwirrung. 1. Das Datum III. Non. Mart. für die Eröffnung der Fastensynode 1078 ist unrichtig. Nach Reg. V, 14a wurde dieselbe am 27. Februar eröffnet. 2. Das Datum für den Schluss der Herbstsynode 1078 ist ebenfalls falsch, es war nicht der 9., sondern der 19. November (Reg. VI, 5b). 3. Die Dekrete „Ordinationes", „Sanctorum", „Quoniam multos", die Berthold der Synode von 1079 zuschreibt, gehören der Fastensynode von 1078 an, und das Datum für den Schluss der Synode von 1079, 3. März, bezieht sich gleichfalls auf die Fastensynode von 1078 (Reg. V, 14a und VI, 17a). Berthold giebt ferner die Anzahl der auf der Fastensynode 1078 anwesenden Bischöfe auf etwa 70 an, das Registrum dagegen zählt etwa 100.

---

1) Bann.
2) Anders Giesebrecht (Gesetzgebung der römischen Kirche. Münchener histor. Jahrbuch 1866). Meltzer deutet die Möglichkeit eines Irrtums Bertholds an, hält aber an seiner Angabe fest (Papst Gregor VII. und die Bischofswahlen).

Der Wortlaut der Beschlüsse derselben kann Berthold schwerlich vorgelegen haben, sonst würde er sie im Wortlaut mitgeteilt haben, wie er das bei den Beschlüssen der Herbstsynode thut. Nun ist ferner die oben mitgeteilte Nachricht in hohem Grade verworren, und es sind offenbar zwei ganz verschiedene Synodalbeschlüsse zusammengeworfen worden, die gar nicht zusammengehören. Den Laien wurde verboten, Bistümer, Abteien, Probsteien, Kirchen oder irgend welche kirchliche Würden an Geistliche zu verleihen. Den Geistlichen wurde verboten, Zehnten an Laien zu vergeben. Beides angeblich bei Strafe des Bannes. Offenbar sind von Berthold die Beschlüsse der Herbstsynode 1078 „Quoniam investituras" und „Decimas" zusammengeworfen und irrtümlich der Fastensynode zugeschrieben worden. Die Strafe des Bannes bezog sich dabei in dem ersten Fall auf die zuwiderhandelnden Geistlichen und im anderen auf die Laien, die die Zehnten behalten würden. In den Synodalakten Reg. V, 14a, wie in den anderen Quellen fehlt jede Nachricht über solche oder ähnliche Beschlüsse der Fasten-Synode von 1078.

Dass Gregor damals eine Erneuerung des Investiturgesetzes beliebt haben sollte, ist auch aus inneren Gründen sehr unwahrscheinlich. Der Papst befand sich damals in auffallend versöhnlicher Stimmung. Sein Streben war darauf gerichtet gewesen, in Deutschland selbst auf einem Reichstage die beiden streitenden Könige Heinrich und Rudolf vor seinem Richterstuhl erscheinen zu sehen. Diesen Gedanken gab er jetzt auf und überliess die Regelung der schwebenden Streitfrage seinen Legaten, er liess ferner wesentliche Milderungen eintreten, was die Exkommunikation derjenigen betraf, die wissentlich oder unwissentlich notgedrungen mit Gebannten Verkehr pflegen mussten, er gab mehreren französischen Bischöfen, die durch seinen allzu eifrigen Legaten Hugo von Dié abgesetzt waren, ihre Würde wieder und erkannte endlich Hausmann, Bischof von Speyer, obwohl er vom König die Investitur erhalten hatte, nachträglich als kanonisch an. Wie auffallend ist es ferner, dass auf der Fastensynode 1078 das Investiturgesetz mit Androhung des Bannes gegen Laien und Kleriker verkündet sein soll, während in dem Gesetz vom November desselben Jahres, wo Gregor bereits wieder sehr schroff auftrat, nur die ungehorsamen Geistlichen mit dem Bann bedroht werden!

Bertholds Irrtum erkläre ich mir so: Ihm war das Investiturgesetz Gregors von 1075 vollkommen unbekannt, ebenso wie das Zugeständnis, das Rudolf vor seiner Wahl den päpstlichen Legaten in betreff der freien kanonischen Wahlen gemacht hatte. Das korrekte Verhalten des Gegenkönigs bei der Wahl des Bischofs Wigold von Augsburg Ostern 1078 konnte er sich nur dadurch erklären, dass das Investiturverbot nicht erst im November, sondern schon im Februar 1078 verkündet sein musste.

Ich leugne auch, dass auf der Fastensynode 1078 irgend welche Beschlüsse über Kirchengüter gefasst worden sind. Dieselben gehören erst der Herbstsynode an. Berthold selbst spricht ja nur von Bistümern, Abteien, Probsteien, Kirchen, Zehnten und irgend welchen kirchlichen Würden. Der letzte mit „et quod" beginnende Teil seiner Nachricht ist nur die theologische Ausführung des Vorhergehenden. Der Brief Gregors an Bischof Hermann von Metz (Reg. VI, 5) vom 22. Oktober 1078 beweist in ausreichender Weise, dass solche Beschlüsse dort nicht gefasst worden sind. Gregor ermahnt den Bischof, nicht weiter Kirchengüter an seine Dienstmannen zu Lehen zu geben. Wäre nun ein derartiges Verbot auf der Fastensynode dieses Jahres erlassen worden, noch dazu mit Androhung des Banns gegen Zuwiderhandelnde, so würde doch Gregor es nicht unterlassen haben, den Bischof darauf aufmerksam zu machen. Die Absichten, mit denen sich Gregor damals in betreff der Kirchengüter trug, und die auf der Herbstsynode ihren Ausdruck fanden, sind in diesem Schreiben bereits angedeutet, das Verbot, Laien mit Kirchengut überhaupt zu belehnen, es sei denn mit Erlaubnis des Papstes oder des Metropoliten.

Zum ersten Male in allgemein verbindlicher Form verkündet und allgemein verbreitet wurde das auf der Herbstsynode 1078 erlassene Investiturgesetz. Dasselbe steht Reg. VI, 5b und lautet: Quoniam investituras ecclesiarum contra statuta sanctorum patrum a laicis personis in multis partibus cognovimus fieri et eo plurimas perturbationes in ecclesia oriri, ex quibus christiana religio conculcatur, decernimus: ut nullus clericorum investituram episcopatus, vel abbatiae vel ecclesiae de manu imperatoris vel regis vel alicuius laicae personae, viri vel feminae, suscipiat. Quod si praesumpserit, recognoscat, investituram illam apostolica auctoritate irritam esse, et se usque ad condignam satisfactionem excommunicationi subjacere.

Das letzte Investiturgesetz Gregors wurde auf der Fastensynode des Jahres 1080 verkündet. Es steht Reg. VII 14a und lautet: Sequentes statuta sanctorum patrum, — sicut in prioribus conciliis, quae Deo miserante celebravimus, de ordinatione ecclesiasticarum dignitatum statuimus — ita et nunc apostolica auctoritate decernimus ac confirmamus: ut, si quis deinceps episcopatum vel abbatiam de manu alicuius laicae personae susceperit, nullatenus inter episcopos vel abbates habeatur nec ulla ei ut episcopo seu abbati audientia concedatur. Insuper etiam ei gratiam sancti Petri et introitum ecclesiae interdicimus, quo usque locum, quem sub crimine tam ambitionis quam inobedientiae, quod est scelus idolatriae, cepit, resipiscendo non deserit. Similiter etiam de inferioribus ecclesiasticis dignitatibus constituimus. Item si quis imperatorum regum ducum marchionum comitum vel quilibet saecularium potestatum aut personarum investituram episcopatuum vel alicuius ecclesiasticae dignitatis dare praesumpserit, eiusdem sententiae vinculo se obstrictum esse sciat. Insuper etiam, nisi resipiscat et ecclesiae propriam libertatem dimittat, divinae animadversionis ultionem in hac praesenti vita tam in corpore suo quam ceteris rebus suis sentiat; ut in adventu Domini spiritus salvus fiat.

Ich wende mich nun dem ersten Investiturgesetz Gregors zu.

Dasselbe ist, wie schon gesagt, nicht in seinem Wortlaut erhalten, es fehlt in den Synodalakten. Gregor nimmt auf dasselbe wiederholt Bezug, so Reg. III. 10. IV. 22. V. 18. Ausserdem erwähnen dasselbe Arnulf von Mailand (Gesta archiep. Mediol. Mon. Germ. Scrpt. VIII) und Hugo von Flavigny in seiner Chronik (ebendaselbst). Der letzte giebt aber das Gesetz in der Form wieder, die es erst 1080 erhalten hat. In den deutschen Quellen bei Lambert, Bernold und Berthold fehlt jeder Hinweis auf dasselbe. Es ist ihnen aus später zu erörternden Gründen vollkommen unbekannt geblieben. Allerdings bezeichnet Berthold zum Jahre 1076 die Besetzung von Paderborn und Utrecht durch König Heinrich als unkanonisch, aber nur deshalb, weil dieser damals im Bann war.

Arnulf setzt das Gesetz in unmittelbare Verbindung mit dem Mailänder Kirchenstreit zwischen Heinrich und Gregor. Die betreffende Stelle lautet lib. IV: .... papa habita Romae synodo palam interdicit regi jus deinde habere aliquid in dandis episcopatibus omnesque laicas ab investituris ecclesiarum summovet personas. Insuper facto anathemate cunctos regis clamat consiliarios, id ipsum regi communicati, nisi in proximo huic oboediat constituto. Dies ist die einzige genauere Nachricht, die wir über das erste Investiturgesetz Gregors haben.

Im wesentlichen aus dieser Stelle schliesst Meltzer auf den Inhalt desselben: 1. dass in demselben die bischöflichen Kirchen und die Person König Heinrichs besonders hervorgehoben waren, 2. dass wahrscheinlich in demselben eine Strafandrohung gegen die zuwiderhandelnden Laien, wenn auch vielleicht nur in verhüllter Form, enthalten war.

Allein es ist doch immerhin misslich, aus dieser ziemlich allgemein gehaltenen Nachricht Arnulfs, dem der Wortlaut des Gesetzes schwerlich bekannt war, so bestimmt auf den Inhalt desselben zu schliessen. In erster Linie handelte es sich ja immer um bischöfliche Kirchen. Indessen ist doch Reg. IV. 22, wo Gregor auf das erste Investiturgesetz Bezug nimmt, von Kirchen im allgemeinen die Rede: „decretum nostrum de prohibitione huiusmodi investiendi et accipiendi ecclesias." Naturgemäss richtete sich auch ein Gesetz, das die Laieninvestitur untersagte, vor allem gegen das Haupt der christlichen Laienwelt, den deutschen König, aber dass dessen Person in demselben noch besonders hervorgehoben worden sei, möchte ich nicht glauben, es war aller inneren Wahrscheinlichkeit nach ebenso allgemein gehalten wie die folgenden. Und wenn Gregor äussert (Reg. III. 10), gerade von Heinrich habe er vor allen anderen Achtung vor seinem Gesetz erwarten zu können geglaubt, so geschah dies doch nicht deshalb — wie Meltzer annimmt — weil der König besonders bezeichnet war, sondern — Gregor selbst sagt es — weil dieser die anderen Laien nicht nur an Ruhm, Ehre und Tugend, sondern auch durch Ergebenheit gegen Christus hätte übertreffen sollen.

Auch in dem zweiten Punkte teile ich Meltzers Ansicht nicht. Ich nehme vielmehr mit Giesebrecht (Geschichte der deutschen Kaiserzeit Bd. III. S. 260 und Gesetzgebung der römischen Kirche a. a. o. S. 128 f.) an, dass in dem ersten Investiturgesetz Gregors eine Bedrohung der zuwiderhandelnden Laien nicht enthalten gewesen ist. Was Arnulf über den Inhalt desselben mitteilt, ist nur, dass Gregor dem Könige jedes Recht abgesprochen habe, Bistümer zu vergeben, und dass er überhaupt jede Laieninvestitur verboten habe. Das folgende insuper u. s. w., die Räte des Königs seien gebannt worden, und auch der König sei mit dem Bann bedroht worden, wenn er nicht sofort sich dem päpstlichen Verbot fügen werde, stand doch nicht mehr in dem Gesetz, sondern soll dem König mündlich oder schriftlich übermittelt worden sein. Man könnte einwenden, der Papst würde nicht in solcher Weise gegen Heinrich vorgegangen sein, wenn nicht in seinem Gesetz eine solche Drohung bereits ausgesprochen worden wäre. Allein Arnulfs Angabe widerspricht durchaus den besten Überlieferungen. Weit entfernt, den König mit dem Bann zu bedrohen, liess Gregor demselben vielmehr sogleich durch seine „Getreuen" mitteilen, er solle sich nicht beunruhigen, er sei zu Milderungen des Dekrets bereit. In den Schreiben, die Gregor bis gegen das Ende des Jahres an den König gerichtet hat, ist von dem Investiturverbot überhaupt nicht die Rede. Der Papst lobt den König wegen seines gegen Simonisten und unkeusche Priester bewiesenen Eifers (Reg. III. 3), ja, er nimmt sogar seine Mitwirkung bei der Besetzung des Bamberger Bistums in Anspruch. Erst in dem Schreiben Reg. III. 10, das, wie Floto (Kaiser Heinrich IV. und sein Zeitalter. Bd. 2. S. 71) nachgewiesen hat, vom 8. Dezember 1075 und nicht, wie überliefert ist, vom 8. Januar 1076 datiert ist, ist zum ersten Mal von dem Investiturgesetz die Rede. Es ist das letzte Schreiben, das Gregor an den König gerichtet hat, und es enthält gewissermassen sein Ultimatum. Sein Inhalt widerlegt Arnulfs Angabe ebenfalls. Der Papst tadelt den König, weil er seine gebannten Ratgeber nicht entlassen hat. Dadurch verfiel nun dieser von selbst dem Banne. Deshalb wird er ermahnt, sogleich einem frommen Bischof zu beichten, der ihm eine geeignete Busse auferlegen und ihn absolvieren werde. Dann hält er dem König seine Übertretung des Investiturgesetzes vor. Würde er es nun wohl unterlassen haben, denselben auf die darauf gesetzte Strafe des Banns aufmerksam zu machen, wenn eine solche wirklich angedroht gewesen wäre? Der König soll Absolution nachsuchen, nicht weil er gegen das Investiturverbot gefehlt hat, sondern weil er den Verkehr mit seinen gebannten Ratgebern nicht gemieden hat.

Ich nehme mit Giesebrecht an, dass das erste Investiturgesetz Gregors sich in seiner Form mehr dem im November 1078 verkündeten näherte, als der strengeren Fassung, die dasselbe auf der Fastensynode 1080 erhielt.

Eine andere Frage ist, auf welcher Synode dieses Gesetz Gregors erlassen worden ist. Abweichend von der bisherigen Annahme, nach der dies auf der Fastensynode 1075 geschehen ist, schreibt Ranke (Weltgeschichte Bd. 7, S. 254) das Gesetz bereits der Synode des Jahres 1074 zu. Diese Annahme lässt sich aber nicht halten. Allerdings wird sie durch die Angaben Hugos von Flavigny gestützt. Aber er schrieb seine Chronik erst 1090 und ist, wie schon vorher berührt wurde, hier nicht unbedingt zuverlässig. Meltzer bemerkt (a. a. O. S. 64), dass schon jüngere Zeitgenossen Beschlüsse späterer römischer Synoden Gregors auf die Synode von 1074 zurückgeführt haben. Arnulf hat die Synode von 1075 im Auge. An die oben erwähnte Notiz schliesst sich mit „his diebus" der Bericht über den grossen Brand, der Mailand im März 1075 verheerte. Ebenso weist die Erwähnung der Exkommunikation der königlichen Ratgeber auf das Jahr 1075 hin.

Zu dem bereits erwähnten Schreiben Gregors an Heinrich (Reg. III. 10) heisst es an der Stelle, wo sich der Papst auf das Investiturgesetz bezieht: „Congregata namque hoc in anno apud sedem apostolicam synodo . . . ." Der Brief ist vom 8. Januar 1076 datiert. Die Datierung ist aber unzweifelhaft unrichtig; denn die Synode des Jahres 1076 fand vom 14. bis 22. Februar statt (Reg. III. 10a). Es ist schon oben erwähnt worden, dass Floto mit Sicherheit nachgewiesen hat, dass jenes Schreiben vom 8. Dezember 1075 datiert gewesen ist. Ist Rankes Annahme richtig, so muss Reg. III. 10 nicht 1075 oder 1076, sondern 1074 geschrieben sein. Das ist aber nicht möglich. Nach Reg. II. 38, datiert vom 22. Dezember 1074, nimmt Gregor für die Besetzung des erledigten Bistums Fermo die Mitwirkung des Königs in Aussicht. Reg. III. 10 aber wird dem Könige gerade die Besetzung von Fermo zum Vorwurf gemacht. Also kann dieses Schreiben nicht mehr 1074 verfasst sein. Ferner tadelt Gregor in demselben den König wegen seines Verkehrs mit seinen gebannten Ratgebern und erwähnt die Botschaft, die er durch die Mutter des Königs, Agnes, und die Bischöfe Gerald von Ostia und Humbert von Praeneste an diesen gelangen liess. Es war dies nach Ostern 1074. Damals versprachen nach Bernold (zum Jahre 1074) die gebannten Räte des Königs eidlich den Legaten, alles simonistisch erworbene Kirchengut zurückzugeben und wurden dann vom Bann gelöst. Auf der Fastensynode 1075 erging nun aber eine neue Sentenz gegen dieselben, sie sollten als gebannt gelten, wenn sie nicht bis zum 1. Juni des Jahres nach Rom kommen und Genugthuung leisten würden. Wenn nun Reg. III. 10 diese Ratgeber als gebannt bezeichnet, kann dieses Schreiben erst nach dem 1. Juni 1075 und nicht schon 1074 abgefasst sein. Das erste Investiturgesetz Gregors ist auf der Fastensynode 1075 (24. bis 28. Februar) erlassen worden.

Eine andere Frage betrifft die Art und den Umfang, in welchem dasselbe von Gregor veröffentlicht und verbreitet worden ist.

Nun steht fest: 1. Das Gesetz fehlt in den Synodalakten (Reg. II. 52. a). 2. Bis auf Arnulf ist dasselbe allen gleichzeitigen Quellen, namentlich den deutschen, Lambert, Berthold, Bernold, unbekannt. Berthold ist sonst über die Fastensynode von 1075 gut unterrichtet und meldet, dass die Beschlüsse derselben teils schriftlich, teils mündlich den verschiedenen Kirchen mitgeteilt worden sind. 3. In den Schreiben Gregors, in denen er auf die Beschlüsse der Fastensynode hinweist und zu ihrer Befolgung ermahnt, fehlt jeder Hinweis auf das Investiturgesetz (Ep. coll. 3. 4. 5. Reg. II. 55. 61. 62. 66. 67. 68). 4. Die Bischöfe Hausmann von Speier, Gerhard von Cambrai und Heinrich von Aquileja haben eidlich versichert, zur Zeit ihrer Erhebung von dem Investiturgesetz keine Kenntnis gehabt zu haben.

Fast sieht es also danach aus, als habe Gregor dasselbe zunächst geheim halten wollen. Diese Ansicht vertritt Floto (a. a. O. Bd. 2. S. 57): „Gregor liess es nicht etwa bekannt machen, noch weniger machte er es dem Könige bekannt, der aber davon erfuhr, denn einige seiner Getreuen waren auf der Synode zugegen." Das ist nicht richtig. Floto hat, wie schon Giesebrecht bemerkt, die betreffende Stelle in Reg. III. 10 missverstanden. Genau das Gegenteil steht dort, Gregor liess dem Könige auf der Stelle das Investiturgesetz mitteilen und zwar eben durch jene „Getreuen".

Aber auch sonst ist an eine Geheimhaltung desselben durch den Papst nicht zu denken, denn derselbe setzt die Bekanntschaft mit ihm wiederholt voraus. Wenn er in dem vom 20. Juli 1075 datierten Schreiben an den Erzbischof Siegfried von Mainz (Reg. III. 2) diesen auffordert, für die Besetzung des Bamberger Bistums Sorge zu tragen „secundum sanctorum instituta patrum", so hat er dabei unzweifelhaft das Investiturgesetz im Auge, dessen Kenntnis er also bei dem Erzbischof voraussetzt. Und wenn die Bischöfe Gerhard von Cambrai und Heinrich von Aquileja eidlich vor einer Synode versichern mussten, dass sie das Gesetz nicht gekannt hätten, als sie vom Könige die Investitur erhielten, so ist auch das ein Beweis, dass der Papst dasselbe nicht geheim gehalten hat und seine Kenntnis voraussetzte. Was hätte sonst der Eid für einen Sinn gehabt?

Merkwürdig ist die Form des Eides, den Gerhard von Cambrai leistete. Gregor selbst schrieb ihn vor (Reg. IV. 22): „quod ei ante acceptationem illam et, ut dicitur, investituram episcopatus, regem excommunicatum fuisse, et illud decretum nostrum de prohibitione huiuscemodi investiendi et accipiendi ecclesias neque per legatum nostrum neque ab aliqua persona, quae se his statutis interfuisse et ea audisse fateretur, significatum et indubitanter notificatum fuisse." Danach ist allerdings eine offizielle, schriftliche Verkündigung und Verbreitung unterblieben, wohl aber hat, wenn auch nur in beschränktem Umfange, eine Verbreitung auf mündlichem Wege durch Legaten und andere Vertrauenspersonen stattgefunden. Gerhard und Hausmann leugnen denn auch nur, eine offizielle Kenntnis des Investiturgesetzes gehabt zu haben. Das bedeuten doch Gerhards Worte: se neque decretum .... de prohibitione huiuscemodi acceptionis nec ipsum Heinricum regem .... excommunicatum fuisse, aliqua certa manifestatione cognovisse. In demselben Sinne sind denn auch die auf Hausmann von Speier bezüglichen Worte Gregors zu verstehen (Reg. V. 18) „decretum nostrum .... pro certo non cognovisti". Nicht anders wird aller Wahrscheinlichkeit nach die eidliche Versicherung Heinrichs, des Patriarchen von Aquileja, gelautet haben, die dieser nach Berthold auf der Synode 1079 abgab.

Die Frage, warum Gregor Jahre lang eine offizielle allgemein verbindliche Verkündigung des Investiturgesetzes unterliess, hängt aufs innigste zusammen mit der anderen Frage, welche Zwecke der Papst mit demselben verfolgte. Die Tragweite des Investiturgesetzes war eine ungeheure, wenn die äussersten Konsequenzen desselben gezogen wurden. Ich citiere darüber Rankes Urteil (a. a. o. S. 250): „Es war im Vorhaben, welches eine beinahe revolutionäre Tragweite in sich schloss, die der Vereinigung mit dem geistlichen Element Heinrich II. einst dem Beispiele seiner Vorgänger gemäss die Einheit des Reichs gegründet hatte. In den Händen der Bischöfe befand sich die Macht der Administration und grossenteils auch die militärische, die beide vereint das Reich zusammenhielten. Welch ein Unternehmen nun war es, diese Bischöfe von dem Kaisertum loszureissen! Das ganze Reich musste dadurch in eine innere Gärung geraten, und der Nerv der Regierung vom Kaisertum auf das Papsttum übergehen." Dass das Gesetz eine grosse Tragweite habe, erkannte man sehr wohl auch schon damals, sofort nach seinem Erlass. Nach Gregor wurde es von manchen, natürlich Anhängern des Königs, bezeichnet als „importabile pondus et immensa gravitudo", während er selbst es theologisch „recuperandae salutis necessaria veritas et lux" nennt.

Aber es kam doch sehr darauf an, wie das Gesetz ausgelegt wurde, und ob Gregor gewillt war, seine letzten Konsequenzen zu ziehen. Dasselbe trug einen doppelten Charakter, einen rein kirchlichen und einen politischen. Einmal handelte es sich um die Beseitigung des königlichen Ernennungsrechts und seine Ersetzung durch eine freie kanonische Wahl durch Geistlichkeit und Laien und dann um den der Kirche vom Staat und von Privaten verliehenen weltlichen Besitz und die Lehnspflichten, die diese dafür schuldete.

Übrigens bestand auch neben dem königlichen Ernennungsrecht ein Wahlrecht von Klerus und Laien. Lehrreich ist der Bericht Lamberts über die Besetzung des Erzbistums Köln und der Abteien Fulda und Lorsch 1075/76. Diese Fälle sind typisch. In einem Falle übte der König einfach das Recht der Ernennung aus, ohne Klerus und Laien zu befragen. So geschah es nach Lambert in Lorsch: Mönche und Lehnsleute der Abtei kommen zur Wahl an den Hof. Ihre Absicht ist, den Probst zum Abt zu wählen, und sie zweifeln nicht an der Zustimmung des Königs. Da zieht derselbe einen andern Mönch desselben Klosters, namens Adalbert, plötzlich bei der Hand hervor und übergibt dem sprachlos Erstaunten den Hirtenstab. In einem anderen Fall nahm der König an der Wahl selbst teil, gab zuerst seine Stimme ab und designierte so den Mann seines Vertrauens. So geschah es in Fulda: Der König hält zur Wahl eines Abtes mit den Fürsten Rat. Wetteifernd drängen sich Mönche und Äbte mit simonistischen Bewerbungen an ihn heran. Ihr schamloses Treiben erweckt seinen Widerwillen, und er ruft plötzlich einen Hersfelder Mönch Ruzzelin in die Mitte der Versammlung, übergiebt dem aufs höchste Erstaunten den Hirtenstab, giebt ihm zuerst seine Stimme und bittet dann die Wähler, Mönche und Lehnsleute, in seine Wahl zu willigen. Dies geschieht. Wieder in einem andern Fall designiert der König seinen Kandidaten und nötigt ihn den Widerstrebenden auf. So war der Hergang bei der Wahl in Köln 1075/76. Der König designiert den Domherrn Hildolf von Goslar zum Erzbischof. Die erschienenen Wähler weigern sich, ihn zu wählen, und werden ungnädig mit dem Bescheide entlassen, sich besser beraten am 6. März in Goslar wieder einzufinden, sie sollen in keinem Fall einen anderen Erzbischof erhalten, so lange er, der König, lebe. Gehorsam stellten sich zur festgesetzten Zeit die Wähler in Goslar wieder ein. Von den Geistlichen waren nur drei erschienen, von den Lehnsleuten auch nur wenige. Der König übergiebt das Erzbistum dem Hildolf. Die Gekommenen befragt er kaum in verächtlicher Weise, und sie würden zum Gespött geworden sein, wenn sie nicht sofort mit lautem Zuruf beigestimmt hätten. Oft auch bestätigte der König die vorangegangene Wahl der Geistlichen und Laien. So war der Hergang bei der Wahl der Bischöfe Gerhard von Cambrai und Heinrich von Aquileja. Ich kann hier Meltzer nicht zustimmen, dass ein solches Wahlverfahren ein novum war und eine Rücksichtnahme auf das Investiturverbot involvierte. Schon lange vorher fand 1066 nach Bernold in Besançon eine Wahl unter gleichen Verhältnissen statt: „Hugo, Erzbischof von Bisant, starb, und ihm wird ein von den Brüdern erwählter Domherr derselben Kirche zum Nachfolger gegeben."

In jedem Fall war der königliche Einfluss der massgebende und kam im ganzen auf ein Ernennungsrecht hinaus, die Wahl war nur Form, da der König seine Bestätigung versagen konnte. Kein Wunder also, dass Gregor weder Gerhard noch Heinrich als kanonisch gewählte Bischöfe anerkennen wollte.

Auch ganz abgesehen von den politischen Konsequenzen war es ein unerhörter Übergriff, als Gregor einseitig das königliche Recht der Ernennung, das bis dahin geltend gewesen war, durch sein Investiturgesetz aufhob. Auch heute, wo die Bischöfe längst ihrer staatlichen Hoheitsrechte entkleidet sind, würde keine irgendwie starke Staatsgewalt sich ihres Rechtes, bei der Besetzung kirchlicher Ämter mitzusprechen, freiwillig begeben.

Man muss indessen zugeben, dass Gregor weder zunächst noch später sich gewillt zeigte, das Investiturgesetz in seiner ganzen Schärfe durchzuführen. Es steht fest, dass er bereit war, Milderungen eintreten zu lassen. Wir wissen das aus seinem eigenen Munde. Die betreffende Stelle steht Reg. III 10: „Attamen ne haec supra modum tibi gravia aut iniqua viderentur, per tuos fideles tibi mandavimus, ne pravae consuetudinis mutatio te commoveret, mitteres ad nos, quos sapientes et religiosos in regno tuo invenire posses, qui si aliqua ratione demonstrare vel adstruere possent, in quo salvo aeterni Regis honore et sine periculo animarum nostrarum promulgatam sanctorum patrum possemus temperare sententiam, eorum consiliis condescenderemus."

Meltzer äussert sich darüber in folgender Weise (a. a. O. S. 96): „Man führe nicht die Botschaft des Papstes an Heinrich IV. und ihren anscheinend so versöhnend gefassten Antrag an! ... ohne alle Vermittelung wohlerworbene Rechte für nichtig erklären und dann sich zur Verständigung über den Streitpunkt bereit stellen, falls man eines besseren überwiesen werden könne, während man doch zugleich die Grundsätze, aus denen das Verbot unmittelbar hervorgeht, als unverbrüchlich festzuhaltendes Dogma predigt, das ist Heuchelei!" Das ist in der That ein hartes Urteil, das ich nicht unterschreiben möchte! Es lässt sich in keiner Weise nachweisen, dass es Gregor mit seinen Worten nicht ernst war. Wozu auch die Heuchelei! Heinrich hatte es verschmäht, den Weg der Verhandlungen zu betreten, mit welchem Recht zeigte sich der Papst darüber verletzt. Ja, der König hatte Gregor geradezu herausgefordert, als er in Fermo und Spoleto, die direkt zum Kirchensprengel von Rom gehörten, Bischöfe einsetzte, die nun der Papst als ihr Metropolit weihen sollte. Und doch wies dieser auch jetzt noch nicht jede Verständigung von der Hand. Er erklärte sich bereit, vorbehaltlich einer näheren Prüfung der Persönlichkeiten, die beiden Bischöfe zu weihen und so als kanonische anzuerkennen. Nicht nur seine Worte sind versöhnlich, auch seine Thaten. Aus keinen anderen Gründen auch hat er es unterlassen, sofort in offizieller Weise das Investiturgesetz zu publizieren und ihm weite Verbreitung zu geben, er wollte eben verhandeln und die Verhandlungen nicht unnötig erschweren. Meltzer äussert die Ansicht, Gregor habe durch Geheimhaltung des Investiturgesetzes oder durch Unterlassen einer offiziellen Publikation es vermeiden wollen, alle im Genuss ihrer Rechte Bedrohten zu vereintem Widerstande aufzurufen. Aber indem der Papst sein Gesetz sofort offen dem Könige, dem zumeist Bedrohten, mitteilte, gab er diesem doch die gefährliche Waffe gerade in die Hand, alle bedrohten Elemente zu vereintem Kampfe um sich zu scharen. Ferner wurde doch damals auch das Recht des Königs allein angetastet. Erst durch die Beschlüsse der Novembersynode 1078 „ut nulli episcopi" und „quicunque militum" wurden die Interessen der Bischöfe und der kleineren weltlichen Lehnsträger berührt, indem die letzten die vom Könige ihnen verliehenen Kirchengüter zurückzugeben angehalten wurden, jenen aber untersagt wurde, solche Güter ohne Erlaubnis des Papstes oder ihres Metropoliten zu Lehen zu geben.

Gregor liebte es, so scheint es, seine Ansprüche principiell festzustellen und dann Verhandlungen mit dem anderen Teil anzuknüpfen, wobei bei allem Festhalten am Princip sehr wesentliche Zugeständnisse praktischer Art möglich waren. Die Politik des „tolerari posse" hat Gregor oft geübt, und er war weit davon entfernt, als Mann des Princips unbekümmert um die Gewalt entgegenstehender Verhältnisse seine theoretischen Ansprüche gleich und überall rücksichtslos durchsetzen zu wollen; er verstand es sehr wohl, den Zeitumständen Rechnung zu tragen — temporum rationem habere. Er milderte die strengen kirchlichen Strafbestimmungen gegen diejenigen, welche, durch die Verhältnisse gezwungen, den Verkehr mit Gebannten nicht meiden konnten und so selbst dem Bann verfielen. Die bezeichnenden Worte des Dekrets lauten (Reg. V. 14a) ... anathematis sententiam ad tempus, prout possumus, opportune temperamus. Man vergleiche ferner den höchst charakteristischen Anfang von Reg. V, 17: Quia consuetudo sanctae Romanae ecclesiae, cui Deo auctore licet indigni deservimus, est: quaedam tolerare quaedam etiam dissimulare, discretionis temperantiam potius quam rigorem canonum sequentes .... Ich verweise ferner auf Ep. coll. 51. Leider sind von diesem Schreiben nur die einleitenden Worte und die kurze Inhaltsangabe überliefert. Sie lautet: „Altmanno episcopo Pataviensi rigorem canonum pro tempore flecti permittit." Dass etwaige Zugeständnisse auch wieder zurückgenommen werden konnten, wenn die Gunst der Umstände dies erlaubte, verstand sich freilich von selbst. Charakteristisch sind dafür die an den Erzbischof Manasse von Rheims gerichteten Worte (Reg. VI. 2): „Ad id autem, quod de privilegiis dicitis, breviter interim respondemus: quod possunt quaedam in privilegiis pro re pro persona pro tempore pro loco concedi, quae iterum pro eisdem, si necessitas vel utilitas maior exegerit, licenter valent commutari."

War nun wirklich, wie Meltzer annimmt, eine Milderung des Investiturgesetzes in wesentlichen Punkten damals so ganz unmöglich, wonach die Kirche erhielt, woran ihr vor allen Dingen gelegen war, freie kanonische Wahlen, und dem König blieb, was des Reiches war, die Belehnung mit den staatlichen Hoheitsrechten, ein Verhältnis, wie es 1122 durch das Wormser Konkordat rechtliche Giltigkeit erhielt? Dieses unterschied scharf die spiritualia und die temporalia, diese dem Könige zuweisend, jene der Kirche vorbehaltend, und dabei schloss es eine gewisse Mitwirkung des Königs bei den Bischofswahlen nicht aus.

Auch Gregors Absicht war es anfangs nicht, eine solche vollkommen zu beseitigen, dafür spricht sein Verhalten bei den Wahlen in Bamberg 1075 und in Magdeburg 1079. Auf die erste beziehen sich die Schreiben Reg. III. 2. 3. 7 an König Heinrich und den Erzbischof Siegfried von Mainz. Die betreffenden Stellen der an Heinrich gerichteten Schreiben lauten (Reg. III. 3): „Nunc ergo excellentissime fili, sublimitatem tuam hortamur et pro nostrae sollicitudinis debito suademus: ut religiosorum consilio virorum eadem ecclesia ita secundum

Deum ordinetur, quatinus beati Petri, cuius et nomini et defensioni attitulata est, intercessione divinae merearis obtinere suffragia protectionis" und Reg. III. 7: „Unde rogavimus et ex parte beati Petri praecepimus et praecipimus, ut in praedicta ecclesia secundum Deum talis pastor ordinetur, qui quod fur et latro[1]) mactavit, Deo favente vivificet, et quod ille dissipavit, valeat resarcire." In dem Schreiben an den Erzbischof heisst es (Reg. III. 2): „Et ex parte beati Petri praecipimus: ut secundum sanctorum instituta patrum summopere procures in praedicta Babenbergensi ecclesia pastorem ordinare . . ."

Man mag über die Tragweite dieser Worte verschiedener Meinung sein. Giesebrecht überschätzt sie, wenn er sagt, Gregor scheine sein Verbot der Laieninvestitur vergessen zu haben, oder er habe darthun wollen, wie wenig er an demselben noch festzuhalten gesonnen sei. Gregor wahrt doch in deutlich wahrnehmbarer Weise das Princip, freilich mit einem bedeutsamen Unterschiede. In dem Briefe an Siegfried heisst es „secundum sanctorum instituta patrum". Diese Wendung fehlt in dem an den König gerichteten Schreiben und ist durch das viel allgemeinere „secundum Deum" ersetzt, ein Ausdruck, der absichtlich gewählt erscheint, das Princip zu wahren und doch den König nicht durch einen irgendwie bestimmt gehaltenen Hinweis auf das Investiturgesetz zu reizen. Ich möchte aber auch nicht mit Meltzer den Sinn jener Worte zu sehr abschwächen. Sicherlich sind sie gewunden und unbestimmt gehalten, aber soviel erhellt doch, die Staatsgewalt, der Gregor erst vor kurzem jedes Recht, bei der Besetzung der Bistümer mitzuwirken, bestritten hatte, wird nun von ihm selbst angerufen. Man empfängt doch nicht den Eindruck, als ob der Papst, wie Meltzer annimmt, den König nur hat bestimmen wollen, eine kanonische Wahl zuzulassen, als vielmehr, dass ihm vor allem daran gelegen war, dass durch den König an Stelle des abgesetzten unwürdigen Bischofs Hermann eine einwandsfreie Persönlichkeit dem erledigten Bistum vorgesetzt wurde. Jedenfalls konnte Heinrich die Worte des Papstes nur so auffassen, und nicht anders hat man sie sonst auch in Deutschland verstanden. Lambert berichtet, Gregor habe den König durch wiederholte Schreiben aufgefordert, der Bamberger Kirche einen Vorsteher zu geben. Bezeichnend ist auch, dass Gregor gegen die von Heinrich vollzogene Ernennung des Probstes Robert von Goslar zum Bischof von Bamberg, wenigstens so weit wir wissen, keinen Einspruch erhoben hat.

Ich greife nun vor und verweise auf das Verhalten Gregors bei der Besetzung des Erzbistums Magdeburg 1079. Es beziehen sich darauf die Schreiben Ep. coll. 26 und 27. Sie sind vom Februar 1079 datiert und an den Gegenkönig Rudolf gerichtet. Das Erzbistum Magdeburg war erledigt und infolge eingetretener Wirren noch nicht besetzt. Deshalb wendet sich Gregor an Rudolf. Er soll den Personen, die jene Wirren verursacht haben, entgegentreten. Dann heisst es weiter (Ep. coll. 26): . . . domus Dei dignum dispensatorem per ostium introducere, cum communi omnium religiosorum tam archiepiscoporum quam episcoporum nec etiam clericorum et laicorum consensu et electione procurate. Der Papst schlägt drei Kandidaten vor und führt dann fort: quorum unum me praecipiente et consentiente eligite et in archiepiscopum praenominatae ecclesiae ordinate. Zum Schluss erklärt er, nicht auf der Wahl einer jener Personen bestehen zu wollen, und hebt dann nachdrücklichst das Verbot der Laieninvestitur hervor. Das andere Schreiben (ep. coll. 27) giebt etwa dieselben Gedanken, nur in veränderter Form, wieder.

Man sieht, die Zeiten hatten sich geändert. In ganz anderer Weise als vier Jahre früher tritt Gregor auf. Er designiert die Kandidaten, wie wohl früher der König, und beansprucht nun die massgebende Stimme bei der Wahl. Das Investiturgesetz, dessen 1075 bei der Wahl in Bamberg nur in sehr allgemeiner, fast schüchterner Weise gedacht wird, wird jetzt auf das nachdrücklichste in Erinnerung gebracht. Aber selbst dem von der kirchlichen Partei erhobenen und gestützten Gegenkönig wird mit nichten ein Recht, bei der Wahl mitzuwirken,

---

[1]) Der abgesetzte Bischof Hermann.

abgesprochen. Wenn Meltzer darauf hinweist, dass in dem vorigen Fall, bei der Wahl in Bamberg, in den Briefen Gregors jeder Ausdruck vermieden war, der so gedeutet werden konnte, als wünsche der Papst die Mitwirkung des Königs bei der Wahl, so fällt dieser Einwand hier sicherlich fort. Procurate ... eligite sind Gregors Worte. Durch den Hinweis auf das Investiturverbot wurde das Princip der freien kanonischen Wahl festgehalten. —

Anfang 1076 erfolgte der endgiltige Bruch zwischen Heinrich und Gregor. Derselbe wurde keineswegs durch das Investiturgesetz und seine Verletzung durch den König herbeigeführt. Wir haben gesehen, in dem letzten Schreiben, das der Papst an Heinrich richtete (Reg. III. 10), tadelte er zwar den König wegen Nichtbeachtung seines Gesetzes, liess aber dennoch durchblicken, dass er auch jetzt noch zu Zugeständnissen bereit sei. Und es war denn auch nicht der Inhalt dieses Schreibens, sondern die mündlichen Aufträge der Gesandten, die den Zorn Heinrichs entflammten. Der Papst hatte durch diese den Königen erneut ernste Vorstellungen wegen seines unmoralischen Lebens gemacht und ihn mit Bann und Absetzung bedroht. Die Antwort des Königs waren die Synoden von Worms und Piacenza. Auf der ersten kündigten die meisten deutschen, auf der letzten die grosse Mehrzahl aller lombardischen Bischöfe dem Papste den Gehorsam auf. Darauf forderte Heinrich denselben auf, seine Würde niederzulegen. Nun machte Gregor seine Drohung wahr, er bannte den König und verhängte über ihn die Suspension.

Man sieht, die Investiturfrage trat hierbei vollkommen zurück, und so fehlt denn auch in den beiderseitigen Schriften, die den Grund des Konflikts darlegen, jeder Hinweis auf dieselbe. Heinrich führt folgende Beschwerden an (Bruno, de bello saxonico. cap. 66—67): 1. Gregor habe versucht, ihm die Herrschaft über Italien zu entreissen und habe ererbte Rechte als Patricius von Rom missachtet. Dies bezieht sich auf den Streit um die Besetzung des Mailänder Erzbistums und darauf, dass Gregor es verabsäumt hatte, bei seiner Wahl die königliche Bestätigung einzuholen. 2. Gregors gewaltsames Vorgehen gegen die ihm widerstrebenden Bischöfe. Ein nicht geringer Teil der Bischöfe widerstrebte der strengen Durchführung des Cölibatsgesetzes, und Gregor hatte in revolutionärer Weise die Laienwelt gegen die ungehorsamen Geistlichen aufgereizt. 3. Gregor habe gedroht, entweder sterben zu wollen oder ihm Leben und Reich zu entziehen. Dies bezog sich auf die mündliche Botschaft, die zugleich mit dem letzten Schreiben (Reg. III. 10) an den König erging.

Dem gegenüber führt der Papst folgende Gründe für sein Vorgehen gegen den König an (Reg. III. 10a und Ep. coll. 14): 1. Dieser habe mit seinen wegen Simonie gebannten Räten weiter Gemeinschaft gehalten. 2. Sein unmoralisches Leben und die Nichtbeachtung seiner Vorstellungen darüber. 3. Heinrich habe versucht, die Einheit der Kirche zu spalten.

Wie sehr damals für Gregor die Investiturfrage zurücktrat, beweist auch sein Verhalten gegenüber König Heinrich in Canossa und bei der Erhebung des Gegenkönigs Rudolf in Forchheim.

Tief gedemütigt, als suspendierter König, erschien Heinrich in Canossa vor dem gewaltigen Papste und erbat bittflehend die Absolution. Nur diese zwang er durch den moralischen Eindruck seines Auftretens dem widerstrebenden Papste ab. Alles andere blieb in der Schwebe. Auf einem Fürstentage in Augsburg sollte Gregor mit den Fürsten über Heinrich zu Gericht sitzen. Konnte es eine günstigere Gelegenheit geben, dem König den Verzicht auf die Investitur abzudringen! Als 34 Jahre später Heinrich V. den Papst Paschalis in seiner Gewalt hatte, gab er ihm nicht eher die Freiheit wieder, als bis er ihm das Recht der Investitur zugestanden hatte. Ich darf mit Nachdruck darauf hinweisen — Gregor hat die beispiellose Gunst der Umstände in Canossa nach dieser Richtung hin nicht benutzt.

Eine ähnlich günstige Gelegenheit bot sich, als Rudolf in Forchheim unter Mitwirkung der päpstlichen Legaten zum Gegenkönig erhoben wurde. Unzweifelhaft hatten diese für einen solchen Fall ihre Instruktionen erhalten. Der eventuell zu erwählende Gegenkönig hatte in der Investiturfrage Zugeständnisse zu machen. So hatte es Gregor ausdrücklich vorgeschrieben

(Reg. IV. 3). Nach der ausdrücklichen Versicherung Brunos (cap. 91) ist nicht zu bezweifeln, dass Rudolf den päpstlichen Legaten Zusicherungen gegeben hat. Er versprach, die Bistümer weder um Geld noch um Gunst zu verleihen, sondern einer jeden Kirche zu gestatten, unter ihrer Geistlichkeit zu wählen, wie es die Kirchengesetze verlangen. Danach hat Rudolf allerdings freie, kanonische Wahlen zugestanden. Aber auf die Investitur mit den Regalien hat er nicht verzichtet.

Diese Annahme wird durch Nachrichten über die Beteiligung Rudolfs an den Wahlen in Augsburg und Sankt Gallen bestätigt. Bei Bernold lesen wir zum Jahr 1077, der Bischof Imbrico von Augsburg habe dem König Rudolf Treue geschworen. Dies war der Lehnseid, den der Bischof dem Könige für die Belehnung mit den Regalien zu leisten hatte.

Ich verweise dann ferner auf den Bericht Bertholds über die Wahl des Bischofs Wigold von Augsburg zum Jahr 1078: Nachdem Wigold kanonisch von Klerus und Laien gewählt war, wurde er mit Zustimmung des römischen Kardinals und seines Metropoliten, des Erzbischofs von Mainz, kanonisch geweiht und ordiniert und empfing von diesem Ring, Hirtenstab und den bischöflichen Stuhl — rex post peracta legittime omnia quae ad ordinationem ipsius pertinebant . . . . ex sua parte, quidquid regii juris fuerit in procurandis bonis ecclesiasticis, diligenter commendavit . . . Rudolfs Verhalten wird von dem Autor, dem Vorkämpfer der Ideeen Gregors in Deutschland, als durchaus kanonisch bezeichnet. Der ganze Vorgang spielt sich unter den Auspicien des päpstlichen Kardinallegaten ab, der doch unzweifelhaft in Gregors Absichten eingeweiht war und für solche Fälle Verhaltungsmassregeln besass. Auch in seinen Augen muss der ganze Hergang kanonisch gewesen sein, und wir hören denn auch nicht, dass Gregor etwa gegen die Wahl Wigolds Einspruch erhoben hat. Berthold unterscheidet scharf die Erteilung der spiritualia, die erhielt Wigold nach vorangegangener kanonischer Wahl durch die Weihe von seiten seines Erzbischofs, und die darauf folgende Belehnung mit den Regalien, die er von dem König Rudolf erhielt. Nicht ein Verzicht auf das Kirchengut, wie Giesebrecht und Meltzer annehmen, sondern eine Belehnung des Bischofs mit demselben hat stattgefunden.

Berthold bringt das korrekte Verhalten Rudolfs bei der Wahl Wigolds mit den Beschlüssen der Fastensynode desselben Jahres in Verbindung. Nun glaube ich oben nachgewiesen zu haben, dass Bertholds Angaben hier irrig sind. Indessen halten wir sie auch für glaubwürdig — warum erschien denn Berthold Rudolfs Verhalten als so löblich korrekt? Aus keinem anderen Grunde, als weil Rudolf in die freie, kanonische Wahl Wigolds gewilligt hatte, und nicht auch, wie Giesebrecht und Meltzer annehmen, weil er auf das Kirchengut Verzicht geleistet. Denn Berthold spricht ja überhaupt nicht von Kirchengut, sondern nur von Zehnten. „Dignitates ecclesiasticae" gebe ich nicht mit Giesebrecht und Meltzer mit „kirchliche Gerechtsame" wieder, sondern mit „kirchliche Würden", eine Bedeutung, die der Ausdruck z. B. in dem Investiturgesetz von 1080 wiederholt hat.

Zum Jahr 1077 berichtet Berthold über die Besetzung der Abtei St. Gallen, der dortige Abt wurde nach ihm von den Mönchen vorschriftsmässig gewählt und von Rudolf bestätigt. Das ist die missverständliche Auffassung eines Autors, dem das Investiturgesetz von 1075 unbekannt ist. Der Abt wird allerdings von den Mönchen kanonisch gewählt und dann von Rudolf mit den Regalien belehnt worden sein.

Es steht also fest, Gregor hat von König Rudolf nur den Verzicht auf das Recht der Ernennung verlangt und erhalten, keineswegs aber einen Verzicht auf die Regalien. Und doch hätte es wohl nicht allzu schwer sein dürfen, dem ganz von der Unterstützung der kirchlichen Partei angewiesenen Gegenkönige ein solches Zugeständnis abzudringen.

Wir wissen auch aus Gregors eigenem Munde, dass es damals durchaus noch nicht in seiner Absicht lag, dem Könige die Lehnsdienste, die die Kirche dem Staat schuldete, zu entziehen. In einem vom 7. Dezember 1077 datierten Schreiben (Reg. V. 5) an Klerus und Laien von Aquileja versichert er ausdrücklich: „Quod ad servitium et debitam fidelitatem regis pertinet, nequaquam contradicere aut impedire volumus." Auch hier zieht Meltzer die Aufrichtigkeit Gregors in Zweifel, meines Erachtens doch nicht mit zureichendem Grunde. Mir erscheint Gregor als eine sittlich so hochstehende Persönlichkeit, dass ich es nicht wage, ihm den Vorwurf der Heuchelei und der Lüge zu machen. Anders könnte man sein Verfahren doch sonst nicht bezeichnen. Freilich wollte Gregor das der Kirche einmal verliehene Gut festhalten, doch ohne dasselbe gänzlich aus dem Lehnsverbande des Reiches lösen zu wollen.

Einen Wendepunkt in Gregors Politik bezeichnet die Novembersynode von 1078. Damals wurde zum ersten Male das Investiturgesetz in allgemein verbindlicher Form offiziell verkündet, doch immerhin so, dass nur die zuwiderhandelnden Kleriker und noch nicht die Laien mit dem Bann bedroht wurden. Auf dieser Synode wurden auch die auf die Verleihung von Kirchengut bezüglichen Dekrete „ut nulli episcopi" und „quicunque militum" erlassen (Reg. VI. 5b): „Ut nulli episcopi praedia ecclesiae in beneficium tribuant sine consensu papae, si de sua sunt consecratione. Ceteri autem sine consensu archiepiscopi sui et fratrum suorum hoc idem non praesumant. Si autem praesumpserint, ab officio suo suspendantur; et, quod venditum est vel datum beneficium, ecclesiae reddatur, omnino evacuata omni venditione vel in beneficium traditione . . ." Ein Verkauf von Kirchengütern war damit also unter allen Umständen den Bischöfen verboten, eine Belehnung mit denselben nur unter bestimmten Voraussetzungen gestattet.

Viel eingreifender war das zweite Dekret: „Quicunque militum vel cuiuscunque ordinis vel professionis persona praedia ecclesiastica a quocunque sive seu seculari principe vel ab episcopis invitis seu abbatibus aut ab aliquibus ecclesiarum rectoribus suscepit vel susceperit vel invasit, vel etiam de rectorum depravato seu vitioso eorum consensu tenuerit, nisi eadem praedia ecclesiis restituerit, excommunicationi subjaceat." Dieses Dekret entzog dem König thatsächlich die Verfügung über das Kirchengut, nicht mehr der König, die Bischöfe dürfen Kirchengüter zu Lehen geben. Das Eigentumsrecht an denselben ist auf die Kirche übergegangen. In einem gegebenen Fall nahm denn auch Gregor unmittelbar darauf die Verfügung über das Kirchengut von Pisa in Anspruch (Reg. VI. 12), und bezeichnender Weise ist in den Treueid, den auf der Fastensynode 1079 der Erzbischof Heinrich von Aquileja dem Papste schwören muste, die Verpflichtung aufgenommen, demselben auf seine Aufforderung militärische Hilfe zu leisten. Der Papst ist an die Stelle des Königs getreten.

Nach Bruno (cap. 112) wurde das Gesetz durch das Vorgehen Heinrichs hervorgerufen, der in seiner Bedrängnis, um seine Anhänger an sich zu fesseln und neue zu gewinnen, das Kirchengut ebenso wie das Reichsgut in rücksichtslosester Weise an dieselben vergab. Dem trat Gregor durch dieses Dekret entgegen. Es scheint mir ein Kampfgesetz zu sein, denn so einseitig Gregor auch in diesem Fall wieder vorging, so behielt er sich doch eine Verständigung mit der weltlichen Gewalt vor für künftige, friedliche Zeiten. Das vom Jahr 1081 datierte und an den Bischof Altmann von Passau gerichtete Schreiben (Reg. VIII. 26) enthält den Treueid, den nach Gregors Vorschrift der nach Rudolfs Tod eventuell zu wählende neue Gegenkönig ihm selbst leisten sollte. Es heisst da bezeichnender Weise: „De ordinatione vero ecclesiarum et de terris vel censu, quae Constantinus imperator vel Carolus sancto Petro dederunt, et de omnibus ecclesiis vel praediis, quae apostolicae sedi ab aliquibus viris vel mulieribus aliquo tempore sunt oblata vel concessa et in mea sunt vel fuerint potestate, ita conveniam cum papa, ut periculum sacrilegii et perditionem animae meae non incurram." Gewiss lassen diese Worte, trotz aller theologischen Verklausulierung, die Geneigtheit erkennen, das strenge Novemberdekret nach Übereinkunft zu mildern.

Auf der Märzsynode des Jahres 1080, auf der zum zweiten Male der Bannfluch gegen König Heinrich geschleudert wurde, erhielt zugleich das Investiturgesetz von Gregor seine letzte und schärfste Fassung, indem nun auch die zuwiderhandelnden Laien mit dem Bann bedroht

wurden (Reg. VII. 14a). Auch dieses Mal wird in der Exkommunikationsurkunde der Investiturfrage mit keiner Silbe gedacht. In dem Dekret „de electione pontificum" wird dann aufs neue in feierlicher Weise der Grundsatz der freien, kanonischen Wahlen durch Klerus und Laien und die vollkommenste Ausschliessung aller weltlichen Einflüsse verkündet. Haben sich trotzdem solche in irgendeiner Weise geltend gemacht, so soll die Wahl ungiltig sein, Klerus und Laien sollen ihres Wahlrechts verlustig sein, und an dessen Stelle soll das Ermessen, sei es des apostolischen Stuhles, sei es des Metropoliten, treten. Aber auch hier war das letzte Wort noch nicht gesprochen, — in dem oben erwähnten Treueid, den ein Jahr später Gregor dem neuen Gegenkönig vorschreibt, ist auch eine Verständigung über den Investitur in Aussicht genommen. Eine Beziehung auf das Kirchengut vermag ich in dem Dekret entgegen Meltzer nicht zu finden. —
Ich fasse nun das Ergebnis der vorhergehenden Betrachtungen noch einmal zusammen. Das Investiturgesetz wurde auf der Fastensynode 1075 formuliert. Gregor hat dasselbe zwar nicht geheim gehalten, aber eine offizielle Verkündigung und Verbreitung Jahre lang unterlassen. Zum erstenmal offiziell publiziert ist dasselbe auf der Novembersynode 1078 (nicht, wie Berthold meldet, schon auf der Fastensynode dieses Jahres). In der Form glich das Gesetz von 1075 mehr der milderen Fassung, die es 1078 erhielt, als der strengen von 1080, indem vornehmlich die zuwiderhandelnden Laien noch nicht mit dem Banne bedroht wurden.

Gregor wollte, indem er die Laieninvestitur verbot, jede Simonie unmöglich machen und war zunächst nicht gewillt, das Gesetz in seiner ganzen Strenge durchzuführen, vornehmlich demselben einen politischen Charakter zu geben. Dafür spricht das Unterlassen einer offiziellen Publikation, die Anknüpfung von Unterhandlungen mit dem König wegen einer eventuellen Änderung des Gesetzes, sein Verhalten bei den Wahlen in Bamberg, Magdeburg und Augsburg, seine eigene feierliche Versicherung, sein Verhalten gegen Heinrich in Canossa und bei der Erhebung Rudolfs in Forchheim. Eine weitergehende Tendenz verraten erst die Dekrete der Novembersynode von 1078 über die Belehnung mit den Kirchengütern (nicht schon auf der Fastensynode 1078 erlassen). Erst diese Gesetze atmen den revolutionären Geist, der dem Investiturgesetz an sich noch nicht innewohnt, so tief dasselbe auch in die Rechte des Königtums eingreifen mochte. Doch auch hier scheint noch nicht das letzte Wort gesprochen und eine Verständigung mit der weltlichen Gewalt in Aussicht genommen zu sein.

Ich vermag mich nicht der Ansicht Meltzers anzuschliessen, wonach Gregor von Anfang an den Plan verfolgte, nicht nur jeden weltlichen Einfluss auf die Verleihung kirchlicher Würden zu beseitigen, sondern auch das gesamte Kirchengut dem Einfluss des Staates zu entziehen. Ich bin der Meinung, wenn es sich nur um die Investitur gehandelt hätte, wäre Gregor wohl zu Zugeständnissen bereit gewesen, wie sie später das Wormser Konkordat gewährte. Aber der Streit zwischen Königtum und Papsttum entbrannte nicht um die Investitur, sondern sofort um die Principienfrage nach dem Ursprung der beiden Gewalten und ihrem Verhältnis zu einander. Die Frage, ob der Papst den König bannen und absetzen dürfe, ist es, die vornehmlich die Gemüter der Zeitgenossen bewegt. Da trat die Investiturfrage naturgemäss zurück. Ich stimme Meltzer bei, es ist nicht zutreffend, den Streit zwischen Heinrich und Gregor Investiturstreit zu nennen. Erst viel später spitzt sich der Streit zwischen Königtum und Papsttum zu einem Streit um die Investitur zu.

Zur Alexandersage.

Der Brief über die Wunder Indiens im ältesten deutschen Alexanderepos.

Von

H. Becker.

Wir besitzen in der deutschen Litteratur des Mittelalters vier poetische und drei prosaische Darstellungen der Alexandersage: die Epen des Pfaffen Lamprecht, des Rudolf von Ems, Ulrich von Eschenbach und des Seifried — und die Erzählungen des Hartlieb, Babiloth und eines niederdeutschen Schriftstellers.[1]) Zwei Epen, die ausserdem noch von Rudolf von Ems erwähnt werden, nämlich die Bücher des Berchtold von Herboldsheim und des Biterolf, sind verloren gegangen. Alle uns bekannten deutschen Epen und Romane, die von Alexander dem Grossen handeln, sind von der lateinischen *Historia de preliis* abhängig. Daher konnten Untersuchungen über die Quellen der deutschen Alexandergedichte des Mittelalters zu keinem einigermassen sicheren Resultate führen, solange man nicht die von einander wesentlich abweichenden Texte der *Historia de preliis* genauer kennen und unterscheiden gelernt hatte. Erst im letzten Decennium sind für diese Studien feste Grundlagen geschaffen worden durch textkritische Forschungen und Ausgaben der wichtigsten Recensionen jener lateinischen Schrift des Archipresbyters Leo.

Die deutschen Epen und Romane von Alexander scheiden sich ihrem Ursprunge nach in zwei Gruppen, nämlich in solche, die auf den alten Text der *Historia* als Quelle zurückgeführt werden können — dazu gehört der Strassburger *Alexander* (um 1170) und die Geschichte Hartliebs (um 1444) — und in solche, die auf die Orosiusrecension zurückgehen — dazu gehört der Vorauer und Basler *Alexander*, Rudolf von Ems (um 1250), Ulrich von Eschenbach (1270—78), Babiloth[2]) und der niederdeutsche *Alexander*[3]), der in einer Handschrift der Berliner Bibliothek erhalten ist. Auch Seifried — der nicht mit dem um 1230 geborenen Seifried Helbling identisch ist, sondern erst um die Mitte des 14. Jahrhunderts schrieb[4]) — ist nach den Angaben von Ausfeld zu dieser Klasse zu zählen. Abgesehen von Hartlieb ist von den Alexanderbüchern der deutschen Litteratur nur Lamprechts und Ulrichs Werk vollständig gedruckt; von Rudolf und Seifried werden Ausgaben vorbereitet. Vom ästhetischen Standpunkte ist das Verdammungsurteil, das Gervinus über Ulrich von Eschenbach und Seifried gefällt hat, sicherlich berechtigt und kann auch auf die meisten anderen Alexanderromane ausgedehnt

---

Anmerkung. Dieser Aufsatz ist ein Teil einer grösseren Abhandlung über den Brief Alexanders an Aristoteles.

1) Nicht mitgerechnet sind hierbei die kleineren Schriften, die nur einzelne Teile der Sage behandeln, wie *Alexander und Antiloie* (s. Goedeke, *Grundriss*[2] I, 259) und *König Dindimus busch* (s. meine Mitteilung in der *Zeitschrift für deutsche Philologie* 23, 424 f.).

2) Diese Chronik findet sich in Handschriften des 15. Jahrhunderts. Der Verfasser nennt sich nur am Schlusse der Dresdener Hdschr. *Meister Babiloth*. Ausfeld (*Die Orosiusrecension der Historia Alexandri Magni* s. 112) hält diesen Namen für verderbt. Vielleicht ist er erdichtet und hängt mit dem französischen Worte *babillard* zusammen.

3) S. über ihn die litterarische Angabe in Goedekes *Grundriss*[2] I, 467. Eine ganz kurze *Fabelhafte Geschichte Alexanders des Grossen* ist von Bruns, *Romantische und andere Gedichte in altplattdeutscher Sprache* (Berlin 1798) S. 337—366, aus einer Helmstedter Handschrift herausgegeben.

4) S. Karajan in Haupts *Zeitschrift* 4, 248.

werden. Anders verhält es sich aber mit dem Epos des Pfaffen Lamprecht,[1]) den Holtzmann wunderlicherweise für Lambert von Hersfeld hielt und zugleich zum Dichter des Annoliedes machte. Es giebt kaum ein anderes Werk und einen anderen Dichter, über dessen Bedeutung so verschieden geurteilt worden ist, wie über Lamprechts *Alexander*. Denn während Gervinus in der *Geschichte der deutschen Dichtung* [4] I, 218 erklärt: „*An wahrhaft dichterischem Genius dürfen sich nur ganz wenige neben Lamprecht stellen*", behauptet Wilmanns in der Recension von Kinzels Lamprechtausgabe in den *Göttingischen gelehrten Anzeigen* 1885 S. 298: „*Der Pfaffe Lamprecht hat weder Anspruch auf den Namen eines Dichters noch eines Versmachers; er erscheint als ein schlechter Übersetzer.*" Freilich darf hierbei nicht ausser acht gelassen werden, dass Gervinus sein Urteil auf den vollständigen Text der Strassburger Handschrift, Wilmanns dagegen seine Würdigung auf den Inhalt der Vorauer Handschrift bezieht. Jedoch der ästhetische Wert dieser beiden Texte ist nicht so sehr verschieden, dass diese einander entgegengesetzten Ansichten dadurch genügend erklärt werden. Die meisten Gelehrten dürften sich wohl auch heute noch eher Gervinus' Meinung zuneigen, wenngleich vielleicht niemand mehr als ein so begeisterter Lobredner Lamprechts auftreten möchte, wie jener.

Der Pfaffe Lamprecht bezeichnet selbst als seine Hauptquelle den Dichter Alberich von Besançon, den auch der Stricker im *Daniel von Blumenthal* als seinen Gewährsmann nennt. Alberichs Gedicht, von dem nur 105 achtzeilige Verse erhalten sind,[2]) stammt aus unbekannter Zeit und ist in einem Mischdialekt geschrieben, dessen wesentlicher Bestandteil das Provençalische ist.[3]) Ein Vergleich mit den wenigen überlieferten Versen lehrt, dass Lamprecht seiner französischen Quelle gegenüber sehr selbständig verfahren ist. Er hat seine Vorlage wahrscheinlich ums Jahr 1130 ins Deutsche übertragen.[4]) An einer Beeinflussung des Alberich-Lamprecht durch Julius Valerius ist nicht zu zweifeln, es ist jedoch fraglich, ob diese lateinische Schrift die Hauptquelle für das Gedicht Alberichs gewesen ist und die *Historia* von ihm nur gelegentlich zu Rate gezogen ist, was Schmidt (S. 30) und Hampe (S. 104)[5]) in ihren Bonner Dissertationen behauptet und zu beweisen gesucht haben.

Wir haben Lamprechts *Alexander* in drei verschiedenen Bearbeitungen erhalten. Der Text der Vorauer Handschrift, die Diemer 1841 entdeckt und 1849 herausgegeben hat, schliesst mit der Sammlung des persischen Heeres und enthält nur 1533 Verse. Von der Strassburger Handschrift, die sich früher als Eigentum der Jesuiten in Molsheim befand und im Jahre 1870 in Strassburg verbrannt ist, besitzen wir mehrere sorgfältige Abschriften. Ihr Text, dessen Entstehung in den Anfang der siebziger Jahre des zwölften Jahrhunderts zu setzen ist, ist abhängig von Eilharts *Tristrant* und benutzt von Heinrich von Veldeke in der *Eneide*.[6]) Der Bearbeiter dieser Recension war nach Kinzel (*ZfdPh* 10, 50; 11, 414) ein Kleriker, der gelehrte und theologische Kenntnisse besass, nach Reblin[7]) ein fahrender Spielmann. Der Basler Text ist eine schlechte Abschrift einer Bearbeitung aus dem Ende des dreizehnten Jahrhunderts. Er geht nach Kinzel[8]) auf eine gemeinsame Quelle mit dem Strassburger zurück,

---

1) Schade hat (*Veterum monumentorum theotiscorum decas*, Weimar 1860, S. 48—62) es versucht, dieses Werk in sechszeilige Strophen zu zerlegen.
2) Gefunden von P. Heyse in Florenz und herausgegeben von demselben in den *Romanischen Inedita* (Berlin 1856) S. 105 ff., von Bartsch in der *Chrestomathie de l'ancien français*[8] (Leipzig 1875) S. 18. 19, von Kinzel in seiner Lamprechtausgabe (Halle 1884) S. 26—41 und von P. Meyer im *Alexandre le Grand* (Paris 1886) I, 1—9.
3) S. darüber H. Junker, *Grundriss der Geschichte der französischen Litteratur* (Münster 1889) S. 85.
4) S. Kinzel in seiner Ausgabe S. LXIII.
5) Alwin Schmidt, *Über das Alexanderlied des Alberic von Besançon und sein Verhältnis zur antiken Überlieferung*. Bonn 1886. Theodor Hampe, *Über die Quellen der Strassburger Fortsetzung von Lamprechts Alexanderlied und deren Benutzung*. Bremen 1890. S. noch Kinzel in seiner Ausgabe S. XLVI und *ZfdPh* 20, 93.
6) S. Kinzel in seiner Ausgabe S. LXIV.
7) *Zur Basler und Strassburger Recension von Lamprechts Alexander* (Neubrandenburg 1889) S. 42.
8) *ZfdPh* 10, 47—89 und in der Ausgabe Lamprechts S. XV.

doch so, dass er an einigen Stellen direkt einer der späteren Recensionen der *Historia de preliis* folgt. R. M. Werners Ansicht,[1]) dass die Vorauer Handschrift der Basler näher stehe, wofür auch Christensen[2]) eintritt, ist von Kinzel wiederholt[3]) widerlegt worden. Endlich hat Reblin[4]) die Ansicht ausgesprochen, dass in B eine besondere, weder von V noch von St direkt abhängige Recension des Gedichtes zu erkennen sei, und dass die Gewissheit, die Lesart des gemeinsamen Archetypus zu besitzen, dann vorhanden sei, wenn je zwei Handschriften zusammengehn. Doch auf diese Weise werden die vorhandenen Schwierigkeiten nicht erklärt.

Über das Verhältnis der drei Recensionen dieses ältesten deutschen Alexanderliedes zu einander und zu ihren Vorlagen besitzen wir eine grosse Zahl tüchtiger Arbeiten, jedoch manche Fragen harren noch der endgiltigen Entscheidung. Schon Diemer sprach sich dafür aus, dass der Text der Vorauer Handschrift dem verlorenen Original Lamprechts am nächsten stehe, und seiner Ansicht schlossen sich Wackernagel und alle späteren Gelehrten an ausser Weismann und Holtzmann,[5]) die zu der entgegengesetzten Meinung kamen. Der letzte behauptete, dass der Schreiber von V, der ein Geistlicher gewesen sei, den weltlichen, für ihn uninteressanten Stoff plötzlich absichtlich abgebrochen und den Schluss willkürlich zugesetzt habe. Dagegen sprach Harczyk[6]) die Ansicht aus, dass dem Schreiber von V kein vollständiges Exemplar der ursprünglichen Fassung des Gedichts vorgelegen habe und er deshalb abgebrochen und den Schluss auf eigene Faust hinzugefügt habe. Mit einer ganz neuen Behauptung über die Bedeutung des Vorauer Textes trat endlich W. Wilmanns auf in seiner Besprechung der Kinzelschen Ausgabe.[7]) Nach ihm stellt das kurze Alexanderlied der Vorauer Handschrift die ursprüngliche, vollständige Dichtung Lamprechts dar, die später nach anderen Quellen fortgesetzt wurde, so dass die Texte der Strassburger und Basler Handschriften als Bearbeitungen dieses erweiterten Werkes anzusehen seien. Wilmanns' Schüler Alwin Schmidt und Theodor Hampe suchten in den bereits angeführten Dissertationen die Meinung ihres Lehrers zu begründen und bemühten sich nachzuweisen, dass wir es im Vorauer *Alexander* mit dem einheitlichen und abgeschlossenen Werke eines deutlich erkennbaren Dichterindividualität zu thun haben. Alwin Schmidt hat dies im einzelnen ausgeführt und dargelegt (S. 41), dass Lamprecht das Leben und die Thaten eines Idealkönigs schildern wolle; die Dichtung lasse sich demgemäss in drei Teile zerlegen: 1. Alexanders natürliche Anlagen (bis V. 162); 2. die Bildung dieser Anlagen (163—224); 3. die praktische Bethätigung dieser Anlagen (225 bis zum Schlusse). Doch Kinzel[8]) hat die ganze Hypothese Wilmanns' in überzeugender Weise zurückgewiesen, und auch ich glaube trotz der geschickten Begründung jener Ansicht durch A. Schmidt, dass wir im Vorauer Texte nur ein Bruchstück des Lamprechtschen *Alexander* erhalten haben. Dagegen unterliegt es keinem Zweifel mehr, dass in St eine Überarbeitung des ursprünglichen Werkes zu erblicken ist, dass für V Valerius und eine erweiterte Recension der *Historia de preliis* die letzten Quellen sind, für St aber ein dem Original der *Historia* nahe stehender Text.[9])

Der Brief Alexanders über die Wunder Indiens, der hier an seinen Lehrer Aristoteles und an seine Mutter Olympias gerichtet ist, nimmt fast den vierten Teil des ganzen deutschen Gedichts in der Strassburger Handschrift ein (V. 4918—6588 der Kinzelschen Aus-

---

1) *Die Basler Bearbeitung von Lamprechts Alexander* in den Sitzungsberichten der Akademie der Wissenschaften zu Wien 1879, Band 93, S. 7—122.
2) *Beiträge zur Alexandersage* (Hamburg 1883) S. 30; vergl. aber auch S. 39.
3) *ZfdPh* 11, 385—395; 14, 380 ff.; 16, 121 ff.
4) A. a. O. S. 27.
5) In der *Germania* 2, 82 ff.
6) *ZfdPh* 4, 3. Vgl. auch Harczyks Leipziger Dissertation *Zu Lamprechts Alexander* (Halle 1871).
7) *Göttingische gelehrte Anzeigen* 1885 S. 299. 303.
8) *ZfdPh* 20, 88—97.
9) S. Schmidt a. a. O. S. 30, Hampe S. 104.

gabe). Er wird eingeleitet und beschlossen (4906—13; 6589—96) durch die Bemerkung, dass Alexander seiner Mutter geschrieben habe:

*Leit unde lieb,
di er und manich ander
leit in fremedem lande.*

Der Inhalt dieser Episode, die ich in 23 Kapitel zerlege, lautet folgendermassen:

1. „Das Herz giebt es mir ein, Dir, liebe Mutter, sowie meinem lieben Lehrer meine Erlebnisse mitzuteilen, wie ich es versprochen habe.

2. Nach der Überwindung des Darius und der Unterwerfung von Persien und Indien begab ich mich nach Caspen Porten.

3. Darauf kamen wir zu einem Flusse, dessen Wasser bitter wie Galle war, so dass wir unseren Durst nicht löschen konnten.

4. Darum zogen wir weiter, bis wir zu der schönen Stadt Barbaras gelangten, die jenseits eines grossen Wassers liegt. Meine Reiter wollten über den Fluss schwimmen, doch 27 von ihnen wurden durch Krokodile getötet.

5. Darnach wandten wir uns wieder zu dem Flusse, dessen Wasser vorher so bitter zu sein schien, und jetzt war es süss. Da schlugen wir unsere Zelte auf jenem Felde auf und zündeten Feuer an.

6. Doch in der Nacht kamen aus dem Walde fürchterliche Tiere zum Wasser; Skorpione, Löwen, Eber, Elephanten und Schlangen; aber auch Männer mit sechs Händen, die wie Teufel anzusehen waren, griffen uns an und brachten uns in grosse Not, bis wir den Wald niederbrannten.

7. Nunmehr zeigte sich noch das allerschrecklichste Tier, das ein aus drei Stangen bestehendes hirschähnliches Geweih trug. Mit seinen Hörnern erschlug es 36 Soldaten und es zertrat ausserdem 50 Männer mit den Füssen. In der nächsten Nacht kamen Füchse, die die Leichname frassen. Auch sahen wir Tauben und Fledermäuse fliegen, die Menschenzähne hatten und damit Nasen und Ohren den Soldaten abbissen.

8. Von dannen zogen wir nach dem Gefilde Accia und schlugen daselbst ein Lager auf. Bald darauf begaben wir uns in einen schönen Wald, in dem hohe Fruchtbäume standen. Hier drangen Giganten mit stählernen Stangen auf uns ein. Wir konnten diese nur dadurch verscheuchen, dass wir alle zusammen ein lautes Geschrei erhoben. Ihre Zahl betrug an 600; 34 töteten wir, doch auch von unseren Soldaten wurden 24 durch jene erschlagen. Dort verweilte ich drei Tage.

9. Darauf schlugen wir unsere Zelte in einem weiten Felde auf, wo ich folgendes Wunder sah. Früh morgens bis zur neunten Stunde wuchsen herrliche Bäume empor, nach der None versanken sie aber wieder in die Erde. Als meine Knechte das Obst pflücken wollten, das diese Bäume trugen, wurden sie arg zerbläut, ohne dass sie einen Menschen sahen. Doch eine Stimme verbot ihnen, die Früchte zu berühren. Auch kleine Vögel sahen wir daselbst, die ganz zahm waren; wenn jemand sie aber verfolgte, so verbrannte ihn der Blitz.

10. Als ein anderes Wunder erschien uns daselbst ein Baum ohne Laub. Auf ihm sass der Vogel *Fenix*, dessen Haupt wie die Sonne glänzte. Von seiner Art giebt es keinen zweiten auf der ganzen Erde.

11. Wie wir am Meere entlang zogen, verliess ich mit 3000 Leuten das übrige Heer und begab mich in einen herrlichen Wald, der so dicht war, dass der Sonnenschein nicht bis zur Erde dringen konnte. Wir liessen unsere Rosse an dem Saume des Waldes stehn und gingen dem Klange von Leiern und Harfen nach, die einen süssen Gesang begleiteten. Da fanden wir mehr als 100000 wunderschöne Mägdelein, die im Schatten spielten und sangen. Ihr Anblick war so lieblich, dass wir dabei alles Herzeleid vergassen. Mit diesen Mädchen hat es eine eigentümliche Bewandtnis. Sobald der Winter vergangen ist, wachsen in jenem Walde prächtige Blumen empor, die rund wie ein Ball sind. Wenn diese sich öffnen, finden

sich Mädchen in ihnen; sie leben und haben Menschensinn und scheinen etwa 12 Jahre alt zu sein. Schöneres Antlitz habe ich nie an einem Weibe gesehen. Diese Mädchen können aber nur im Schatten leben; sobald die Sonne sie bescheint, verwelken sie. Als wir die süssen Klänge ihres Gesanges vernahmen, wurden wir von Liebe zu ihnen ergriffen. Ich liess mein ganzes Heer herbeiholen und im Walde die Zelte aufschlagen. Ich und alle meine Leute nahmen die Jungfrauen zu Gattinnen und genossen mit ihnen die grösste Wonne unseres Lebens. Doch schon nach drei Monaten, als die Blumen verwelkten und das Laub der Bäume herabfiel, starben auch unsere wonnesamen Frauen. Da schied ich mit meinem Heere von dannen.

12. Alsbald sahen wir eine schöne Burg vor uns. Daraus kam ein grosser Mann hervor, dessen ganzer Leib mit Schweineborsten bedeckt war, und griff uns an. Vergebens suchten meine Helden ihn zu fangen. Um zu erproben, ob irgend einen Mann die Liebe zum Weibe nicht von Sinnen brächte, schickte ich ein Mädchen zu ihm. Dieses umfing er sofort und eilte mit ihm in den Wald, und nur mit Mühe entrissen wir ihm die Jungfrau. Als er gefangen und gebunden war, liess ich ihn verbrennen.

13. Da wir weiterzogen, kamen wir an einen hohen Berg, auf dem ein herrlicher Palast stand. Von dem Palaste hingen lange goldene Ketten hernieder, woran man sich festhalten konnte, wenn man die 2000 aus Saphir gehauenen Stufen, die emporführten, betrat. Nachdem ich den Berg erstiegen hatte und in den Palast gekommen war, fand ich daselbst einen Greis auf goldenem Bette ruhen. Aus Ehrfurcht vor seiner schönen Gestalt und vor der Pracht seiner Umgebung weckte ich ihn nicht auf, sondern begab mich zu meinen Leuten zurück.

14. Nach drei Tagen erreichten wir das Land Brasiacus, dessen König mir gewaltige Fischhäute als Gastgeschenke sandte.

15. Darnach zog ich an das Ende der Welt. Dort hörte ich im Meere griechisch sprechen. Begierig zu schauen, von wem die Stimmen ausgingen, tauchten 20 Soldaten sogleich in das Wasser, um nach einer vor uns liegenden Insel zu schwimmen, doch Seetiere zogen sie auf den Grund und verschlangen sie.

16. Nahe bei dem Meere stand die Burg Meroves, die zum Lande der Königin Candacis gehört. Als ich dort das Lager aufgeschlagen hatte, bot mir dieser Frau meine Dienste an und sandte ihr zugleich ein wohlgemaltes Bild des Gottes Ammon. Dafür erhielt ich von ihr folgende herrliche Gaben: 100 goldene Götterstatuen, 150 Negerknaben mit langen Ohren, 30 Goldgefässe, mehr als 100 Elephanten, über 60 Panther, 100 Leoparden, 100 singende und sprechende Vögel, 100 Balken von unverbrennbarem Holze, endlich eine Krone für den Gott Ammon und ein Monosceros, das den Karfunkel trägt und sich nur von einer reinen Jungfrau fangen lässt. Zugleich schickte sie einen Maler, der heimlich ein Porträt von mir auf einer Holzplatte malte.

17. Der älteste ihrer beiden Söhne, Candaulus, suchte mich auf, sobald er von meiner Ankunft gehört hatte, und wurde von meinen Wächtern zu Tholomeus geführt. Diesem erzählte er, dass ihm ein mächtiger König, der in der Umgegend herrsche, seine Frau geraubt habe, und bat um Hilfe. Als ich solches hörte, gab ich Tholomeus meine Krone und befahl ihm, sich Alexander zu nennen, mich selbst aber holen zu lassen, mit 'Antigonus' anzureden und mir aufzutragen, jenem beizustehen. Dies geschah, und ich brach, von Candaulus geführt, nach der Feste Bala auf. Zuvor hatte ich aber auch meinen Mannen es bekannt gegeben, dass alle mich 'Antigonus' nennen sollten.

18. Der König war gerade in den Krieg gezogen, als wir in sein Land kamen. Als die Besatzung der Feste sich von allen Seiten eingeschlossen sah, wurde ihre Angst sehr gross, denn alle meinten, Porus, der Verwandte der gefangenen Frau, sei noch am Leben und wolle Candaulus rächen. Nach drei Tagen ritt ich vor die Stadtmauer und drohte den Verteidigern der Festung, dass ich die Belagerten insgesamt töten würde, wenn sie mir die Frau des Candaulus nicht ausliefern. Die erbrachen jene, durch meine Drohung erschreckt, den Palast und gaben uns die Frau zurück. Erfreut zogen wir ab. Candaulus versprach mir nun die herrlichste Belohnung von seiten seiner Mutter, wenn ich ihn zu Candacis begleiten wolle.

19. Um Land und Leute kennen zu lernen, begab ich mich darauf, nachdem ich Tholomeus von meiner Absicht unterrichtet hatte, zu dieser Königin. Auf der Reise erblickte ich gewaltige Berge, hohe Bäume mit sehr grossem Obst, so dicke Weintrauben, dass kein einzelner Mann sie tragen konnte, und Nüsse in der Grösse von Melonen; auch Schlangen, Affen, Meerkatzen und fürchterliche Vögel sah ich unterwegs. Nach fünf Tagen kamen wir zu der Stadt der Candacis und wurden von der Königin mit allen Ehren empfangen. Als sie erfuhr, dass ich Antigonus sei und ihrem Sohne sein Weib wiedergewonnen habe, geleitete sie mich selbst in ihren herrlichen Palast. Hier wurden wir aufs beste gepflegt und geehrt. An der Tafel während der Mahlzeit hatte ich Musse, die Pracht des Speisezimmers zu bewundern. Am meisten staunte ich aber über ein kunstvoll gearbeitetes Tier, das einem Hirsche glich und auf dem Haupte 1000 Hörner hatte. Auf jedem Horne stand ein Vogel, und auf dem Tiere selbst sass ein Mann, der zwei Hunde führte und ein Jagdhorn am Munde hatte. Sowie Blasebälge, die sich unter diesem Kunstwerke befanden, in Bewegung gesetzt wurden, sangen die Vögel, bellten die Hunde und blies der Mann. — Am nächsten Tage führte die Königin mich in drei andere Säle; der eine war mit roten, hell leuchtenden Steinen geschmückt, der zweite aus dem edeln Holze *Aspindei* gebaut, der dritte stand auf Rädern und wurde von 36 Elephanten fortbewegt. Da ich solche Wunder schaute, rief ich aus: „Könnte ich doch diese Kemenate samt den Elephanten meiner Mutter heimbringen!" Doch Candacis erwiderte: „O Alexander, glaubst du, es wäre mir nicht leid, wenn du mir diese Schätze raubtest?" Furcht und Scham überkam mich, als ich sie meinen Namen nennen hörte. Nun führte mich die Königin in ein anderes Gemach, zeigte mir mein Bildnis und liess mich so wissen, auf welche Weise sie mich überlistet hatte. Zugleich tröstete sie mich, da sie meinen Kummer sah, und versprach mir, mich keinem zu verraten, da ich ihrem Sohne Candaulus einen so grossen Dienst erwiesen hätte. Freilich sei ihr jüngerer Sohn Caracter mir gram, weil ich seinen Schwiegervater Porus erschlagen habe, doch niemand solle mir in ihrem Reiche schaden.

20. Ihre Söhne gerieten bald darnach in Streit, da der jüngere mir ans Leben wollte, während Candaulus mich in Schutz nahm. Beide griffen bereits zu den Waffen, als Candacis mich heimlich bat, meine Klugheit zu zeigen und den Streit jener zu schlichten. Ich schwor ihnen, dass Alexander selbst, der ja allein den Tod des Porus verschuldet habe, zu ihnen kommen würde, legte so ihre Fehde bei und schloss mit ihnen Freundschaft. Zum Abschied erhielt ich herrliche Geschenke.

21. Die Königin führte mich zunächst aber noch an einen heiligen Ort, wo, wie sie sagte, die Götter speisten. Als ich in einen unterirdischen Raum hinabstieg, sah ich in der That viele Götter zusammensitzen. Einer von ihnen winkte mir zu, dass ich mich ihnen nähern solle, und als ich nahe herantrat, erblickte ich unter einem grossen Mann auf einem Throne. Dieser sagte mir Dank, dass ich in Libyen zu ihm gekommen sei. Da wagte ich ihn zu fragen, wie lange ich noch leben werde. Aber er verweigerte mir die Antwort darauf und sagte nur, dass ich in meiner Stadt Alexandria begraben werden solle. Als ich zu Candacis zurückkehrte, nahm ich Abschied von ihr und ihren Söhnen und begab mich zu meinem Heere zurück.

22. Wir zogen darauf durch gebirgiges Land nach einem weiten Gefilde. Hier schrieb ich einen Brief an die Königin der Amazonen und forderte sie auf, mir Zins von ihrem Lande zu senden. Sie liess mir durch einen Boten antworten, es sei für mich nicht rühmlich, falls ich das Volk der Jungfrauen besiege, schmählich aber, wenn ich etwa überwunden werden sollte; daher möge ich friedlich in ihr Reich kommen. Bald darnach schickte sie mir 3000 Jungfrauen entgegen mit Geschenken und einem Briefe, worin die Sitten jenes Volkes beschrieben waren. Ich versicherte sie, dass ich friedliche Absichten habe, und schickte die Mädchen nach Hause.

23. Manches andere Land habe ich seitdem durchzogen und sonst noch viel Wunderbares geschaut, auch manches Missgeschick erfuhren."

Hiermit schliesst der Brief, ohne dass der Mutter oder des Aristoteles weiter gedacht wird, und darnach wird der Zug nach dem Paradiese erzählt, bei dessen Schilderung der Dichter dem *Iter ad Paradisum* als Quelle folgt.

Über das Verhältnis der Basler Handschrift zu dem Strassburger Texte kann ich mich für den Abschnitt, der hier behandelt wird, kurz fassen. Der Übersicht wegen stelle ich zuerst die einander entsprechenden Stellen des Strassburger und Basler *Alexander* zusammen:

Kap.				Kap.			
1. V.	4918—4927 St	= V.	3343—3348 B.	13. V.	5411—5472 St	= V.	3505—3544 B.
2. „	4928—4936 „	= „	3349—3353 „	14. „	5473—5488 „	= „	3545—3559 „
3. „	4937—4943 „	fehlt in B.		15. „	5489—5510 „	= „	3560—3576 „
4. „	4944—4959 „	= V.	3354—3365 „	16. „	5511—5598 „	= „	3577—3636 „
5. „	4960—4968 „	= „	3367—3371 „	17. „	5599—5720 „	= „	3637—3718 „
6. „	4969—5019 „	= „	3372—3393 „	18. „	5721—5786 „	= „	3719—3759 „
7. „	5020—5055 „	= „	3394—3410 „	19. „	5787—6259 „	= „	3760—3900 „
8. „	5056—5098 „	= „	3421—3444 „	20. „	6260—6394 „	= „	3901—3989 „
9. „	5099—5142 „	= „	3445—3474 „	21. „	6395—6461 „	fehlt in B.	
10. „	5143—5156 „	= „	3475—3480 „	22. „	6462—6584 „	= V.	3990—4081 „
11. „	5157—5358 „	fehlt in B.		23. „	6585—6588 „	fehlt in B.	
12. „	5359—5410 „	= V.	3481—3504 „				

Also vier Kapitel fehlen in der Basler Überarbeitung ganz, nämlich das dritte, das von dem Flusse mit bitterem Wasser handelt, das elfte, das die liebliche Geschichte von den Waldschattenmädchen enthält,[1]) das zwanzigste, in dem das Abenteuer in der Höhle der Götter erzählt ist, und der kurze Schluss. Ferner ist noch im 19. Abschnitt die Beschreibung des kunstvollen Blasebalgwerkes im Schlosse der Candacis übergangen. Aus dem Fehlen des elften Kapitels ist nicht der Schluss zu ziehen, dass der Basler Bearbeiter sich genauer an das Original der lateinischen *Historia* hielt als seine deutsche Vorlage und deshalb eine Episode fortliess, die in dem lateinischen Buche nicht zu finden war, vielmehr beweist das Fehlen der drei anderen Kapitel, dass er überhaupt gekürzt hat. Aus anderen Thatsachen ergiebt sich freilich, dass jener Bearbeiter neben seiner deutschen Quelle noch selbständig eine erweiterte Recension der *Historia de preliis* benutzt hat.[2]) Abgesehen von diesen Kürzungen, von der verschiedenen Form der Eigennamen[3]) und einigen Abweichungen in Zahlenangaben,[4]) bei denen der Strassburger Text das Ursprüngliche zu überliefern scheint,[5]) stimmt die Basler Bearbeitung in Anordnung und Inhalt fast genau mit der älteren Darstellung überein. Ein einziger Zusatz fällt in der jüngeren Recension ins Auge — der Name *Amasya* für die Königin der Amazonen 3998 und 4008 — und eine einzige Änderung der Erzählung, nämlich die Angabe, dass nicht Elephanten, sondern Affen (V. 3824) die bewegliche Kemenate zogen. Anderseits ist es aber interessant zu beobachten, dass die Briefform mehrmals aufgegeben wird und in die Er-

---

1) Aus den Versen 3481. 82 der Basler Bearbeitung, die an 5157 und 5160 des Strassburger Textes erinnern, scheint mir nicht hervorzugehen, dass St und B diese Stelle in ihrer Vorlage fanden, wie Kinzel und Hampe meinen.
2) S. Christensen, *Beiträge zur Alexandersage*, Hamburg 1883; Kinzel in der ZfdPh 16, 119 f. und Hampe a. a. O. S. 106.
3) *Moros* 3583 B = *Meroves* 5513 St; *Candatis* 3586, 3932 B = *Candacia* 5522, *Candacis* 6308 St (in B steht *Candacis* 3776, 3953, 3976); *Demone* 3598 B = *Amon* 5533 St; *Candalus* 3638, *Candolus* 3684, *Candulus* 3700 B = *Candaulus* 5599, 5667, 5093 St; *Polomeus* 3646 und 3664 B, *Pottolomeus* 3650, 3669, 3682 B = *Tholomeus* 5613, 5631 St und sonst; *Achmus* 3676, 3696, 3704 B = *Antigonus* 5650, 5683 St; *Kratter* 3880, 3925, 3950 und *Karater* 3909 B = *Caracter* 6229, 6293, 6274 St; *Borus* 3882 B = *Porus* 6230 St. Im Verse 3598 B ist *Demone* als Schreibfehler anzusehen, vielleicht auch 3882 *Horus*, doch in den übrigen Namen sind die Abweichungen von St trotz der Unsicherheit der Formen deutlich zu erkennen.
4) *Vierzig* 3365 B = *sibene unde zwénzic* 4954 St; *achzig* 3441 B = *vier und zwénzic* 5095 St; *vierzig* 3576 B = *zwénzic* 5509 St; *hundert* 3614 B = *drízic* 5551 St.
5) S. Christensen, *Beiträge* S. 31.

zählung übergeht. In den Versen 3343—3663 wird die erste Person gebraucht, 3664—3735 die dritte, von 3736—4046 wieder die erste, 4047—4081 wieder die dritte. Kinzel hat sicherlich recht, wenn er (*ZfdPh* 16, 119) diese Verwirrung durch die eigentümliche Fassung der *Historia de preliis* zu erklären sucht, in der gleichfalls die Briefform und Erzählung durcheinander gemischt ist. Eine zweite Unklarheit ist auf dieselbe Weise zu deuten. Neun Verse nach dem Schlusse dieses Briefes (4090—4099) ist nämlich nochmals von einem Brief an Olympias und Aristoteles die Rede, ohne dass zu erkennen ist, ob damit das soeben beendigte oder ein anderes Schreiben gemeint ist. Im Strassburger *Alexander* ist von Anfang bis zu Ende in diesem Briefe alles klar.[1] Nach den Worten (V. 6589 ff.):

>"*Hie endet sih der brief*
>*dar ane leit unde liep*
>*Alexander screib,*
>*di er in fremeden landen leit,*
>*und den er heim sande*
>*siner müter ze lande,*
>*der frowen Olympiadi*
>*und sinen meistre Aristotili*"

geht der Verfasser sofort zu einem neuen Abschnitte über. Dagegen wird in der Basler Handschrift, in der der letzte Abschnitt des Briefes als Erzählung mitgeteilt ist, zunächst erwähnt (4082—4089), dass Alexander sich nach Babylon begab, und dann heisst es (4091 ff.):

>"*ein brieff von im geschriben wart.*"

Diese Anordnung erinnert an *Historia*, (S. 129, 21 der Ausgabe von Landgraf), wo wir lesen: *Deinde perrexit Babiloniam . . . et scripsit epistolam matri suae* — und stimmt genau mit den überarbeiteten Recensionen desselben Werkes überein (s. Zingerles Ausgabe 256, 13 ff.). Der Brief über die Wunder Indiens schliesst also im Basler *Alexander* mit Vers 4080, und die darauf folgende Stelle ist einem neuen Abschnitte der *Historia de preliis* entnommen.

Die Strassburger Recension des Alexanderepos des Pfaffen Lamprecht geht, wie im allgemeinen, so auch in diesem Briefe ganz deutlich auf die älteste Fassung der lateinischen *Historia* zurück. Aus einer Stelle kann man folgern, dass die Münchener Handschrift der *Historia* oder ein ihr ähnlicher Text die Quelle des deutschen Gedichts gewesen ist. Denn nur der Monacensis berichtet (S. 120, 19; vergl. 6396 St), dass Candacis selbst den König in die Götterversammlung geführt habe, während alle anderen Texte der *Historia* und auch Julius Valerius dieses dem Candaulus zuschreiben. Hierbei will ich zugleich daran erinnern, dass es sich nachweisen lässt, dass auch Hartliebs Alexanderbuch auf den Münchener oder einen ihm nahe verwandten Text zurückgeht.[2] Der Inhalt des Briefes an Aristoteles und Olympias entspricht fast genau dem Texte der *Historia de preliis* auf S. 109, 1 — 124, 17 der Ausgabe von Landgraf, und zwar haben die einzelnen Kapitel ihre Quelle in folgenden Abschnitten des lateinischen Werkes:

Hist. S. 109, 1. 2	= Kap. 1.	Hist. S. 112, 20—23	= Kap. 10.
„ 109, 3. 4	= Kap. 2.	„ 112, 24 — 113, 10	= Kap. 13.
„ 109, 4—9	= Kap. 3.	„ 113, 11 — 16	= Kap. 14.
„ 109, 9—12	= Kap. 4.	„ 113, 17 — 115, 5	= Kap. 16.
„ 109, 12—14	= Kap. 5.	„ 115, 5 — 116, 8	= Kap. 17.
„ 109, 14 — 110, 12	= Kap. 6.	„ 116, 9—23	= Kap. 18.
„ 110, 12 — 22	= Kap. 7.	„ 116, 24 — 119, 14	= Kap. 19.
„ 110, 23 — 111, 12	= Kap. 8.	„ 119, 15 — 120, 17	= Kap. 20.
„ 111, 13 — 23	= Kap. 12.	„ 120, 18 — 121, 16	= Kap. 21.
„ 112, 1—12	= Kap. 9.	„ 121, 16 — 124, 17	= Kap. 22.
„ 112, 13—19	= Kap. 15.		

---

[1] Nur an zwei Stellen (5659—66 und 6579) fällt der Dichter aus seiner Rolle, indem er in der dritten Person erzählt, worauf Hampe a. a. O. S. 20 aufmerksam gemacht hat.

[2] S. darüber Ausfeld, *Über die Quellen zu Rudolfs von Ems Alexander*, Donaueschingen 1888, S.6. Anm. 3.

So gut wie alles, was in der *Historia* steht, findet sich auch im Strassburger *Alexander*, dagegen fehlt manches von dem, was im deutschen Gedichte steht, in allen Recensionen der *Historia* ohne Ausnahme. Zunächst ist zu bemerken, dass die Reihenfolge der Abenteuer in St von der Darstellung der *Historia* etwas abweicht. Im lateinischen *Alexander* folgt auf den Kampf mit den Giganten (Kap. 8) das Abenteuer mit dem Borstenmenschen (Kap. 12), und auf das Erlebnis bei den Bäumen, die mit der Sonne entstehen und wieder vergehn (Kap. 9), Alexanders Zug nach dem Ende der Welt (Kap. 15); darnach kommen die übergangenen Kapitel 10, 13 und 14, die vom Vogel Phönix, von dem herrlichen Palaste des schlummernden Greises und von dem Lande Prasiaca handeln. Vom Kap. 16 ab ist die Reihenfolge in beiden Werken dieselbe.

Der elfte Abschnitt, der die Erzählung von den Waldschattenmädchen enthält, findet sich in keinem andern lateinischen oder deutschen Werke der Alexanderdichtung. Über die unbekannte Quelle dieser Sage und den Inhalt ähnlicher Geschichten ist wiederholt gehandelt worden, u. a. von Zacher im *Iter ad Paradisum* S. 14 f., von Kinzel in seiner Ausgabe Lamprechts S. 497 und von Hampe a. a. O. S. 46. Es giebt viele Märchen, in denen von Menschengestalten berichtet wird, die aus Bäumen hervorwachsen. Am bekanntesten ist die Erzählung in Lucians *Wahrer Geschichte* (I, 8) von Weinstöcken, aus denen Mädchen aufspriessen.[1]) Ihr Aussehen wird verglichen mit den bildlichen Darstellungen der Daphne, die von Apollo eingeholt wird. Jene Gestalten begrüssen die Fremdlinge, die in ihr Land kommen, berauschen sie durch ihre Küsse und begehren ihre Liebe. Zwei Jünglinge, die sich bereit zeigen, ihr Verlangen zu erfüllen, kommen aber von ihnen nicht mehr los, sondern verwachsen mit den Mädchen ihrer Wahl.

Diese Erzählung scheint eine im Orient und Occident verbreitete Volkssage gewesen zu sein. Lamprechts Quelle hat bisher nicht nachgewiesen werden können. Ein ähnlicher Abschnitt findet sich aber auch in dem altfranzösischen Gedichte, das zuerst von Michelant im Jahre 1846 als 13. Band der Bibliothek des litterarischen Vereins in Stuttgart und später (Paris 1861) von F. le Court de la Villethassetz und E. Talbot herausgegeben ist. Die Episode von den Mädchenblumen ist ausserdem in Weismanns *Alexander* II, 340—346 abgedruckt; eine gute Inhaltsangabe des ganzen Werkes findet sich in der *Histoire littéraire de la France* XV, 163—179, eine Untersuchung über das Verhältnis seiner einzelnen Teile bei P. Meyer, *Alexandre le Grand* II, 211 ff. Diese älteste Bearbeitung des Alexanderromans im Französischen, die Lambert li Cors (= le Court) oder li Tors begonnen und Alexandre de Bernay vervollständigt hat, ist in Zwölfsilblern geschrieben und gehört dem 12. Jahrhundert an. P. Meyer hat nachgewiesen, dass Lamberts Werk nicht auf das Gedicht Alberichs zurückgeht, sondern auf eine Dichtung in zehnsilbigen Versen, die ihrerseits von Alberich abhängig war. Vrgl. dazu Kinzel in der *ZfdA* 31, 229 und Hampe a. a. O. S. 48 ff. Der zwölfsilbige Vers, der, so viel wir wissen, hier zum ersten Male für eine epische Dichtung angewandt worden ist, soll später bekanntlich den Namen Alexandriner erhalten haben, weil in diesem Werke die Thaten Alexanders des Grossen von einem Dichter Alexander besungen sind. Der Verfasser des weitschweifigen altfranzösischen Epos giebt selbst an, dass er die Geschichte, die er bearbeitet, aus einem lateinischen Werke entlehnt hat: seine Hauptquelle ist die *Historia de preliis*. Die Ähnlichkeit des Inhalts des französischen Gedichts mit dem mittelhochdeutschen — wenngleich beide in einzelnen Punkten merklich von einander abweichen — ist im allgemeinen so gross,[2]) dass man zu der Vermutung kommt, Lamprecht selbst oder der Bearbeiter des Strassburger Textes habe das Gedicht Lamberts oder dessen Vorlage gekannt.[3]) Eine kritische Feststellung des gegenseitigen Verhältnisses dieser beiden ältesten deutschen und

---

1) Vergl. darüber E. Rohde, *Der griechische Roman* S. 195.
2) S. Michelant in seiner Ausgabe S. XVII.
3) Ähnlich urteilt Hampe a. a. O. S. 52.

französischen Bearboitungen der Alexandersage würde für einen Romanisten eine sehr interessante und fruchtbringende Arbeit sein, die vermutlich auch wichtige chronologische Aufschlüsse ergeben würde.

Der französische Roman erzählt, dass Alexander sich von zwei Greisen in einen Garten führen lässt, woselbst sich die lieblichsten Mädchen befinden, jedes ein Fräulein, keines eine Magd. Als die Mädchen den König mit seinen Begleitern sehen, kommen sie ihnen entgegen, soweit der Schatten reicht. Doch Alexander muss erst ein automatisches Kunstwerk fortschaffen lassen, das den Macedoniern den Eingang in den Forst verwehrt, bevor er zu ihnen gelangt. Nachdem dies geschehen ist, lagert sich das Heer, und jeder Soldat erwählt sich aus der Zahl der Mädchen seine Gattin. Sie bleiben daselbst vier Tage. Als sie am Morgen des fünften Tages weiterziehen wollen, sieht Alexander noch eine so wonnige Jungfrau, dass er sie mitzunehmen beschliesst und sie ergreifen lässt. Sie wirft sich ihm aber zu Füssen und erklärt ihm, dass sie sterben müsse, wenn sie nur einen Schritt aus dem Schatten des Waldes hinaustrete. Infolgedessen erbarmt sich der König ihrer und giebt sie frei. Doch auch die Soldaten haben an den Mädchen Gefallen gefunden und wollen jene herrliche Stätte nicht verlassen; erst als Alexander schwört, dass er jeden, der zurückbleibe, im glühenden Ofen werde verbrennen lassen, werden sie zum Aufbruche bewogen. Auf seine Frage, wie jene Mädchen entstanden seien, erfährt Alexander von den Greisen, dass sie im Sommer als Blumen aus der Erde emporwachsen, im Winter aber wieder in der Erde verschwinden. Die Jungfrauen begleiten den König, soweit der Schatten reicht, und verneigen sich dann zum Abschiede, laut aufseufzend, vor ihm.

Während man in dieser Partie eine Abhängigkeit des deutschen Gedichts von einem romanischen Original annehmen muss, könnte die Stelle im 19. Abschnitte (V. 5997—6029), an der das wunderbare Tier mit 1000 Hörnern im Palaste der Candacis beschrieben ist, vielleicht dem deutschen Dichter zu eigen gehören, wiewohl die spanische Alexandreis, die in der Zeit von 1240—1260 nach dem lateinischen Werke des Gualtherus gedichtet ist[1]) und gewöhnlich dem Juan Lorenzo Segura zugeschrieben wird, etwas Ähnliches giebt. Hampes Vermutung (a. a. O. S. 55), dass der Dichter in St Denis in seiner Schilderung vermischt habe, einen 1000ästigen goldenen Baum voll singender Vögel und einen Jäger mit Horn und zwei bellenden Hunden, ist übrigens nicht unwahrscheinlich. Jene Beschreibung des Strassburger *Alexander* scheint der Dichter des *Rosengartens* im Gedächtnis gehabt zu haben, da er (193 ff.) ein ganz ähnliches Kunstwerk in einer Linde schildert. Eine Linde mit singenden Vögeln, die in einem Saale steht, wird auch im *Wolfdietrich* (hrg. von Hagen, *Heldenbuch* 1, 233) beschrieben. Und es werden auch sonst noch ziemlich oft kunstvolle Blasebalgwerke erwähnt, z. B. im *Tristan* ein Baum mit Vögeln, im *Laurin* ein Helm mit Krone, im *König Orendel* ein Speer mit Singvögeln, in *Salomon und Morolf* ein Ring mit einer Nachtigall. Die betreffenden Citate sind von Massmann im Anhange zu seiner Eraciusausgabe (217—219) zusammengetragen und von Alwin Schultz im ersten Bande des *Höfischen Lebens zur Zeit der Minnesänger* (S. 96—101) vermehrt worden. Die grosse Menge dieser Stellen beweist, dass solche Darstellungen sehr beliebt gewesen sind; und es ist nicht zu bezweifeln, dass es ähnliche Kunstwerke wirklich gegeben hat.

Die Schilderung jenes wunderbaren Tieres gehört zu der Beschreibung des Empfangssaales der Candacis (V. 5939—6078), von dessen Ausstattung in den übrigen Quellen ebenso wenig die Rede ist wie von der Einrichtung des Schlafgemaches (V. 6235—6243). Ausser diesen Angaben gehört aber nur noch wenig mehr im Strassburger *Alexander* erhalten. Dazu gehört die Erwähnung des *Monosceros* (5578—5588), die Erzählung von der Ermordung des Cyrus durch die Amazonenkönigin Cassandra (V. 6543—6558) und die Schilderung des

---

1) S. darüber A. Morel-Fatio: *Recherches sur le texte et les sources du libro de Alexandre* in der *Romania* 1875 S. 7—90.

Zuges gegen Bala (5689—5738). Über diese Stellen sowie über einige andere von geringerer Bedeutung hat Hampe a. a. O. S. 62—64 gehandelt. Die Quellen dieser Zusätze sind im einzelnen nicht ausfindig zu machen.

Während die späteren Dichter der Alexanderepen vor allem Vollständigkeit erstreben, wie besonders Ulrich von Eschenbach, wählt der Pfaffe Lamprecht — oder der Bearbeiter des Strassburger Textes — aus der Fülle des Stoffes nur das aus, was poetisch erscheint, ja, er nimmt aus der Menge der vorhandenen Berichte zu seiner Vorlage gerade den Text, der allein das Wunderbare mit Berufung auf andere — in Briefform — erzählt.[1]) Wegen der besonnenen Art seiner Quellenbenutzung wird Lamprecht von Rudolf von Ems getadelt mit den Worten:

Ez hât ouch nach den alten sitten
stumpflich, niht wol besniten,
ein Lamprecht getihtet,
von welsche in tiutsche berihtet.

Und doch war Rudolf, wie Gervinus I, 218 sich ausdrückt, selbst nicht wert, jenem die Schuhriemen zu lösen.

Die einzelnen Abenteuer Alexanders, die in dem Briefe an Aristoteles und Olympias erwähnt werden, sind — ebenso wie in der prosaischen *Historia* — in verschiedener Weise ausgeführt. Die ersten werden ganz kurz behandelt, aber allmählich wird die Darstellung ausführlicher, bis sie in der Schilderung des Verhältnisses Alexanders zu Candacis und ihren Söhnen die grösste Breite annimmt. Die beliebtesten Kapitel in dem Berichte von den Wundern Indiens waren stets die Zusammenkunft Alexanders mit Candacis, sein Besuch bei den Bäumen der Sonne und des Mondes, die Fahrt mit Greifen nach dem Himmel und die Erforschung der Tiefe des Meeres. Die drei letzten fehlen im Strassburger Texte; der Dichter fand sie nicht in seiner Hauptquelle und konnte sie aus verschiedenen Gründen nicht verwenden. Die Erzählung von den sprechenden Bäumen konnte er z. B. deshalb nicht gebrauchen, weil er einen eigentümlichen Schluss für sein Gedicht ersonnen hatte. Nach seiner Darstellung kehrt Alexander, nachdem er den Zug zum Paradiese unternommen hat, nach Griechenland heim, thut Busse und regiert noch zwölf Jahre. Wenn der Dichter diesen Schluss wählte, durfte er natürlich Alexander nicht von den Bäumen der Sonne und des Mondes kommen lassen, die ihm verkünden, dass er nach einem Jahre und acht Monaten in Babylon sterben werde. Mit um so grösserem Wohlgefallen wird aber von Candacis berichtet. Als Alexander zu ihr kommt, erblickt er Wundergärten und herrliche Kunstwerke. Die Königin küsst ihn, führt ihn durch den ganzen Palast, schenkt ihm ihre Liebe,[2]) behütet ihn vor allen Nachstellungen und geleitet ihn endlich zu einer Grotte, in der sich eine Gesellschaft von Göttern befindet. Da haben wir — worauf Gervinus I, 226 f. hinweist — ein ganzes Stück

---

1) S. Gervinus, *Geschichte der deutschen Dichtung* I, 228.
2) Die Liebesscene der Verse 6244—46 ist im lateinischen Original noch nicht vorhanden, vielmehr heisst es in der *Historia* 117, 8 f.: *Visum est Alexandro, quod quasi matrem suam vidisset*, was der ganzen Erzählung viel besser entspricht. Der Basler Text scheint an dieser Stelle etwas Ähnliches wie der Strassburger gehabt zu haben, denn nach V. 3896 ist offenbar eine Lücke anzunehmen, wie auch Werner vermutet. Ebenso findet sich diese Scene im französischen Roman Lamberts 380, 12 ff. und auch bei Ulrich von Eschenbach 20481—88 in der Ausgabe von Toischer. Christensen hat hierbei in seinen *Beiträgen zur Alexandersage* (Hamburg 1889) S. 37 auf das Benehmen der Cleophis bei Curtius und Justin hingewiesen und darauf aufmerksam gemacht, dass Candacis in der von Gagnier abgedruckten Oxforder Handschrift der *Historia* stets den Beinamen *Cleophilis* hat. Dieser Name scheint der Orosiusrecension der *Historia* eigentümlich zu sein, denn in der Seitenstettener Handschrift wird Candacis fünfmal ebenso genannt (241, 16. 20. 24; 245, 1; 246, 23 der Ausgabe von Zingerle, Breslau 1885), und einmal (243, 7) heisst sie geradezu Cleophis Candacis. Derselbe Name ist übergegangen in das italienischen Roman (*I nobili fatti di Alessandro Magno*, herausgegeben von G. Grion, Bologna 1872), wo sie S. 144 *Creufila Candacea*, und auch in die altfranzösische *Histoire du noble et très vaillant roy Alexandre le Grand* (s. Philippi in Herrigs *Archiv* 1846 S. 299), wo sie *Caudasse Theopis* genannt wird.

der Odyssee vor uns. Wer denkt nicht bei dieser Candacis oder bei der Qidâfa des Firdûsi und bei der Nushâbe des Nisâmî, die alle eine und dieselbe Person darstellen, an die Kirke Homers! Nichts erinnert so sehr an die Abenteuer des Odysseus, wie diese Episode der Alexandersage, in der die Wunder Indiens erzählt werden.

Die Untersuchung über den Brief Alexanders an Aristoteles in der Strassburger Recension des Epos des Pfaffen Lamprecht hat ergeben, dass der deutsche Dichter sich enge an den ältesten Text der *Historia de preliis* anschliesst, zwei Abschnitte seiner Vorlage ohne ersichtlichen Grund umstellt, im übrigen aber genau der Anordnung seines Originals folgt. Das Kapitel von den Waldschattenmädchen findet sich noch in dem französischen Alexanderroman des Lambert li Tors, aber in einer von der deutschen Dichtung abweichenden Darstellung. Es ist zweifelhaft, ob dieser Abschnitt bereits bei Lamprecht selbst und bei Alberich von Besançon vorhanden gewesen ist; wahrscheinlich ist der Stoff dem altfranzösischen Epos entlehnt. Die Beschreibung des prächtigen Saales im Palaste der Candacis darf dagegen als selbständige Ausführung des deutschen Dichters angesehen werden, der noch mehrere andere Zusätze nach eigener Erfindung oder in Anlehnung an andere ihm bekannte Werke der Litteratur des Mittelalters gemacht hat.

Für die wissenschaftliche Kritik ist diese Episode des ältesten deutschen Alexanderepos insofern von grösster Wichtigkeit, als wir darin ein bedeutungsvolles Zeugnis für die Erschliessung der ursprünglichen Form des Briefes in der *Historia de preliis* haben. Der alte Text der Bamberger und Münchener Handschrift zeigt an dieser Stelle eine solche Verwirrung, dass aus ihm allein der Schluss des Briefes nicht mit Sicherheit gefunden werden könnte. Der deutsche Dichter — oder Alberich — hat dagegen eine lateinische Quelle benutzt, die dem Original des Archipresbyters Leo viel näher stand als die uns bekannten ältesten Texte der *Historia*. Der Vergleich mit dem Strassburger *Alexander* ergiebt, dass als Schluss des Briefes in der *Historia* S. 125, 7 anzusehen ist, dass der Abschnitt 125, 1—5 an eine falsche Stelle gekommen ist, was übrigens auch aus anderen Gründen zu vermuten war, und dass endlich der Abschnitt 125, 9 ff. der späteren Erzählung angehört trotz der ersten Person des Verbums *vidi*. Die unverständlichen Worte *cum essem in Babilonia, antequam exissem de hoc saeculo* ziehe ich zum folgenden Kapitel und nehme nach *matri meas* eine Lücke an, so dass nach meiner Vermutung der Text S. 125, 6—8 lauten würde: „*Vidi ibi et alia miracula, quae scribo Olimpiadi matri meae . . .*" *Cum esset in Babilonia, antequam exisset de hoc saeculo, vidit mulierem* etc. Vgl. dazu den Schluss des Briefes 132, 6 f.. Kinzel ist der Ansicht,[1]) dass die Bemerkung *quae scribo Olimpiadi matri meae* die Veranlassung dazu gegeben hat, dass man den ganzen Brief an die Mutter Alexanders gerichtet sein liess. Doch bereits Minucius Felix und Cyprianus sprechen ja von einem umfangreichen Schreiben Alexanders an seine Mutter, und es liegt daher nahe, dass ein geistlicher Abschreiber der *Historia* die Angaben der beiden Kirchenväter auf diesen längsten Brief bezog und ihn zugleich an Olympias gerichtet sein liess. Auf diese Weise dürfte die Adresse an Aristoteles und Olympias, die auch in anderen Alexanderromanen überliefert ist, erklärt werden können.

---

1) S. *Zfd Ph*. XVI, 119.

Zu den griechischen und lateinischen Konjunktionen der Gleichzeitigkeit und der Zeitgrenze.

Von

A. Döhring.

Bei der folgenden Untersuchung gingen wir von der Frage aus, wie es möglich war, dass diejenigen Satzverhältnisse, welche wir im Deutschen durch die Partikeln so lange als resp. während und so lange bis zu unterscheiden pflegen, im Griechischen und Lateinischen durch dieselben Partikeln ausgedrückt wurden. Man vergleiche dem donec quoad und ἕως ὄφρα εἰσόκε ἔστε μέχρι. Denn während jene Sätze mit „bis" den zeitlichen Endpunkt einer Handlung bezeichnen, bringen „so lange als" resp. „während" die gleiche Dauer oder gleiche Zeitlage einer Handlung zum Ausdruck. Und so erwarten wir, dass auch in den übrigen Sprachen diese beiden Arten der Zeitbestimmungen deutlich auseinandergehalten wären. Wie wenig identisch Sätze mit „so lange als" und „so lange bis" an sich sind, dafür mag die im Grimmschen Wörterbuch angeführte Bibelstelle als Beispiel dienen: *„Der Reiche thut Unrecht und trotzt noch dazu; aber der Arme muss leiden und dazu danken. So lange du ihm nütze bist, braucht er dein, wenn du aber nicht mehr kannst, so lässt er dich fahren."* Hier erhalte ich, wenn ich „so lange" mit „bis" vertausche, keineswegs denselben Sinn; ich muss vielmehr ein nicht einschieben, um den erforderlichen Gedanken herzustellen: *„Er braucht dein, bis du ihn nicht mehr nütze bist."*[1]) Umgekehrt ist in der bekannten Stelle aus Schillers Klage der Ceres:

„Einmal in die Nacht gerissen,
Bleibt sie ewig mir geraubt,
Bis des dunkeln Stromes Welle
Von Aurorens Farben glüht,
Iris mitten durch die Hölle
Ihren schönen Bogen zieht."

bis = so lange nicht. Ebenso in Schillers Gedicht „Die Weltweisen":

„Einstweilen, bis den Bau der Welt
Philosophie zusammenhält,
Erhält sie das Getriebe
Durch Hunger und durch Liebe."

Und ähnlich verhält es sich mit allen Sätzen, die durch „so lange als" oder „bis" eingeleitet sind. Nicht ohne innere Berechtigung konnte daher Ribbeck (Beiträge zur Lehre von den lateinischen Partikeln S. 48 f.) das lateinische donec, mit der älteren Nebenform donicum, das ursprünglich nur „bis" bedeutet, auf ein do-ni-c(um) d. h. da nicht, so lange nicht zurückführen, mag immerhin eine andre Erklärung des Worts „auf direktem Wege" möglich sein

---

[1]) Es versteht sich, dass dieses negative „bis" mit dem abusivischen „bis nicht" nach einem verneinenden Vordersatze nichts gemein hat. Grimm, der in seinem Wörterbuch s. v. bis II letzteren Gebrauch unter Hinweis aufs Französische erwähnt, führt dafür folgendes Beispiel aus Gellert an: *„er wird sich nicht zur Ehe entschliessen, bis (= als bis) er nicht eine hinlängliche Versorgung hat."*

(cf. Zimmermann im Archiv für lateinische Lexikographie V, pag. 568, und Bezzenberger in Ficks vergleichendem Wörterbuch 1890, S. 457).

Wenn nun zwar die Sprachformen überhaupt nie der adäquate Ausdruck der logischen Verhältnisse sind, diese vielmehr mit Recht „ein psychologisches Ideal" genannt werden, so bleiben doch immer diejenigen Fälle, in denen die logischen und die grammatischen Formen so weit auseinander zu gehen scheinen, einer Besprechung besonders wert.

Trotzdem sucht man in den üblichen Grammatiken und Lexicis vergebens einen Aufschluss darüber, worauf die gleiche Wiedergabe so verschiedener Satzverhältnisse in den alten Sprachen beruht. Denn so allgemein gehaltene Angaben, wie wir sie beispielsweise bei Passow finden (s. v. ἕως: „eine Partikel, welche den zeitlichen Endpunkt oder das zeitliche Ziel einer Thätigkeit bezeichnet, teils an und für sich (?) wie das deutsche „bis", teils mit Berücksichtigung des Anfangspunktes, wie das deutsche „so lange als, während"), solche Angaben, sage ich, enthalten doch weniger eine Erklärung als eine Feststellung des Sprachgebrauchs. Man nahm offenbar an einer sprachlichen Erscheinung des Lateinischen keinen Anstoss, die auch im Griechischen ihr Analogon fand, und man begnügte sich vielfach damit, fürs griechische ἕως etc. auf das lateinische dum, donec und quoad und umgekehrt zu verweisen.

Für das Lateinische mochte noch der Umstand mitwirken, dass namentlich in der Sprache der Komiker für dum hie und da die beiden Übersetzungen so lange als (resp. während) und bis anwendbar scheinen. Wenn Pseudolus der wiederholten Aufforderung des Caludorus, den Brief seiner Geliebten zu lesen (cf. v. 20. 31 sowie auch v. 40), endlich mit den Worten folgt: *Tace, dum tabellas pellego*, so können wir dieselben übersetzen: *Schweige, während ich den Brief durchlese!* Aber auch: *Schweige, bis ich den Brief durchgelesen habe!* Und ganz ähnlich ruft Palästrio im Miles gloriosus 232. 33 dem Periplecomenos zu: *Tace dum in regionem astutiarum mearum te induco: Schweig, während ich dich in das Reich meiner Ränke einführe* oder *bis ich dich eingeführt*. Doch wird in diesen und vielen ähnlichen Stellen die zwiefache Übersetzung nur möglich durch die Anwendung eines verschiedenen Tempus: es entspricht dem Präsens nach der Partikel während ein bis mit dem Tempus der Vollendung.

Immerhin kann durch eine solche Vertauschung der beiden Konjunktionen das Gefühl für den wesentlichen Unterschied derselben bei unsern Forschern leicht verdunkelt worden sein, um so mehr, da im Deutschen andrerseits die Partikel bis trotz des oben hervorgehobenen Gegensatzes in einigen Fällen in die Bedeutung so lange als übergeht. Auf diese Fälle hat zuerst Hildebrand in der Einleitung zum deutschen Wörterbuch V pag. IX und in Zachers Zeitschrift 3, 362 f. aufmerksam gemacht. Derselbe führt dabei u. a. folgende Beispiele an: *jetzt reit ich nimmer heim, bis dass der Kukuk Kukuk schreit*, oder: *ein solcher diebischer kretzschmer ist der bapst auch, bis das er eitel pfützenwasser für guten Wein verkauft*.[1]

Natürlich ist durch diese Stellen auch nicht die eingangs aufgeworfene Frage gelöst. Vielmehr bedürfen dieselben ebenfalls erst der Erklärung, wie sie denn auch Hildebrand mit

---

[1] Das Beispiel aus Schiller, das Hildebrand hieran noch anschloss, hat derselbe in der Zeitschrift für den deutschen Unterricht 6. Jahrgang S. 225 ff. zurückgenommen und bei der Gelegenheit folgende Erklärung des Gebrauchs hinzugefügt: „Es waltet in beiden Fällen dieselbe Vorstellung, eine Zeitstrecke mit ihrem abschliessenden Ende, nur dass einmal das letztere, einmal die erstere in den Vordergrund gerückt wird. Es ist wie bei räumlichen Strecken, z. B. mit Station, einmal und zwar hier ursprünglich der Endpunkt einer Strecke, nun aber auch diese selbst. Die alte Zeit war für die Sprache nicht so auf teilen und immer wieder teilen aus, wie die heutige, sondern auf Zusammenfassen von sachlich verwandten und zusammen gehörigen Begriffen unter dem gemeinsamen höheren." Gewiss ist „die Zeitstrecke mit ihrem abschliessenden Ende" der gemeinsame Begriff überall, wo es sich um Sätze mit bis handelt; der Unterschied ist nur der, dass in den meisten Fällen der Beginn der Nebenhandlung, in einigen der Schluss derselben (z. B. oben des Schreiens und des Verkaufens) jenes „abschliessende Ende" bildet. An derselben Stelle weist Hildebrand auch auf mhd. unze uns hin, womit zu vergleichen Marolds Besprechung des Got. unte. (Über die gotischen Konjunktionen, welche οὖν und γάρ vertreten. Programm des Kgl. Friedrichs-Kollegiums, Königsberg 1881, S. 15 f.)

Recht auffallend nennt.[1]) Nur zum Verständnis von εἰσόκε und quoad, sofern sie die gleiche Dauer bezeichnen, könnten jene Fälle von bis = solange beitragen. Wir brauchen uns nur den Begriff bis gewissermassen doppelt zu denken, um durch die Zwischenstufe bis wie lange zu der Bedeutung so lange zu kommen. Etwa: jetzt reit' ich nimmer heim *bis zu dem Zeitpunkte, bis zu dem* der Kukuk Kukuk schreit, und dem entsprechend dann im Lateinischen *Cato quoad vixit virtutum laude crevit: bis wie lange Cato lebte, bis dahin nahm er . . . zu.* Über εἰσόκε siehe unten S. 13.

Ganz anders aber steht es jedenfalls mit den griechischen Partikeln ἕως und ὄφρα, die den Begriff bis ursprünglich nicht zu enthalten scheinen: und für sie hat meines Wissens erst Delbrück (Syntaktische Forschungen I, über den Gebrauch des Konj. und Optativs im Griech. und Skr.), in den Schacht jener alten Zeiten hinabsteigend, da die Begriffe noch nicht so scharf geschieden waren, eine Bedeutungsentwickelung gefunden (siehe bes. daselbst S. 56, 63 f. 67 ff.)

Anknüpfend an das dem griechischen ἕως entsprechende Skr. yâvad, das für einen alten Accusativ zu halten sei, giebt er der Partikel eine ganz allgemeine Bedeutung (tâ-vat Neutr. zu tâ-vant = gr. — Fενε): „reich an diesem, versehen mit diesem," die freilich schon in uralter Zeit zu der Bedeutung „wie lange" sich verengt habe. Und so übersetzt er denn in dem Kapitel über die posteriorischen Nebensätze, d. h. solche, die die Handlung des Hauptsatzes voraussetzen, die Stelle aus Homer Il. 3, 291:

αὐτὰρ ἐγὼ καὶ ἔπειτα μαχήσομαι εἵνεκα ποινῆς
αὖθι μένων, εἵως κε τέλος πολέμοιο κιχείω

„*Ich werde wegen des Weibes kämpfen hier bleibend: in Verbindung mit dieser langen Zeit werde ich ja wohl das Ende von Ilios erleben*" oder: um dem „ästhetischen Standpunkte" einigermassen Rechnung zu tragen: „*ich werde hier bleiben und kämpfen; so lange werde ich ja wohl das Ende Ilions erleben*," wobei dann der Gedanke, dass das Bleiben seinen Abschluss durch den Fall Ilions finde, von jedem Hörer als sachlich natürlich suppliert werde.

In den priorischen Nebensätzen aber, d. h. denen, die selbst für die Handlung des Hauptsatzes die Voraussetzung sind, führt er die Sätze mit ὄφρα aus Ilias Ψ. 46 und P. 185 an.

23, 46: ἐπεὶ οὔ μ' ἔτι δεύτερον ὧδε
ἵξετ' ἄχος κραδίην, ὄφρα ζωοῖσι μετείω.

übersetzt er: „*vorausgesetzt dass ich unter den Lebenden weile, die ganze Zeit über wird mich nicht zum zweiten Male ein solches Leid mich treffen.*" Und für 17, 185

μνήσασθε δὲ θούριδος ἀλκῆς
ὄφρ' ἂν ἐγὼν Ἀχιλῆος ἀμύμονος ἔντεα δύω

deutet er das Verhältnis der beiden Handlungen durch den Satz an: „*Ich werde meine Pflicht thun, so thut denn auch ihr die eurige,*" da der Gedanken des Hauptsatzes als eine Art Motiv für den Gedanken des Nebensatzes wirken solle.

Wir halten diese Auffassung im wesentlichen für richtig, versuchen jedoch im folgenden eine andere Darstellung des Gegenstandes, bei der wir einige verwandte Fragen miterörtern möchten. Und zwar wählen wir dabei lediglich indikativische Nebensätze (natürlich auch fast nur homerische), da in den von Delbrück l. l. besprochenen Fällen das Verhältnis von Haupt- und Nebensatz zu einem guten Teil auch durch den konj. Modus beeinflusst ist: wie es denn auch Delbrück vorwiegend auf die Erforschung des Konjunktivs und Optativs ankam. Die beiden Bedeutungen „so lange als" und „während" unterscheiden wir dabei weiter nicht, da sie bekanntlich nur etwas speciellere Deutungen einer so allgemeinen Zeitbestimmung wie

---

[1]) Noch andere Parallelen aus dem germanischen Sprachgebiet führt nach Mätzners englischer Grammatik Richardson an in seiner unten noch zu erwähnenden Dissertation de dum particulae apud priscos scriptores latinos usu. Lipsiae 1886 pag. 62.

etwa bei uns „der Weile" sind, Nüancierungen, die durch den Gebrauch der charakteristischen Tempora noch unterstützt wurden. Man vergleiche das Impf. ἐκύδανον der Iliasstelle 20, 42:

εἵως μὲν ὅ' ἀπάνευθε θεοὶ θνητῶν ἔσαν ἀνδρῶν,
τεῖος Ἀχαιοὶ μὲν μέγ' ἐκύδανον (εἵως = solange)

mit dem Aor. ἦλθε Il. 18, 15:

εἷος ὁ (Achilles) ταῦθ' ὥρμαινε κατὰ φρένα καὶ κατὰ θυμόν,
τόφρα οἱ ἐγγύθεν ἦλθεν ἀγαυοῦ Νέστορος υἱός:

während er dies im Herzen erwog, während dessen kam ihm nahe der Sohn des Nestor.[1])

Wie unterscheidet sich nun von dieser letzteren Stelle etwa Ilias 11, 342, wo ἕως mit bis übersetzt wird:

αὐτὰρ ὁ (Agastrophus) πεζὸς
θῦνε διὰ προμάχων, εἵως φίλον ὤλεσε θυμόν?

Wenn wir die grössere oder geringere Wichtigkeit der beiden Handlungen θῦνε und ὤλεσε für den Fortgang der Erzählung ganz ausser Acht lassen und nur das Zeitverhältnis der beiden Verba uns vergegenwärtigen, kann ich hier übersetzen: *Während er durch die Reihen der Kämpfer tobte, verlor er sein Leben"*; oder wenn ich die ursprüngliche Parataxe beibehalte: *„Er tobte durch die Reihen der Kämpfer (und) während dessen (dabei) verlor er das Leben."*[2]) Oder um auch Beispiele für ὄφρα[3]) zu geben, Il. 5, 557:

τὼ μὲν ἄρ' ἁρπάζοντε βόας καὶ ἴφια μῆλα
σταθμοὺς ἀνθρώπων κεραΐζετον, ὄφρα καὶ αὐτὼ
ἀνδρῶν ἐν παλάμῃσι κατέκταθεν ὀξέϊ χαλκῷ

heisst: *„Sie verwüsteten und während dessen (dabei) wurden sie getötet"* und Il. 10, 488:

ὡς μὲν (wie ein Löwe) Θρήϊκας ἄνδρας ἐπῴχετο Τυδέος υἱός,
ὄφρα δυώδεκ' ἔπεφνεν·

er durchwandelte (und) dabei tötete er . . . .

Der Unterschied zwischen diesen Stellen (b) und solchen wie Il. 18, 15 (a) liegt also nicht etwa nur in der Stellung des Nebensatzes — denn für diese sind gewiss „ästhetisch-stilistische Rücksichten" mitbestimmend gewesen (siehe Delbrück l. c. S. 35), sondern in der verschiedenen syntaktischen Zugehörigkeit des ἕως. Der in ἕως liegende Accusativ (oder was sonst für ein Casus darin enthalten sein mag), den wir durch die Präposition während übersetzen, gehört bei b in den Nebensatz, von dessen Verbum er abhängt, bei a in den Hauptsatz, wie dies die Übersetzung „während dieser seiner Erwägungen trat an ihn ... heran" veranschaulichen mag.

Genau so ist es mit den verschiedenen Bedeutungen von ὡς. In ὡς „wie" schliesst sich der adverbielle Kasus an das Verb des Hauptsatzes, in ὡς „so dass, damit" bestimmt er das untergeordnete Verb, das seinerseits zur Bestimmung des übergeordneten Satzes hinzu-

---

1) Dass mit der Anwendung desselben Tempus Il. 20, 42 die Verwendung der gleichen Korrelativa (εἵως τεῖος gegenüber dem εἷος τόφρα Il. 18, 15) zusammenfällt, ist nur zufällig; denn z. B. Il. 15, 390 Od. 12, 327 f. u. a. heisst εἵως τόφρα solange und umgekehrt Od. 4, 90. 91 εἵως τεῖως während. Stellen ohne demonstratives Korrelat siehe bei Nitzsch Anm. zur Odyssee IV 120.

2) Logisch schärfer würden wir dafür bei unserem abstrakteren Denken sagen: er tobte durch die R. d. K. so, dass er (während) bei dem Toben sein Leben verlor. Eine Ahnung davon, dass die Partikel in dieser Weise das vorangehende Verbum aufnimmt, hatte der Sänger der Ilias, wenn er 24, 154 und 183 sagt:

ὅς (der ἀργεϊφόντης) ἄξει εἵως κεν ἄγων Ἀχιλῆϊ πελάσσῃ.

während dessen, nämlich beim Führen, wird er . . . . nähern.

3) Dass in ὄφρα der Relativstamm steckt, ergiebt das korrespondierende τόφρα. Die Vermutung Curtius', dass es aus ὁ-γι-ρα (cf. u-bi) entstanden wäre, überzeugt mich nicht. Mir scheint es unbedenklich, das gr. — φρα dem gleichlautenden lat. — fra in infra an die Seite zu stellen, so dass τόφρα unterdessen hiesse: vergl. z. B. Il. 10, 498 und Il. 17, 258. Fick vergleicht noch „lit. da-bár adv. zur Zeit, jetzt", Wörterbuch I⁴ S 492.

gefügt ist. Und die Bedeutung der Absicht entwickelt sich hier unter denselben „Konjunkturen" wie bei ἕως z. B. Il. 17, 622:

μάστιε νῦν, εἵως κε θοὰς ἐπὶ νῆας ἵκηαι,

welche Stelle Voss übersetzt: „Geissele nun, dass hinab zu den hurtigen Schiffen du kommest." Eigentlich: „Geissele: während des Geisselns sollst du . . . hinabkommen." Für ὄφρα in dieser Bedeutung vergleiche Od. 17, 10 u. v. a. St.; für ὡς Il. 23, 339:

ἐν νύσσῃ δέ τοι ἵππος ἀριστερὸς ἐγχριμφθήτω,
ὡς ἄν τοι πλήμνη γε δοάσσεται ἄκρον ἱκέσθαι
κύκλου ποιητοῖο·

„Das linke Pferd soll nah am Ziel sich herumdrehen (und) auf diese Weise (sc. durch die Art des Drehens) soll die Nabe . . . . zu berühren scheinen" und Il. 16, 270:

ἀνέρες ἔστε, φίλοι, μνήσασθε δὲ θούριδος ἀλκῆς
ὡς ἄν Πηλεΐδην τιμήσομεν.

„Gedenkt des stürmenden Mutes: auf die Weise (sc. durch die Art des μνήσασθαι) mögen wir den Peliden verherrlichen." Vergleiche auch ἵνα wo und ἵνα damit.

Hand in Hand mit der verschiedenen Beziehung des Kasus von ἕως (und ὄφρα) geht die verschiedene Beziehung des pronominalen Bestandteils dieser Partikeln. Hier stellt Delbrück S. 53 für alle Sätze mit Konjunktionen vom Relativstamm den Satz auf, den Inhalt der Konjunktion sei der Satz, an den sich der Konjunktionssatz anschliesst.[1]) So richtig dies nach der obigen Darstellung für die Fälle b erscheinen wird, so wenig stimmt es für die Fälle a. Auf das Verb des Hauptsatzes weist doch in dem eben citierten ὄφρα-Satze Ψ 46 die Konjunktion weder hin noch zurück, wie die von Delbrück selber gegebene Analyse der Stelle beweist (siehe S. 68). Und die Formulierung, das Pronomen sei in solchen Fällen korrelativ[2]) gebraucht, bedarf erst selber einer Interpretation. Soll dieser Ausdruck besagen, das relative ἕως (ὄφρα) werde durch das demonstrative τέως (τόφρα) erklärt, so heisst das eine unbekannte Grösse durch eine andere unbekannte bestimmen wollen: soll aber damit angedeutet sein, dass die relative Konjunktion, die durch das Verbum des Nebensatzes seinen Inhalt erhalten (resp. erhält), durch das entsprechende Demonstrativ noch einmal aufgenommen (resp. vorbereitet) werde, so trifft der Name nicht die Hauptsache, eben jene nähere Bestimmung des Relativs durch das folgende Verb des Relativsatzes.[3])

So hätten wir also doch jene „vorwärtsweisende" Kraft des Pronominalstammes jo, gegen deren Annahme sich Delbrück l. c. p. 61 so sehr verwahrt? Vergleiche Il. 24, 337:

βάσκ' ἴθι, καὶ Πρίαμον κοίλας ἐπὶ νῆας Ἀχαιῶν
ὡς ἄγαγ', ὡς μήτ' ἄρ τις ἴδῃ μήτ' ἄρ τε νοήσῃ

und Delbrücks Bemerkung dazu: „Übrigens ist es sehr auffallend, dass in diesem Falle als vorwärts in die Rede weisendes Pronomen der Stamm jo gebraucht ist und nicht der Stamm to. Ich sehe darin natürlich nicht einen Rest der uraltertümlichen Bedeutung, sondern eine

---

1) Vorher noch: „Sie nehmen allemal den ganzen vorher ausgesprochenen Satz auf." Ähnlich auch Brugmann in Müllers Handbuch II² 229.
2) So Deecke in seinem Buchsweiler Gymnasialprogramm 1887 Die griech. und lat. Nebensätze auf wissensch. Grundlage neu geordnet, Kap. 5 ff., bes. S. 30. 31. 35, und Frenzel, Die Entwickelung des relat. Satzbaus im Griech. Gymnasialprogramm zu Wongrowitz 1889.
3) Die Ausdrücke Relativ und Relativsatz sind hier wie auch im folgenden bisweilen in dem weiteren Sinne gebraucht, so, dass sie auch die relativischen Konjunktionen und die durch sie eingeleiteten Sätze mit bezeichnen. Übrigens scheint mir die Annahme, dass die Hinzufügung eines Korrel. Demonstrativs die allein ursprüngliche Ausdrucksweise sei, aus der sich der Gebrauch des Relativpronomens ohne Korrelat erst allmählich entwickelt habe, keineswegs auch bewiesen zu sein. Man beachte bes. die Leichtigkeit, mit der Frenzel von Weglassung (S. 41) und Ausfall (S. 42) der Demonstrativa oder Umstellung der Sätze (S. 51 ff.) spricht.

späte Entwickelung, deren Grund mir aber nicht klar ist." Es wäre gewiss misslich, auf eine solche Stelle eine abweichende Verwendung des Pronomens zu stützen. Doch werden wir hier ja auch auf anderem Wege auf eine solche, sagen wir „vorwärtsweisende" Bedeutung des Pronomens jo geführt: eine solche brauchen wir bei ἐξ οὗ οὕνεκα ὅ ὅτι u. a., wenn z. B. in folgenden Fällen das pronominale Element überhaupt je einen Sinn gehabt haben soll:

Il. 1, 6 αὐτοὺς δὲ ἑλώρια τεῦχε κύνεσσιν
οἰωνοῖσί τε δαῖτα, Διὸς δ' ἐτελείετο βουλή,
ἐξ οὗ δὴ τὰ πρῶτα διαστήτην ἐρίσαντε·
er richtete sie her . . . . seit jener Zeit da: es entzweiten sich zankend.

Il. 8, 295 ἐξ οὗ προτὶ Ἴλιον ὡσάμεθ' αὐτούς,
ἐκ τοῦ δὴ τόξοισι δεδεγμένος ἄνδρας ἐναίρω
seit jener Zeit: wir drängten sie gen Ilios, seit der Zeit . . . . . . erlege ich . . . .

Il. 2, 580 πᾶσιν δὲ μετέπρεπεν ἡρώεσσιν,
οὕνεκ' ἄριστος ἔην, πολὺ δὲ πλείστους ἄγε λαούς
er leuchtete hervor um jenes Umstandes willen: er war der Tapferste und führte . . . ,

Il. 3, 403 οὕνεκα δὴ νῦν δῖον Ἀλέξανδρον Μενέλαος
νικήσας ἐθέλει στυγερὴν ἐμὲ οἴκαδ' ἄγεσθαι·
τοὔνεκα δὴ νῦν δεῦρο δολοφρονέουσα παρέστης
um jenes Umstandes willen: jetzt will Menelaos . . . führen, um dieses Umstandes willen tratest du jetzt heran.

Il. 8, 32 εὖ νυ καὶ ἡμεῖς ἴδμεν, ὅ τοι σθένος οὐκ ἐπιεικτόν.
wohl ja erkennen auch wir jenes: deine Macht ist unbezwinglich.

Il. 11, 408 οἶδα γὰρ ὅττι κακοὶ μὲν ἀποίχονται πολέμοιο,
weiss ich doch jenes: die Feigen gehen aus dem Kampfe.

Il. 5, 326 ὃν περὶ πάσης
τῖεν ὁμηλικίης, ὅτι οἱ φρεσὶν ἄρτια ᾔδη,
den er ehrte in jener Hinsicht, aus jenem Grunde: er dachte . . . . angemessen,

Il. 16, 35 γλαυκὴ δέ σε τίκτε θάλασσα
πέτραι τ' ἠλίβατοι, ὅτι τοι νόος ἐστὶν ἀπηνής.
Dich schuf das Meer und die Felsen insofern: dein Sinn ist gefühllos.

Il. 24, 592 μή μοι, Πάτροκλε, σκυδμαινέμεν, αἴ κε πύθηαι
εἰν Ἀΐδός περ ἐών, ὅτι Ἕκτορα δῖον ἔλυσα
πατρὶ φίλῳ. „insofern: ich löste".

Il. 1, 120 λεύσσετε γὰρ τό γε πάντες ὅ μοι γέρας ἔρχεται ἄλλῃ.
das Doecke, durchaus richtig mit Anwendung zweier Gedankenstriche, übersetzt: „das (da) — mein Geschenk geht einen anderen Weg — das (hier) seht ihr ja alle."

Bei einigen dieser Sätze mit ὅτι könnte man vielleicht versucht sein, eine Beziehung auf das vorangehende Verb zu konstruieren, indem man jener häufigen Verwendung von ita in kausalem Sinne gedenkt. Vergl. z. B. Mil. Glor. 159

Mi equidem iam arbitri vicini sunt, meae quid fiat domi:
Ita per impluvium intro spectant.   und ibid. 167
Nescio quid male factum a nostra hic familiast, quantum audio:
Ita hic senex talos elidi iussit conservis meis.

mit der Übersetzung von Il. 16, 35 „Dich schuf die finstere Meerflut, dich hochstarrende Felsen: so (ungefähr = denn) gefühllos ist dein Herz" oder Il. 5, 326: „den er vor allen Jugendfreunden geehrt: also dachte er . . . . . angemessen"; doch ist eine solche mehr graduelle Bedeutung von ὅτι eben nicht bewiesen.

Im übrigen jedoch zeigen die beigefügten Andeutungen einer wörtlichen Übersetzung,[1]) dass das Relativpronomen bei den Konjunktionen ὅ ὅτι οὕνεκα ἐξ οὗ, die selber ein Glied des Hauptsatzes, erst durch das Verbum des sogenannten Nebensatzes einen Inhalt bekommt. Vorwärtsweisend brauchen wir deshalb das Pronomen nicht gerade zu nennen: dasselbe mag, wie der Artikel, mehr eine Vorstellung als bekannt hinstellen, die dann unmittelbar darauf doch noch genau bezeichnet wird. Il. 5, 554

οἵω τώ γε λέοντε δύω ὄρεος κορυφῇσιν
ἐτραφέτην ὑπὸ μητρὶ βαθείης τάρφεσιν ὕλης

müssen wir doch — streng genommen — übersetzen „Wie jene zwei Löwen auf ragenden Berghöhen . . . . genährt wurden", und diese Ausdrucksweise erklärt sich aus der Neigung, die eigenen Gedanken bei den Hörenden ebenfalls vorauszusetzen, einer Neigung, die so recht ein Merkmal naiver Anschauung, naiven, noch wenig entwickelten Denkens ist.

Sowie Kinder leicht ihre blossen Gedanken mit wirklichen Geschehnissen verwechseln, so erschienen auch im Kindesalter der Sprache den Menschen blosse Vorstellungen ihres Geistes so real, dass sie auf sie wie auf sinnfällige Erscheinungen der Aussenwelt selbst dann hinwiesen, wenn sie vorher noch gar nicht angedeutet waren. Wir befinden uns mit diesen Ausführungen in völligem Einklang mit der grundlegenden Schrift „Über den Ursprung des Relativpronomens u. s. w." von Windisch (in Curtius' Studien II), der auf Seite 259 über οὗτος sagt: „Nur eine Besonderheit scheint es zu sein, wenn οὗτος, ohne auf Vorhererwähntes hinzuweisen, ein allgemein bekanntes Objekt bezeichnet, z. B. Öd. R. 562 τότ᾽ οὖν ὁ μάντις οὗτος ἦν ἐν τῇ τέχνῃ; Gemeint ist Tiresias, „jener berühmte Seher". Das allgemeine Bekanntsein kommt einer ausdrücklichen Erwähnung gleich." Darauf beruht auch der Gebrauch der korrespondierenden Demonstrativa mit unbestimmtem Inhalt, deren Verständnis freilich von Anfang an durch lebhafte Gesten wesentlich unterstützt werden mochte. Vergleiche z. B. Her. 1, 173: νόμοισι δὲ τὰ μὲν Κρητικοῖσι, τὰ δὲ Καρικοῖσι χρέωνται[2]) = in jenen, ja bekannten Fällen kretisch, in jenen karisch. Ähnlich korrespondierend nun findet sich auch ὅς an einigen Homerstellen gebraucht,[3]) nur dass an denselben die korrespondierenden Pronomina in Nebensätzen stehen und zum Teil (vgl. die zuletzt genannten Beispiele) aus dem Sinne des übergeordneten Subjekts gesprochen sind (d. h. hier: als bekannt vorausgesetzt) sind.

Il. 15, 137 μάρψει (Ζεὺς) δ᾽ ἑξείης, ὅς τ᾽ αἴτιος ὅς τε καὶ οὐχί *und ergreift (sie) nacheinander: der (eine von den ergriffenen) ist schuldig, der (andre) ist's nicht.*

Il. 12, 269. 70 ἄλλον μειλιχίοις, ἄλλον στερεοῖς ἐπέεσσιν
νείκεον, ὅν τινα πάγχυ μάχης μεθιέντα ἴδοιεν·
ὦ φίλοι, Ἀργείων ὅς τ᾽ ἔξοχος ὅς τε μεσήεις
ὅς τε χερειότερος . . . νῦν ἔπλετο ἔργον ἅπασιν

Freunde, der (eine von den Freunden) ist hervorragend unter den Argivern, der mittelmässig, der schlechter . . . jetzt zeigt für alle sich Arbeit.

---

[1]) Selbstverständlich glauben wir nicht, dass in der homerischen Zeit dieser ursprüngliche Sinn noch gefühlt wurde; vielmehr stimmen wir Brugmann bei, wenn er bei Müller Handbuch II² S. 229 sagt: „Schon in der vorhistorischen Zeit der griech. Sprache wurden alle Sätze mit Formen von ὅ- . . . zu Nebensätzen herabgedrückt." Im übrigen bitten wir alle diejenigen, welche den Homer vom ästhetischen Standpunkte aus zu lesen gewohnt sind, für diese Übersetzungen vom grammatischen Standpunkte — um Nachsicht.

[2]) So auch wird es klar, wie Herodot 4, 67 nach dem vorangehenden Plural in dem Satze ἐπεὰν τὴν φιλύρην τρίψας σχίσῃ διαπλέκων ἐν τοῖσι δακτύλοισι τοῖσι ἑωυτοῦ καὶ διαλύων χρᾷ das neue Subjekt unbezeichnet lassen konnte. Der ursprünglich in der Verbalform liegende deiktisch-anaphorische Begriff er geht auf dieselbe Weise wie τὰ μέν .. τὰ δέ in scheinbar indefiniten Gebrauch über. Ein ähnlicher Übergang vom Plural in den Singular findet sich Herodot 4, 119.

[3]) Von der nicht ganz gesicherten Demosthenesstelle or. de cor. 71 und dem bekannten ὅς καὶ ὅς sei hier abgesehen.

Il. 21, 609. 10
>   οὐδ' ἄρα τοί γ' ἔτλαν (die fliehenden Troer) πόλιος καὶ τείχεος ἐκτὸς
>   μεῖναι ἔτ' ἀλλήλους, καὶ γνώμεναι, ὅς τε πεφεύγειν
>   ὅς τ' ἔθαν' ἐν πολέμῳ

und zu erkunden: der (eine) ist entflohen, der (andre) gefallen im Streit.

Il. 23, 497. 98
>   τότε δὲ γνώσεσθε ἕκαστος
>   ἵππους Ἀργείων, οἳ δεύτεροι οἵ τε πάροιθεν.

Mehr solche Stellen siehe bei Lammert de pron. relat. homericis, Lipsiae 1874 p. 10 und 11, der gleich Windisch l. c. pag. 211 darauf hinweist, dass hier nur scheinbar der Pronominalstamm in interrogativem Sinne verwendet sei, freilich für einige der späteren Stellen eine Beeinflussung durch die Sätze mit ὅστις für möglich hält. Das Wesentliche scheint mir die Doppelsetzung der Pronomina zu sein, bei der der eigentliche Inhalt derselben wieder als bekannt vorausgesetzt ward.

Und schliesslich nichts anderes haben wir auch bei ὁτέ, das bald mit ἄλλοτε korrespondiert, bald selbst „das andre Mal" bedeutet. Il. 20, 49
>   αὖε δ' Ἀθήνη
>   στᾶσ' ὁτὲ μὲν παρὰ τάφρον ὀρυκτὴν τείχεος ἐκτός,
>   ἄλλοτ' ἐπ' ἀκτάων ἐριδούπων μακρὸν ἀΰτει

schwebten dem Dichter zwei verschiedene Zeitpunkte so lebhaft vor Augen, dass er auf sie wie auf allgemein bekannte hinwies: und er konnte dies um so eher, da es ihm mehr auf den Wechsel der Zeiten, als auf die Zeiten selber ankam. Cf. Il. 18, 599. 11, 64. 11, 568. 17, 177.

So also, behaupten wir, wird auch in Partikeln wie ἐξ οὗ οὕνεκα ὅ ὅτι das Pronomen jo den dem Redner vorschwebenden Grund, Zeitpunkt u. s. w. als bekannt hinstellen, und die in unseren Homerstellen folgenden Verba διαστήτην ἔην u. s. w. werden lediglich erklärende, nachträgliche Zusätze des Redenden sein, der von vorneherein auf ein Verständnis jenes ἐξ οὗ οὕνεκα u. s. w. bei seinen Hörern rechnete. Dergleichen verbale Zusätze hinter einzelnen Satzteilen in der Art der althochdeutschen Relativsätze, „die an ein zum Hauptsatz gehöriges Nomen oder Pronomen ohne jede formale Verbindung angereiht werden",[1]) finden sich im Griechischen auch der späteren Zeit, z. B. hinter πλήν, cf. Xen. Anabasis 1, 3, 26: Οἱ δὲ λοχαγοὶ ἀκούσαντες ταῦτα ἡγεῖσθαι ἐκέλευον ἅπαντες πλὴν Ἀπολλωνίδης τις ἦν βοιωτιάζων τῇ φωνῇ· οὗτος δ' εἶπεν . ²)

Im wesentlichen läuft übrigens die Annahme jener andeutenden, d. h. die Sache als bekannt voraussetzenden Bedeutung des Pronominalstammes jo auf dasselbe hinaus wie die einer vorwärtsdeutenden. Beide Erklärungen münden in den Satz: **Den Inhalt der Relativkonjunktion, die selbst ein Glied des Hauptsatzes ist, giebt das Prädikat des Nebensatzes.**

Bevor wir diesen Satz auf ἕως und ὄφρα (= „während") anwenden,³) sei erst noch die Darstellung, die Frenzel p. 71 ff. von den oben herangezogenen Sätzen mit ὅ und ὅτι

---

1) Siehe § 96 der Grundzüge der deutschen Syntax von Erdmann, der in seinen überaus anregenden Forschungen (vgl. auch seine „Untersuchungen über die Syntax der Sprache Otfrids") bereits die meisten deutschen Konjunktionen in der obigen Weise erklärt hat.

2) Krüger vergleicht treffend an dieser Stelle Anab. 1, 9, 14: τούς γε μέντοι ἀγαθοὺς εἰς πόλεμον ὡμολόγητο διαφερόντως τιμᾶν. Καὶ πρῶτον μὲν ἦν αὐτῷ πόλεμος πρὸς Πισίδας καὶ Μυσοὺς στρατευόμενος οὖν καὶ αὐτὸς εἰς ταύτας τὰς χώρας, ἔπειτα δὲ...καὶ ἄλλοι δῶροις ἐτίμα und fügt hinzu „Wenn im folgenden nichts ausgefallen ist, so muss man annehmen, dass der Satz ἦν αὐτῷ πόλεμος nur eine Art Nebensatz für πολέμου αὐτῷ ὄντος, Επειτα δὲ...καὶ ἄλλοι δῶροις ἐτίμα und fügt hinzu „Wenn ἐποίει gehört."

3) Wir könnten ihn auch anwenden auf ἦμος ἀφ' οὗ u. a. Wenn Frenzel l. c. S. 35 z. B. zu Il 4, 210 ἀλλ' ὅτε δὴ ὅ' ἵκανον, ὅθι ξανθὸς Μενέλαος ... sagt, ὅτε weist auf ἵκανον hin, so ist dies völlig richtig; nur stimmt dazu nicht die anfangs gegebene Übersetzung: „Da kamen sie dahin, wo der blonde Menelaos ..."

giebt, der unsrigen gegenübergestellt zum Beweise, wie verwirrend der Begriff Korrelation wirken kann.

Derselbe vergleicht die ja in der That genau sich entsprechenden Stellen Il. 8, 32 und Il. 5, 407 (οὐ δηναιὸς ὃς ἀθανάτοισι μάχηται) und führt dann fort: „Der Satz οὐ δηναιὸς ὃς ἀθανάτοισι μάχηται ist hervorgegangen aus οὗτος οὐ δηναιὸς ὃς ἀθανάτοισι μάχηται.[1]) Wir werden also erwarten müssen, dass wie hier dem ὃς ein voraufgehendes οὗτος entspricht, in dem Satze εὖ νυ καὶ ἡμεῖς ἴδμεν ὅ τοι σθένος οὐκ ἐπιεικτόν dem ὅ ein τοῦτο oder τό einst gegenübergestanden habe. Und dies (!) ist auch in der That der Fall, wie Hom. Il. I, 120 λεύσσετε γὰρ τό γε πάντες ὅ μοι γέρας ἔρχεται ἄλλῃ. Il. 20, 466 οὐδὲ τὸ ᾔδη ὃ οὐ πείσεσθαι ἔμελλεν· Der Satz οὗτος οὐ δηναιὸς ὃς ἀθανάτοισι μάχηται steht in der corr. inversa, welche erst eine weitere Entwickelung der correlatio recta ist. Wenn wir letztere wieder herstellen, so lautet die Fassung ὃς ἀθανάτοισι μάχηται, οὗτος δὲ οὐ δηναιός.[2]) Führen wir nun unseren Aussagesatz ebenfalls in die corr. recta zurück, so erhalten wir σθένος τοι οὐκ ἐπιεικτόν τὸ καὶ ἡμεῖς νυ εὖ ἴδμεν." Nach einem Hinweis auf ähnliche deutsche Beispiele fällt es dem Verfasser dann doch auf, dass er bei der Umbildung der beiden griechischen Sätze sich nicht gleich geblieben (es müsste natürlich ὅ σθένος τοι οὐκ ἐπιεικτόν· τὸ u. s. w. heissen) und er beantwortet nun die Frage, woher dieses dem τὸ korrelate ὅ komme, mit den Worten: „Die Sprache hatte sich bereits daran gewöhnt, auf ein οὗτος in solchen korrelativen Satzgefügen ein folgendes (!) ὅς zu erwarten, und so verlangte sie denn auch, dass dem τό eines Aussagesatzes ein ὅ entspreche. Da dies nicht vorhanden war, so schuf sich dieses τό selbst ein ihm entsprechendes ὅ, so dass nun die Korrelation hergestellt war. Wie nun nach Wegfall des οὗτος in οὗτος οὐ δηναιὸς ὃς ἀθανάτοισι μάχηται ὅς die Bedeutung desselben übernahm und so halb demonstrativ und halb relativ wurde, so ging auch die demonstrative Bedeutung des τὸ auf das folgende ὅ über, als es selbst wegfiel." Sollen wir mit solchen Umstellungen und Auslassungen, mit solchen Ableitungen aus selbstgeschaffenen unerwiesenen Vorstufen zu einer wissenschaftlichen Erkenntnis kommen? Ich glaube nicht, und auch durch die Erwägung Brugmanns l. l. p. 232, „dass die Entwickelung zur Konjunktion bei ὅ etc. bereits in vorhistorischer Zeit abgeschlossen war", fürchte ich, wird die von ihm angegebene Bedeutung, „in welcher Beziehung, in Beziehung worauf" nicht annehmbarer.

Um dann auf unsere Partikeln ἕως und ὄφρα zurückzukommen, so wollten wir die Verba der von ihnen eingeleiteten Nebensätze als nähere Erklärung des Relativs auffassen, mit dem der Sprechende etwas Bekanntes hinstellte oder hinzustellen glaubte. Da trifft es sich nun ausserordentlich günstig, dass uns gerade für ἕως und ὄφρα auch einige Stellen ohne solchen unmittelbar erklärenden Zusatz bei Homer erhalten sind. Deecke führt S. 35 an Il. 15, 277

ὣς (wie die Jäger und Hunde) Δαναοὶ εἵως μὲν ὁμιλαδὸν αἰὲν ἕποντο
νύσσοντες ξίφεσίν τε καὶ ἔγχεσιν ἀμφιγύοισιν·
αὐτὰρ ἐπεὶ ἴδον Ἕκτορ' ἐποιχόμενον στίχας ἀνδρῶν,
τάρβησαν

und Il. 15, 547 . . . ὄφρα μὲν . . . αὐτὰρ ἐπεὶ . . . und übersetzt dem Sinne gemäss „eine Zeit lang". Voss setzt dafür „zuerst" und „einst" ein; trotzdem ist der Gedanke, dass hier der Stamm jo als indefinites Pronomen gebraucht sei, ebenso abzuweisen, wie der an eine Ellipse des Verbs. Dem naiven Erzähler schwebt die Vorstellung vor von den Danaern, die eine Zeit lang die Feinde verfolgten, und er ruft, gleich als ob in demselben Augenblick, da er sie

---

[1]) Ähnlich spricht Deecke pag. 31 von einem „Ausfall des Demonstrativs" durch den erst „die einfache Relation" im Griechischen entstanden sei. Richtiger Delbrück S. 48.
[2]) Umgekehrt braucht Lammert, de pronominibus relativis homericis, Lipsiae 1874, für solche Fälle den Namen correlatio inversa (siehe § 5), dessen Auffassung Brugmann, Gr. Gramm. S. 229. 30. nahesteht, während Deecke wieder die Folge ὅς . . . . ὅ (τοῦ u. s. w.) die ursprüngliche nennt. Aus Delbrück vergl. S. 33.

dachte, auch die Handlung sich vollzog: „Die Danaer folgten jene Zeit über." Einer Erklärung bedurfte ein solcher Ausdruck um so weniger, da in dem weiter folgenden αὐτὰρ ἐπεὶ eine Zeitgrenze gegeben wurde. Ähnlich brauchen auch wir in der gewöhnlichen Rede ein einfaches „solange". Gleicher Art sind nun noch mehrere Stellen der Ilias, wie

Il. 12, 141: οἱ δ' ἦ τοι εἵως μὲν ἐυκνήμιδας Ἀχαιοὺς
ὤρνυον ἔνδον ἐόντες ἀμύνεσθαι περὶ νηῶν·
αὐτὰρ ἐπεὶ δὴ τεῖχος ... Voss wieder: *sie dort halten zuvor;*

Il. 17, 727 und 730 in dem Gleichnis von den Hunden, mit nachfolgendem ἀλλ' ὅτε δή:
ἴθυσαν δὲ κύνεσσιν ἐοικότες (sc. Troes) οἵ τ' ἐπὶ κάπρῳ
βλημένῳ ἀΐξωσι ...
ἕως μὲν γάρ τε θέουσι διαρραῖσαι μεμαῶτες (Voss: *Anfangs laufen sie zwar*)
ἀλλ' ὅτε δή ῥ' ἐν τοῖσιν ἐλίξεται ἀλκὶ πεποιθώς,
ἂψ τ' ἀνεχώρησαν ...
ὣς Τρῶες εἵως μὲν ὁμιλαδὸν αἰὲν ἕποντο ...
(νύσσοντες ...)
ἀλλ' ὅτε δή ῥ' Αἴαντε μεταστρεφθέντε κατ' αὐτοὺς
σταίησαν, τῶν δὲ τράπετο χρώς .....

Il. 13, 143 wiederum in einem Gleichnis:
ὁ δ' ἀσφαλέως θέει ἔμπεδον (sc. ein Felsblock), εἵως ἵκηται
ἰσόπεδον· τότε δ' οὔτι κυλίνδεται ἐσσύμενός περ·
ὣς Ἕκτωρ εἵως μὲν ἀπείλει μέχρι θαλάσσης
ῥέα διελεύσεσθαι ...
κτείνειν· ἀλλ' ὅτε δὴ πυκινῇς ἐνέκυρσε φάλαγξιν,
στῆ ῥα μάλ' ἐγχριμφθείς.

Voss: *Also droht auch Hektor zuerst* ...; hier hat das εἵως μὲν ausser an dem folgenden ἀλλ' ὅτε δή auch an dem vorangehenden εἵως ἵκηται „bis er erreicht" eine unwillkürlich wirkende Einschränkung oder Bestimmung. Am lehrreichsten bleibt jedoch die Stelle mit ὄφρα: Il. 15, 547: ὁ (sc. Melanippus) δ' ὄφρα μὲν εἰλίποδας βοῦς
βόσκ' ἐν Περκώτῃ δηίων ἀπονόσφιν ἐόντων.
αὐτὰρ ἐπεὶ ..

lehrreich, weil hier eine nachträgliche Erklärung der Relativpartikel in den Worten δηίων ἀπονόσφιν ἐόντων liegt, mag man dieselben auch kausal übersetzen.

Die hier zusammengestellten, offenbar recht alten[1]) Fälle verhalten sich zu den gewöhnlichen Temporalsätzen mit solange als oder während wie πλήν ausser zu dem oben citierten Satz mit πλήν; sie zeigen klar, dass wir berechtigt sind, auch ἕως und ὄφρα, solange als, während, als ursprüngliche Glieder des Hauptsatzes aufzufassen. Wie sich aber aus einem solchen einfachen Satzgliede durch Hinzufügung eines finiten Verbs (mit oder ohne nähere Bestimmungen) der Nebensatz entwickelte, davon können uns folgende eng an jene Beispiele sich anschliessende Fälle eine Empfindung geben.

Il. 15, 390 ff. Πάτροκλος δ' εἵως μὲν·[Ἀχαιοί τε Τρῶές τε
τείχεος ἀμφεμάχοντο θοάων ἔκτοθι νηῶν,
τόφρ', ὅγ'] ἐνὶ κλισίῃ ἀγαπήνορος Εὐρυπύλοιο
ἧστό τε καὶ τὸν ἔτερπε λόγοις ...
αὐτὰρ ἐπεὶ δή ... und Il. 20, 41 ff.

Wer Kunstausdrücke liebt, kann diese Art der Hinzufügung eines Satzes zu einem Gliede eines andern Satzes, die oben auch in zwei Fällen (Il. 8, 295 und Il. 8, 403) für ἐξ οὗ und οὕνεκα nachgewiesen ward, παρένταξις nennen. Dass sie erst aufkam, als durch häufige

---

1) Solche Fälle sind nach Nitzsch III 126 in der Odyssee seltener. Daselbst auch die Stellen, an denen τέως in gleichem Sinne gebraucht ist.

Parataxe in der Art von Ilias 1, 6[1]) sich bereits ein Gefühl für die Zusammengehörigkeit von Relativ und folgendem Verb herausgebildet hatte, ist möglich. Eine Untersuchung darüber würde sich zu der Frage zuspitzen, ob die Stellung der pronominalen Konjunktion am Ende des Hauptsatzes unter allen Umständen älter war als die innerhalb desselben, einer Frage, die wie alle Ermittelungen über die Stellung der grössten Schwierigkeit begegnet. Jedenfalls halten wir einen Fall wie Il. 1, 120 mit der Korrelation τὸ . . . ὅ für jünger als die Fälle mit einfachem Relativ (hinter dem Hauptverb): denn nach unserer Auffassung bedeutet das τὸ genau dasselbe wie das ὅ; eine solche Tautologie aber wird nur durch die Annahme verständlich, dass der ursprüngliche Sinn des Relativs bald ganz abgeblasst war und gewissermassen einer Auffrischung bedurfte. Ähnlich Delbrück. Und wenn wir an der Iliasstelle 24, 337, von der wir Seite 7 ausgingen, die Korrelation ὥς . . ὥς lesen, so wäre eben dies das „Auffallende", dass diese Auffrischung und Verdeutlichung des Relativs durch das bereits abgeschwächte und entwertete Relativ selber geschehen sein sollte. Aus dieser Verlegenheit können wir uns entweder mit der Annahme von Analogiebildung und Formenvermengung helfen; so Deecke l. c. S. 30; oder wie Brugmann l. c. S. 228 Anm. 2 mit der Herleitung des ὥς aus dem Stamme so, der in ὅ τ' steckt.[2])

Fassen wir nach dieser Abschweifung unsere Ansicht über ἕως und ὄφρα noch einmal ganz kurz zusammen! Danach erklärt sich die doppelte Verwendung dieser Partikeln bald in dem Sinne der Gleichzeitigkeit, bald in dem der Zeitgrenze aus ihrer wechselnden syntaktischen Zugehörigkeit und ihrem wechselnden pronominalen Gehalt.

Wenn ἕως oder ὄφρα bis heissen, gehören sie in den Nebensatz und deuten auf den Hauptsatz zurück.

Wenn ἕως oder ὄφρα solange als resp. während heissen, gehören sie in den Hauptsatz und deuten auf den Nebensatz hin.

Schneller können wir über die anderen griechischen Partikeln hinweggehen, die die Bedeutung „während" nicht haben; zunächst über εἰσόκε, das augenscheinlich mit εἰς zusammengesetzt ist. Zur Erklärung des doppelten Gebrauchs dieser Partikel weist Delbrück auf εἰς ἐνιαυτὸν hin, das auf ein Jahr bedeute. Danach können wir die bekannten Stellen mit εἰς ὅ in der Bedeutung so lange, z. B. Il. 9, 609. 10:

φρονέω δὲ τετιμῆσθαι Διὸς αἴσῃ,
ἥ μ' ἕξει παρὰ νηυσὶ κορωνίσιν, εἰς ὅ κ' ἀυτμὴ
ἐν στήθεσσι μένῃ καί μοι φίλα γούνατ' ὀρώρῃ

erklären: *Ehre wird mich umgeben auf oder für die Zeit, der Atem mag mir in der Brust bleiben.* Ebenso Il. 10, 89. Dagegen heisst Il. 3, 409:

ἀλλ' αἰεὶ περὶ κεῖνον ὀΐζυε καί ἑ φύλασσε,
εἰς ὅ κέ σ' ἢ ἄλοχον ποιήσεται ἢ ὅγε δούλην

pflege ihn bis zu der Zeit: er mag dich etwa zum Weibe nehmen.

In beiden Fällen betrachten wir das Relativ mit der Präposition als ein Glied des Hauptsatzes mit demonstrativer Grundbedeutung, sowie wir es oben bei ἐξ οὗ und den anderen Konjunktionen thaten. Zum Unterschiede hiervon setzt die Erklärung, die wir oben S. 5 für εἰσόκε solange andeuteten, ein bereits völlig entwickeltes Relativ voraus, indem Il. 9, 609 zu übersetzen wäre: „Bis zu welcher Zeit mir der Atem bliebe, bis zu der wird mich umgeben." Zu vergleichen wäre dann οὕνεκα Od. 3, 61 in der Bedeutung weswegen gegenüber der gewöhn-

---

1) Ein entsprechender Fall mit ἕως solange findet sich Od. 13, 314 (mit vorangehendem πάρος).
2) Die Frage, wie weit jene andeutende, resp. vorwärtsweisende Kraft des Pronominalstammes je auch in den wirklichen Relativsätzen anzunehmen sei, erfordert eine eigne Untersuchung, bei der besonders die Lehre von der Attraktion einer erneuten Behandlung unterzogen werden muss. In Betracht kommen natürlich nur diejenigen Relativsätze, die zum Verständnis des Hauptsatzes notwendig sind, und von diesen zunächst auch nur die ohne nominales Bezugswort.

lichen Bedeutung weil.[1]) Da durch diese Auslegung die Partikel εἰσόκε solange in eine jüngere Zeit der Sprache gerückt wird, als das ganz parallel laufende εἰσόκε bis, möchten wir uns für die andere Annahme entscheiden. Etwas anders Delbrück bei Besprechung der Iliasstellen 21,531 und Od. 2, 97.

Hieran schliesst sich ἔστε, falls darin die Präposition εἰς enthalten ist. Es hiesse wieder Herodot 7,141: αὐτοῦ τῇδε μενέομεν ἔστ' ἂν καὶ τελευτήσωμεν „wir werden bleiben bis: wir stürben wohl gar;" Xenoph. Mem. III 5, 6: ὅταν μὲν γὰρ δήπου μηδὲν φοβῶνται, μεστοί εἰσιν ἀταξίας, ἔστ' ἂν δὲ ἢ χειμῶνα ἢ πολεμίους δείσωσιν, οὐ μόνον τὰ κελευόμενα πάντα ποιοῦσιν, ἀλλὰ καὶ σιγῶσι.... „für die Zeit aber: sie sollten zu fürchten haben, thun sie...." Beachte übrigens an dieser Stelle den synonymen Gebrauch von ὅταν und ἔστ' ἄν. Wenn man ἔστε dem lateinischen usque gleichsetzt (cf. Wheeler, der griechische Nominalaccent, Strassburg 1885, p. 22), wozu die Verbindungen ἔστε ἐπί und ἔστε πρὸς gut passen, so könnte zwar die oben citierte Herodotstelle unter Betonung des Konjunktivs übersetzt werden: „wir werden immerfort bleiben: stürben wir auch (darüber)" und dementsprechend auch Stellen wie die aus Xenophon; für einfachere Sätze jedoch, besonders solche mit dem blossen Indikativ, würde die Bedeutungsentwickelung schon schwieriger, wenn auch nicht aussichtslos sein.[2]) Vergl. z. B. Xen. Anab. 3, 1, 19 ἔστε μὲν αἱ σπονδαὶ ἦσαν, οὔποτε ἐπαυόμην und Xen. Anab. II 5. 30 Ὁ δὲ Κλέαρχος ἰσχυρῶς κατέτεινεν ἔς τε διεπράξατο... (bis). Indessen wollen wir hier von einer Entscheidung über die Grundbedeutung dieser Partikel um so mehr absehen, als die doppelte Verwendung derselben bald im Sinne von quamdiu, bald in dem von donec sich auch einfach aus (falscher) Analogie nach den vermutlich älteren Partikeln ἕως ὄφρα εἰσόκε wird erklären lassen.

Vergleiche eben das lateinische donec, sowie das lateinische quamdiu der späteren Zeit.

Für μέχρι tritt die Bedeutung der gleichen Dauer neben der des Endziels auch schon bei der Verwendung als Präposition hervor, wie dies die bekannte Herodotstelle 3, 160 beweist: Τὴν Βαβυλῶνά οἱ (sc. d. Zopyrus) ἔδωκε ἀτελέα νέμεσθαι μέχρι τῆς ἐκείνου ζόης = zeit seines Lebens.

Legen wir nun die hübsche Einteilung der griechischen Präpositionen zu Grunde, welche Brugmann l. l. S. 217 giebt, so werden wir μέχρι zu den unechten Präpositionen rechnen müssen, „deren Nomen vor Anfang an von ihnen abhängt in der Weise unseres infolge dieses Ereignisses". μέχρι θαλάσσης... διελεύσεσθαι in der oben citierten Iliasstelle (13,143) hiesse demnach „hindurchzudringen an die Grenze, in der Ausdehnung des Meeres", μέχρι τῆς ἐκείνου ζόης, an die Grenze, in der Ausdehnung seines Lebens: Das erste Mal brauchten wir nur den adnominalen Genetiv als explicativus im weitesten Sinne aufzufassen (an die Grenze, welche das Meer giebt); um zu der Bedeutung „bis zum Meere" zu gelangen, das zweite Mal hingegen wäre der Genetiv ein subjektiver = für die Dauer seines Lebens. Der explikative Genetiv wurde dann später um der Deutlichkeit willen durch εἰς ersetzt, z. B. oft bei Xenophon.

Diese zunächst nur hypothetisch gegebene Entwickelung kann meiner Meinung nach durch die Ableitung der Präposition von μεγ in μέγας bewiesen werden. Sowie wir von dem Stamme λεκ in λέκος λεκάνη (Schüssel), λικριφίς schräg zu λέχρις gelangten, so auch von μεγ —, dessen Grundbedeutung die der Ausdehnung war (siehe Curtius Grundzüge S. 328) zu μέχρις. ἄχρις aber verhält sich zu μέχρις wie ἀγα — zu μέγα[3]): und dessen adverbielle Verwendung im Sinne von „ganz und gar" (Il. 4, 522. 16, 324 u. s. w.) lässt sich mit jener Grundbedeutung auch vereinigen.

Ebenso wie die Präposition erklärt sich die Konjunktion μέχρι οὗ,[4]) in der wieder der Genetiv des (an- oder vorwärts deutenden) Pronomens in zwiefacher Weise ausgelegt wurde

---

1) Vergleiche auch das μέχρι οὗ bei Xenoph. Anab. 1, 7, 6.
2) Interessant wäre namentlich der Versuch, das Aeschyleische ἔστε δή dem lat. usque dum an die Seite zu stellen (z. B. Prom. 456. 659).
3) cf. Fick in Bezzenbergers Beiträgen V 168.
4) Dagegen ist in μέχρι οὗ bei Xen. Anab. I 7, 6 ἔστι ... ἡ ἀρχὴ ἡ πατρῴα πρὸς μὲν μεσημβρίαν μέχρι οὗ διὰ καῦμα οὐ δύνανται οἰκεῖν ἄνθρωποι, πρὸς δὲ ἄρκτον μέχρι ὅτου διὰ χειμῶνα das Pronomen οὗ (nach-

(Beispiele bei Herodot). Das daneben hergehende μέχρι allein aber bietet wieder ein Beispiel dafür, wie an ein Glied des Hauptsatzes ohne weiteres erklärende Zusätze mittels eines Verbum finitum angeschlossen wurden; so z. B. Herodot 4, 3 μέχρι ὥρων „so lange sie sahen" und Her. 4, 119 μέχρι δὲ τοῦτο ἴδωμεν, μενέομεν παρ' ἡμῖν αὐτοῖς „wir werden für uns bleiben für die Dauer: wir sähen dies etwa d. h. bis wir sehen", wofür wir bei Lange-Güthling wiederum lesen: „so lange wir dies nicht sehen, wollen wir bleiben." Andrerseits kann Her. I, 181 ... καὶ ἐπὶ τούτῳ τῷ πύργῳ ἄλλος πύργος ἐπιβέβηκε, καὶ ἕτερος μάλα ἐπὶ τούτῳ, μέχρι οὗ ὀκτὼ πύργων als Beweis für die Zugehörigkeit des Relativs zum Hauptsatze angeführt werden, freilich nur als ein indirekter, da jedenfalls auch eine Verwechselung, eine Überschreitung der ursprünglichen Grenzen zwischen der Präposition und der Konjunktion im Spiele ist. Mehr solche Stellen hat Stein zu der Stelle gesammelt.

Den Stempel späterer Entwickelung trägt ἕως mit Genetiv (z. B. ἕως οὗ Herod. 8, 74) oder mit εἰς und πρὸς oder mit Adverb (ἕως σήμερον) oder Konjunktion (ἕως ὅτε), Konstruktionen, die bei der Bedeutungsgleichheit der Konjunktionen μέχρι und ἕως analog dem μέχρι οὗ, μέχρι εἰς u. s. w. gebildet sein mögen. Überhaupt ist nie ausser Acht zu lassen, dass die Entwickelung unserer Partikeln, z. B. auch die von μέχρι, durch das Wirken der Analogie jedenfalls mitbeeinflusst ist. Über die dialektischen Nebenformen von ἔστε und μέχρι siehe Brugmann l. l. S. 226.

So hätten wir denn die griechischen Konjunktionen der Gleichzeitigkeit und der Zeitgrenze durchmustert und ihre scheinbar divergierenden Bedeutungen zu vereinen gesucht. Und zwar geschah dies in vierfacher Weise:

1. Bei ἕως und ὄφρα war es der verschiedene Inhalt und die verschiedene syntaktische Zugehörigkeit der Konjunktionen,
2. bei εἰσόκε die verschiedene Deutung der Präposition εἰς,
3. bei μέχρι οὗ und Verwandten die verschiedene Deutung des abhängigen Genetivs resp. des ihn vertretenden Satzes,
4. bei ἔστε vielleicht nur die Macht der Analogie, die die zwiefache Verwendung der Konjunktionen herbeiführte. Gerade in dieser Mannigfaltigkeit der Wege, die zu demselben Ziele führen, sehe ich einen interessanten Beleg für das reiche Leben, die reiche Entwickelungsfähigkeit der Sprache.

Zum Schluss noch einige Worte über das lateinische dum, in dem wir dieselben Bedeutungen „während", „so lange als" und „bis" vereinigt finden wie in ἕως und ὄφρα.[1]) Es liegt nahe, dieselbe Mannigfaltigkeit der Verwendung auch auf dieselben Ursachen zurückzuführen. Freilich steht für die lateinische Partikel die Ableitung von einem Pronominalstamm, die für ἕως und ὄφρα den Ausgangspunkt unserer Erklärung bildete, nicht ganz so fest; wenigstens hat die alte Corssensche Herleitung von dum aus dium = den Tag lang noch jüngst in Schmalz S. 509 bei Müller Handbuch der klassischen Altertumswissenschaft II² einen Vertreter gefunden. Ribbeck (l. l. p. 4) hat andre dagegen haben Corssens Ansicht wegen ihrer Seltsamkeit und lautlichen Bedenken mit Recht zurückgewiesen und dafür eine mit d anlautende Pronominalwurzel demonstrativer Bedeutung zu Grunde gelegt. Und so entwickelt denn auch Richardson (l. s. L p. 59 f.) die Bedeutung bis, wie er sie nennt die significatio terminalis, ziemlich in analoger Weise, wie wir es oben im Anschluss an Delbrück für ἕως und ὄφρα gethan haben. Seine Worte lauten: . . oportet nos, ut constructionis origo omnino manifesta sit, ad condicionem parataxeos reverti . . . . e. g. locus Lucretianus IV 1114

---

her ὅτου) in der bei εἰσόκε angedeuteten Weise rein relativ gebraucht, mag man nun mit Pape übersetzen: erstreckt sich „bis dahin, wo" oder mit Krüger „bis zu dem Punkte, bis zu welchem". Auf einem argen Irrtum beruht die Zusammenstellung μέχρι ἕως bei Pape, da Plato Symp. 220 d zu lesen steht: ὁ δὲ εἱστήκει μέχρι ἕως ἐγένετο καὶ ἥλιος ἀνέσχεν = bis es Morgen wurde.

1) Man beachte auch die Stellen, an denen dum wie ἕως und ὄφρα mit „damit" übersetzt werden kann; bei Richardson pag. 67 f.

16 Zu den griech. u. latein. Konjunktionen d. Gleichzeitigkeit u. d. Zeitgrenze.

(usque adeo cupide in Veneris compagibus haerent Membra voluptatis dum vi labefacta liquescunt) ad parataxin scribendus est: „cupide in Veneris compagibus haerent — membra voluptatis dum vi labefacta liquescunt." Vertimus, cum utraque sententia quasi per se exstet, praebente particula vim temporalem adverbialem, his verbis: *begierig hängen sie e. q. s. — die Weile lösen sich die Glieder auf e. q. s. (und dann natürlich gehen sie auseinander).* Enuntiantur enim per se primum illa „cupide . . . . haerent". Deinde haec „membra . . . dum . . . liquescunt" libere affirmantur. Hac quidem enuntiatione secunda illius prioris terminum absolutum constitui, sentit animus eius qui loquitur et eius qui audit. Est igitur in parataxi haec relatio terminalis extraneum aliquid, quod aperte propriaque voce haud quaquam indicatur, sed cogitando demum verbis subicitur. Für uns das Wichtigste an dieser Ausführung ist, dass hier ebenfalls die unserem bis entsprechende Partikel als ein Glied des Nebensatzes angesehen wird, das auf die Handlung des Hauptsatzes zurückweist.

Aber wir möchten noch einen Schritt weiter gehen als Richardson, indem wir andererseits wiederum dum „während" resp. „solange als" dem Hauptsatze zuweisen. Z. B. Plaut. Amph. 1098:[1])

Dum haec aguntur, interea uxorem tuam
Neque gementem neque plorantem nostrum quisquam audivimus.

heisst: *während jener Zeit: es geschah dieses: während dessen haben wir . . . nicht gehört.* Die Worte haec aguntur enthalten hier unserer Meinung nach wieder nur eine nähere Bestimmung des dum, und weil durch diese der Hauptsatz unterbrochen wird, ist derselbe mit der synonymen Partikel interea von neuem aufgenommen worden. Dass diese Wiederaufnahme ursprünglich durch ein zweites dum geschah, ist wahrscheinlich: wenigstens zeigen die beiden bekannten Stellen aus Catull (LXII 45 und 56) mit der Korrelation dum — dum ein durchaus altertümliches Gepräge. Doch hindert dies nicht die Annahme, dass auch das erste dum ursprünglich dem Hauptsatze angehörte. Gegen diese vom Sinn geforderte Abteilung der Satzglieder, die natürlich im Laufe der Zeit immer mehr verwischt wurde, könnte höchstens die Wortstellung in manchen Sätzen geltend gemacht werden, indem die Partikel nicht vor resp. am Anfange des Nebensatzes, sondern inmitten desselben zu stehen kommt. Doch gilt hier [abgesehen von der Wahrnehmung, dass im Lateinischen häufig genug Relativa weit vom Anfange des Nebensatzes weggerückt erscheinen] der schon oben bereits citierte Satz, dass „die Stellung nicht sowohl von grammatischen als von ästhetisch-stilistischen Rücksichten beherrscht wird." Wir führen nur eines von vielen Beispielen an, nämlich Ter. Eun. 741, 742:

Usque adeo illius ferre possum ineptiam et magnifica verba,
Verba dum sint,

wo durch die Voranstellung von „Verba" eine sehr wirkungsvolle Hervorhebung dieses Begriffs erreicht ist. Gleichzeitig lehrt diese Stelle, wie in einem konjunktivischen Satze mit dum sich die hypothetische Bedeutung entwickelt, die nicht sowohl an der Partikel, als an dem Modus haftet. Auch kann man aus der Ankündigung des Nebensatzes durch das demonstrative adeo hier wie auch sonst oft den Beweis herleiten, dass in der Sprache des Plautus dum längst ganz abgeblasst und zu der Stellung einer untergeordnenden Konjunktion herabgesunken ist.

Mehr Beispiele für alle hier kurz gestreiften Verwendungen von dum finden sich ausser bei Richardson in den bekannten Handbüchern von Holtze und Dräger, in denen freilich die Anordnung und Sichtung der zahlreichen Stellen mancherlei zu wünschen übrig lässt; eine Einteilung derselben nach dem von uns betonten Gesichtspunkte dürfte sich wesentlich einfacher gestalten.

Die lateinischen Partikeln quoad und donec erledigen sich nach dem, was wir auf Seite 5 und 14 gesagt haben.

---

[1]) Ähnliche Stellen sind Plaut. Merc. 193. Trin. 30. Merc. 97. Most. 99. Cato r. r. 30. Plaut. Most. 134 (mit merkwürdiger Wortstellung). Pseud. 256.

Herders Lehre von der Person und dem Werke Christi.

Von

Fr. Hoffmann.

Herders Bedeutung für die Theologie liegt nicht auf dem Gebiet der Dogmatik. Dazu fehlte ihm Ruhe und Nüchternheit des Denkens und theologische Schule. „Etwas Dilettantisches haftet seiner Theologie immer an. Ein eigentlich gelehrtes Fachwerk ist nicht aus seiner Feder gekommen, obwohl er eine seltene Masse von Gelehrsamkeit in sich vereinigte und in seinen Schriften niederlegte" (Werner, Herder als Theologe S. 47). Seine lebhafte, leicht zum Mystischen neigende[1]) Phantasie, sein freier Geist konnte sich nicht innerhalb der engen Schranken eines dogmatischen Systems wohl fühlen. Er erschöpfte keinen Gegenstand; seine schaffende Gestaltungskraft riss ihn von einem zum andern fort und hinderte eine stetige, kalte Untersuchung. Daher die Lockerheit des Gedankenfluges und der Mangel an bündiger Beweisführung, die man in seinen Schriften getadelt hat (Haym, Herder nach seinem Leben und seinen Werken II, S. 530). Mit der ihm eignen wunderbaren Intuition erfasste er die Dinge und Ereignisse in ihrer plastischen Wirklichkeit, spürte aber nicht dem Einzelnen nach. Durch einen unmittelbaren ersten Geistesblick fand er die Wahrheit, besass sie aber mehr als Gefühl denn als Erkenntnis (Gelzer, Die deutsche poetische Litteratur S. 330). Seiner Natur nach ist er ein ausgesprochener Gegner aller metaphysischen Spekulation. Wie er in der Philosophie zeitlebens „über jenes unreife, zwischen entgegengesetzten Strömungen umhergetriebene Philosophieren" nicht hinauskam (Haym I, 41), so macht er auch in der Theologie vor allen transcendenten Fragen Halt und kehrt in das Gebiet des religiös Erfahrbaren und der Geschichte zurück (Werner a. a. O. S. 18). Alle dogmatischen Formulierungen sind ihm doch nur „transcendentaler Unsinn" (XIX 301[2]); unser Grübeln und Zweifeln über Dinge, von denen wir nichts wissen können, ist überflüssig, und unsre Aussagen darüber sind gefährlich, weil sie leicht irrtümliche Vorstellungen erzeugen (SW. X 258 ff). Nicht dass er das Vorhandensein einer Welt des Unendlichen, die man glauben muss, leugnet! „Nicht sehen und doch glauben, doch wirken müssen, gehört ebensowohl zum Lose des Menschen in diesem Leben" (VII 244). „Glauben soll man und dann unverrückt thun. — Grübelt ein Kind in der Empfängnis über seine Werdung? Hat's auch als Greis je den ersten Augenblick seines Werdens klar und deutlich in seine Elemente auflösen können?" (VII 268.) Er will aber die Schranken unsrer Natur und unsres Denkens anerkannt und gefühlt wissen. „Wir Arme, die wir nicht wissen, was wir selbst sind, wollten das Wesen der Wesen kennen, wie es sich selbst kennt! Endliche Geschöpfe, mit Ort und Zeit umfangen, wollten ins Unermessliche gehen, wo kein Ort und Zeit ist, und die Allwissenheit, Allgegenwart, Prädestination, Justifikation in Gott begründen! Die nicht wissen, wie sie ihre Hand regen, wie ihr Geist auf den Körper wirkt, eben da er wirket — wollten demonstrieren, wie Gott auf die Welt, auf andere Geister, Elemente, Körper wirke? Insania insaniarum!" (X 325 f.)

---

[1]) Vgl. Danz u. Gruber, Charakteristik Johann Gottfried von Herders S. 96.
[2]) Die Citate beziehen sich auf die Ausgabe von Suphan, ein vorgesetztes SW dagegen bezeichnet „Herders Sämtliche Werke. Zur Rel. u. Theol. herausgegeben durch Johann Georg Müller."

Jedes System, in der Philosophie wie in der Theologie, übt einen Zwang auf das Denken und die Überzeugung seiner Anhänger aus. Ein solcher Zwang war aber Herders Natur und protestantischem Bewusstsein zuwider. Freie Überzeugung, Prüfung und Selbstbestimmung sind ihm das Wesen des Protestantismus (Haym II 530), der „mit dem griechischen Mönchswahn, aus dem die Dogmen entstanden sind, nichts zu thun hat" (X 239). „Freiheit ist der Grundstein aller protestantischen Kirchen" (S W XV 118), und so wahrt er sich das Recht, über alle Fragen, die von Wichtigkeit sind, mit Freiheit, Gewissen und Überzeugung zu reden, wie er's ansieht und fühlt (S W XV 223). Der Protestantismus duldet nach seiner Meinung durchaus kein als Glaubensvorschrift anbefohlenes Fachwerk von Meinungen und Lehren. Jeder Lehrer der Schrift, Christ oder Unchrist, hat das Recht, sich ein gleiches oder besseres, ein Repositorium zu seinem Zweck zu machen und darin die Bibelsätze nach seiner Art zu ordnen (XX 216), wie es die Reformatoren thaten. Jeder harte Druck blosser Autorität ist in religiösen Dingen fruchtlos.

Ein weiterer Grund für Herders Abneigung gegen jede Dogmatik ist der, dass er einen klaren, geschichtlich wohl begründeten Einblick in die Entstehung der Dogmen besass. Zwar meint Werner (a. a. O. S. 312), Herder sei nicht dazu gekommen, den dogmatischen Prozess in seiner innern Notwendigkeit zu begreifen, aber mit Unrecht (vgl. X 280). Er versteht wohl den Entwicklungsgang, der zur Dogmenbildung führte, und die Gründe, die einen solchen Entwicklungsgang notwendig machten. Gerade die dogmengeschichtlichen Exkurse, die er gelegentlich giebt, gehören mit zu den besten Stücken seiner theologischen Schriftstellerei.[1]) Durch seine historisch-genetische Betrachtungsweise, sein umfangreiches Wissen und seine vorurteilsfreie Stellung war er wie wenige zu seiner Zeit befähigt, die Schale von dem Kern zu unterscheiden, die Form von der Sache zu trennen. Aber jene Synoden, „welche Bestimmungen auf Bestimmungen häuften und Kanones auf Kanones setzten (XIX 302), waren selten Werkstätten des heiligen Geistes; oft ward der bessere, bescheidenere, gelehrtere Teil unterdrückt und der schreiende, betrügerische, pöbelhafte, unwissende Teil, der Hof und Mönche auf seiner Seite hatte, siegte" (S W XV 103). „Aus den drei unschuldigen Worten Vater, Sohn und Geist sind mit der Zeit so Unruhen, Verfolgungen und Ärgernisse hervorgegangen als schwerlich aus drei andern Worten der menschlichen Sprache. Man fand Geheimnisse und machte endlich den ganzen Unterricht der christlichen Lehre zum Geheimnis. Damit häuften sich Ketzereien und Systeme, denen zu entkommen man das schlimmste Mittel wählte, Kirchenversammlungen und Synoden. Wie viele derselben sind eine Schande des Christentums und des gesunden Verstandes! Stolz und Unduldsamkeit riefen sie zusammen, Zwietracht, Parteilichkeit, Grobheit und Büberei herrschten auf denselben, und zuletzt waren es Übermacht, Willkür, Trotz, Kuppelei, Betrug oder ein Zufall, die unter dem Namen des heiligen Geistes für die ganze Kirche, ja für Zeit und Ewigkeit entschieden." „Mit Mönchsworten wollte man bestimmen, was keine menschliche Vernunft, die nicht einmal die Vereinigung unserer Seele und unseres Leibes zu bestimmen vermag, je wird bestimmen können, nämlich die Vereinigung der beiden Naturen Christi, und benebelte damit den gesunden Anblick seines ganzen Lebens, wie ihn die Evangelisten ohne alle solche Wortbestimmungen geben" (X 239).

Weil die Apostel Jesum predigten und nicht philosophierten, weil sie einfach, schlicht, ungelehrt und ungekünstelt sprachen, weil sie Jesum „nicht aus den Schriften herausrätselten" (X 236), darum hält er jede dogmatische Schematisierung für überflüssig, wenn nicht schädlich, und beruft sich auf das Beispiel Luthers, der gleichfalls ohne jede Spekulation alles ganz und herzlich nahm. Eine „reine, völlige Glaubenslehre im edelsten Verstande" ist für ihn die reine Summe der Bibel. „Was ist denn Dogmatik, recht gelehrt und recht verstanden, als ein

---

[1]) Vgl. Danz u. Gruber a. a. O. S. 106: „Es ist Herders eigentümliche Sphäre, in der er sich gleich einem Alleinherrscher bewegt, wenn er der Genesis irgend eines gegebenen Begriffes nachspürt und ihn in seinen verschiedenen Nuancierungen durch seine verschiedenen Perioden verfolgt."

System der edelsten Wahrheiten fürs Menschengeschlecht, seine Geistes- und ewige Glückseligkeit betreffend? eine scientia rerum divinarum et humanarum, mithin die schönste, die wichtigste, die wahrste Philosophie. Sie spricht von alledem, wovon die Philosophie spricht," (X 279), „aber" setzt er S. 314 hinzu, „eine Philosophie aus der Bibel geschöpft, und diese muss immer ihre Quelle bleiben." Der schlichte Geschichts- und Erfahrungsweg der Bibel führt allein zum Ziel (X 354). „Unwürdig sind Glaubenslehren, die nicht auf diesem Grund bauen, philosophieren und dann die Worte der Bibel nur so mitnehmen, dass Offenbarung und sie ewig zweierlei bleiben" (VII 371). In diesem Sinne lässt er Dogmatik gelten, ja, er hält sie sogar für notwendig, um „mit reiner Helle und Wahrheit den nur dämmernden Predigtton etwas zu verdrängen" (VII 275), und empfiehlt in dem 29. Brief das Studium der Theologie betr. die Beschäftigung mit der Dogmatik aufs wärmste. „Es ist gut, ja nötig, schreibt er im 30. Brief an seinen jungen theologischen Freund mit Bezug auf die dogmengeschichtliche Entwicklung, dass Sie diese Streitigkeiten und wie weit es der menschliche Disputiergeist darin gebracht hat, wissen, nur ihre Gemeinde verschonen Sie damit. Diese Fragen, woran die kühnsten Geister gescheitert sind, werden uns ewig Klippen bleiben." Für den Theologen und die Wissenschaft sind Dogmatik und Dogmengeschichte notwendig, dadurch wird jede Lehre gleichsam genetisch hell und klar und auch „die dürreste Terminologie" belebt werden, aber für die Kanzel und für den Christen sind sie überflüssig.

Der gesamte Zweck des Christentums ist etwas andres als gelehrte Exegetik und Dogmatik, so unschätzbar diese sein mag. Dass Christentum und Gelehrsamkeit, Scholasticismus und Christentum nicht eins sind, das beweist ihm der Anfang des Christentums sowie das N. T. selbst. Ebenso wenig ist die christliche Kirche auf feiner Gelehrsamkeit und Dogmatismus aufgebaut. „Das Christentum ist keine philosophische Disputierschule, eine lebendige Einrichtung war es zu Bildung fester Gesinnungen jedes Standes, jedes Verhältnisses und Charakters. Allerdings befahl Christus zu lehren, aber was? Seine Anordnungen halten" (XX 238). „Der kirchliche Glaube mittelst dieser und jener Formel war die Hülse, in der die Frucht, das Evangelium selbst, erwuchs, die Schale, die den Kern festhielt. Wir werfen sie gewiss nicht weg, diese Hülse und Schale; wir geniessen die Frucht und den Kern aus ihnen, sagen aber dennoch, sie sind nicht selbst Kern und Frucht; der kirchliche Glaube, auch mit den feinsten Dogma überspannen, ist bloss ein historischer Glaube. Weder durch ihn, seinem Inhalt nach, noch um seinetwillen, weil er geglaubt, d. i. bekannt wird, wird je ein Mensch gerecht und selig" (XIX 249).

In seiner Bekämpfung der Dogmatik richtet sich demnach Herder nur gegen den Begriff derselben, wie ihn die starre Orthodoxie festhielt, wonach der durch die fertige Kirchenlehre gegebene Stoff systematisch darzustellen sei, weil sie das Lehrsystem ein für allemal für abgeschlossen hielt und diesem System heilsverbindliche Kraft und Geltung zuschrieb, während jede subjektive, aus der Seele des Darstellenden stammende Reproduktion und Weiterbildung verworfen wurde. Verbindlich ist ihm vielmehr nur das Evangelium, für dessen Inhalt einen zeitgemässen, zutreffenden, dem Glaubensbewusstsein des Einzelnen entsprechenden Ausdruck zu suchen, einem jeden das Recht und die Möglichkeit offen gelassen wird. Damit nähert er sich der Schleiermacherschen Auffassung von der Aufgabe der Dogmatik, welcher verlangt, dass sie nicht bloss fremde, sondern auch eigene Überzeugung gebe, und sie als eine geschichtlich-systematische Darstellung der christlichen Lehre bezeichnet (vgl. Hagenbach Encyklop. 12. Aufl. von Reischle S. 396 f.). Welche Gefahr in diesem Herderschen Subjektivismus liegt, beweist er selbst, da er oft bei seiner Erklärung der biblischen Erzählungen eigne Ansichten hineinträgt und seinen Lieblingsideen zu Gefallen Dinge aus denselben herausliest, die der einfachen Auffassung jener Zeit widersprechen.[1]) Auch er hat mehr philosophiert als ausgelegt, mehr allegorisiert, als den buchstäblichen Sinn festgehalten (Werner a. a. O. S. 206).

---

1) Vgl. Haym I 632.

Man begegnet bei ihm nicht selten einem zweideutigen Operieren mit überkommenen dogmatischen terminis, denen er einen ganz verschiedenen Begriff unterlegt.

Man wird danach leicht ermessen, welche Schwierigkeiten sich der Beantwortung der Frage nach Herders Christologie entgegenstellen. Doch nimmt er in der Geschichte der protestantischen Theologie eine so bedeutende Stellung ein, dass seine Ansicht hierüber ein Interesse beanspruchen darf. Auch bildete für ihn die Person Christi den Mittelpunkt seiner gesamten Weltanschauung. Das Leben Jesu ist ihm der Grund der ganzen Religion und der ganzen Hoffnung und Seligkeit des Menschen (SW IX 8). Einen andern Grund kann niemand legen, als der durch Christus gelegt ist (XIX 248). „Der ganze Plan Gottes über die Schöpfung, den Endzweck und die Haushaltung aller lebenden und vernünftigen Wesen ward über ihm als Eckstein und Mittelpunkt verfasst" (SW IX 14 vgl. auch S. 99). „In dem grossen Plan Gottes, der auf die Vervollkommnung der ganzen Schöpfung abzielt, nach welchem alles soll, ist Jesus der Mittelpunkt, das höchste Werkzeug dieser allgemeinen Gottesversöhnung und Friedensstiftung, das Werkzeug und die Mittelbewegkraft, auf die sich alles als Glied bezieht, was zu dieser Wegschaffung des Bösen und Finstern aus der Natur, nah und fern, beiträgt" (SW IX 113; vgl. auch VII 371).

Bei dieser Anschauung ist es begreiflich, dass das religiöse und wissenschaftliche Interesse Herders immer wieder zu dem Leben Jesu zurückkehrte. In den während der Jahre 1773 und 1774 entstandenen Homilien über das Leben Jesu[1]) bemühte er sich, „das wenige, was über das Leben des Heilandes bekannt ist, die zerrissenen, ausgerissenen Lappen seiner Geschichte, in ein helleres Licht zu setzen und das Ganze seiner Persönlichkeit, was er ist und uns sein soll, zur lebendigen Anschauung zu bringen." Sein Bestreben war darauf gerichtet, geschichtlich die Bedeutung Christi aus seiner Zeit und den Anschauungen seines Volkes zu seiner Zeit heraus zu entwickeln. Deshalb bedauert er das Christentum, weil es in so gelehrte Hände gekommen ist, welche Bürden von Anmerkungen und Erläuterungen auf die heilige Schrift gewälzt haben, unter denen ihr Geist oft garnicht fortkann und seine Wirkung vielmehr verliert. Dagegen fordert er so viel als Voraussetzung an Zeit-, Ort- und Sprachkenntnis, als die Apostel und Verfasser jener Schriften davon besassen (X 186).

Ziemlich gleichzeitig mit diesen Homilien beschäftigten ihn (von Ostern 1774 bis zum März 1775, vgl. Haym I 628 ff.) die Erläuterungen zum Neuen Testament aus einer neueröffneten Morgenländischen Quelle. Bei seiner Arbeit an der „Ältesten Urkunde" war er auf die Religion Zoroasters gekommen. Die 1771 erschienene Schrift des Franzosen Anquetil du Perron über Zend-Avesta[2]) schien ihm, ohne dass er darin wirkliche Schriften Zoroasters sah, die Quelle zu sein, aus welcher die ganze griechisch-orientalische „Alexandriner- und Platoniker-Philosophie" geflossen ist. Aus ihr gewinne man ein neues Licht über die Bilder der späteren Propheten, über den Ursprung der Pharisäer und Essener, über die sonderbaren Ideen der Alexandriner, Neuplatoniker und die Sprache des Hellenismus, denn sie biete die Begriffe dar, welche die neutestamentlichen Schriftsteller, insbesondere Johannes, benutzten, indem sie vergeistigten, um darin ihr Evangelium von Jesu, dem Heil der Welt, zu verkündigen. In der Anlage sorgfältig durchdacht und mehrmals fleissig überarbeitet, soll die genannte Schrift Proben einer neuen Erläuterung des Neuen Testaments an einigen Hauptbegriffen bieten. In drei Büchern ist in sieben Abschnitten wird der vorzeitliche Christus behandelt, seine Lebensgeschichte in den Hauptzügen geschildert und endlich die Wirksamkeit nach dem irdischen Leben dargestellt, entsprechend dem von den Dogmatikern behandelten munus triplex. Vgl. Hollaz, Examen theol. acroam. III, Sect. I, cap. III, qu. 71: Officium Christi mediatorium

---

[1]) Vgl. Erinnerungen aus dem Leben Joh. Gottfrieds von Herder I, S. 245. Gesammelt sind sie im 9. Bande der S. W. zur Rel. u. Theol.

[2]) Unter dem Titel: Zend-Avesta, Ouvrage de Zoroastre, Contenant les Idees Theologiques, Physiques et Morales de ce Legislateur, les Ceremonies du Culte Religieux, qu'il a etabli etc. Traduit en François sur l'Original Zend avec des Remarques etc. par Mr. Anquetil du Perron 1771, vgl. VII, 342.

est, quo Christus inter Deum offensum hominemque peccatorem medias agit partes, foedus gratiae inter utrumque sanguine et morte sua sanciendo, sancitum evangelio suo declarando et peccatori offerendo, oblatum regimine potentissimo confirmando et conservando.

Wie in dieser Anordnung, so hält er sich auch in der Ausführung, wie er an Hamann schreibt,[1] „in den engsten Pfaden der Orthodoxie auch zwischen Felsen und Steinspitzen", freilich nicht jener Orthodoxie, die er auch bei dieser Gelegenheit heftig bekämpft (vgl. VII, S. 353, 371, 384, 438 u. ö.), sondern der der Bibel, in deren Gedanken er sich hineindenkt und deren Fakta er annimmt, freilich ohne die historischen Äusserlichkeiten, die ihm nur eine der Anschauung jener Zeit entsprechende, also unwesentliche und nebensächliche Ausdrucksweise für die zu Grunde liegenden Ideen und Thatsachen sind. Denn das Bild Jesu ist von den Einzelheiten der evangelischen Erzählung nicht abhängig, sondern allein von dem Evangelium, d. h. der schon vor der schriftlichen Abfassung der Evangelien vorhandenen Verkündigung: „Jesus ist der Christus" (XIX 208 f.). „Jeder Umstand der Geschichte darf uns nicht gleich bekümmern. Möge diese und jene Begebenheit so oder anders geschehen sein, was liegt's deiner Religion daran?" (XX 177.)

Demnächst kam er in den in raschem Flusse 1780 und 1781 verfassten „Briefen das Studium der Theologie betreffend" von neuem auf das Leben Jesu zu sprechen, auch hier festhaltend an der Glaubwürdigkeit der evangelischen Geschichte, die er gegenüber dem Wolfenbüttler Fragmentisten verteidigt, indem er die Alternative stellt: „Entweder wissen wir nichts von Christus, falls wir diesen seinen Zeugen nicht glauben dürfen; wohl, so wissen wir nichts von ihm, weder Böses noch Gutes, und so mag die Sache ruhen. Oder wir wissen etwas durch sie, — wohlan, so müssen wir sie lesen, wie sie sind. — Ist ihnen zu glauben, so glaube man ihnen ganz. — Ist ihnen nicht zu glauben, so verwerfe man sie ganz" (X 162 f.). Auch das Wunderbare im Leben Jesu erklärt er nicht für unwahrscheinlich, denn „es ist der Person, dem Christus, so eigentümlich, so charakteristisch, so notwendig, dass Christus Christus zu sein aufhörte, wenn er nicht so geboren, so wunderbar thätig, so lieb dem Himmel, also lebte und starb, litte und wieder erweckt wurde" (X 164).

Herder stellt sich nicht die Frage, was von den Begebnissen der evangelischen Geschichte geschehen sein kann, sondern was nach dem Bericht der Jünger geschehen ist, ein Standpunkt, der allerdings, wie Haym II 131 sagt, nicht bloss die subjektive, sondern überhaupt jede, auch die objektivste und entsagsamste Kritik aufhebt, der aber doch im religiösen Gefühl seine Berechtigung hat. Und Herder ist eben nicht kritischer Theologe, sondern praktischer Christ. „Er kannte noch andere Funktionen des Menschengeistes als den gesunden Menschenverstand und die individuelle Vernunft" (Werner a. a. O. S. 11).

Mit den Briefen das Studium der Theologie betreffend in engem Zusammenhange steht der Plan, einige bei dieser Gelegenheit berührte Fragen näher auszuführen (vgl. Suphan XII 380, 81. XX 385), vor allen das Verhältnis der Evangelien unter einander. Aber durch andere Arbeiten abgehalten, kam er erst zwölf Jahre später darauf zurück, und es entstanden die beiden Schriften: Vom Erlöser der Menschen. Nach unsern drei ersten Evangelien (Christliche Schriften, zweite Sammlung 1796) und Von Gottes Sohn, der Welt Heiland. Nach Johannes' Evangelium (Christliche Schriften, dritte Sammlung 1797).

Im Verlauf dieser Jahre hat sich bei ihm keine wesentlich verschiedene Anschauung gebildet. Zwar in Fragen rein wissenschaftlicher Natur, wie z. B. der Evangelienkritik, ist eine Meinungsentwickelung, beeinflusst durch den Fortgang der Untersuchungen anderer und eigene tiefere Forschung, unverkennbar. Aber seine Grundanschauung über das Wesen des Christentums und über Christi Person und Werk bleibt dieselbe, nur dass er sie jetzt ruhiger und besonnener, aber freier und entschiedener zum Ausdruck bringt. Nach wie vor steht er auf dem Boden der heiligen Schrift, aus der er ein Bild von Jesu zu gewinnen sucht, wie es

---

[1] Herders Briefe an Joh. Georg Hamann, herausg. von Otto Hoffmann, S. 99.

die Apostel gehabt haben dürften. Auch seine Stellung zu der äussern Geschichte ist dieselbe. Es überrascht uns nicht, wenn wir einer Äusserung begegnen wie dieser: „Lass also die Geschichte Christi mangelhaft seyn, in Umständen, die du zu wissen wünschest; wir dürfen und sollten ihn, wie Paulus sagt, nicht kennen nach dem Fleisch; er sei uns aber Religion, Kraft, Weisheit. Sagte jemand: „die ganze Geschichte ist erdichtet; die Fischer von Kapernaum haben sie erfunden," so würde ich ihm heiter antworten: „Dank den Fischern, dass sie eine solche Geschichte erdichtet haben! Meinem Geist und Herzen ist sie Wahrheit" (XX 178). Nicht dass er, wie Haym glaubt (II 557), das Zeugnis der Geschichte für jene allgemeine Menschen- und Völkerreligion, für die schlechthin einzige Religion der Liebe, allenfalls auch entbehren könnte, vor dieser Annahme schützt ihn, glaube ich, schon der Zusammenhang jener Worte, sondern mit Lutherischer Glaubensgewissheit[1]) hält er an den Thatsachen der geschichtlichen Überlieferung fest, weil ihm für sein religiöses Empfinden diese Thatsachen notwendig sind. Gewiss wird man vom logischen Gesichtspunkt aus Mängel und Schwächen seiner Gedankengänge nachweisen können. Aber das Inconcinne ist gerade die Kraft seiner religiösen Überzeugung, und man wird, wenn man ihm nachdenkt, finden, dass er in seinem historischen Verständnis der Bibel bei aller scheinbaren Inkonsequenz eine feste Stellung hat.

Wir wenden uns nunmehr zu der Darstellung der Herderschen Lehre von der Person Christi.

Kein Begriff ist ihm zur Bezeichnung Christi so sympathisch und von ihm so oft angewandt wie der Begriff Menschensohn. Der Ausdruck ist dem Propheten Daniel (7, 13) entlehnt, wo er „vielleicht nur die Menschengestalt bedeutet", aber vertieft zu der Bedeutung des „Menschen" (SW X 117), und zwar des „ersten, reinen geistlichen Menschen" (VII 392), des Ideals der Menschheit, daher auch dafür „die Menschheit" wechselweise gesetzt wird (z. B. XIX 241. 242). Vgl. Briefe zur Beförderung der Humanität: „Christus kannte für sich keinen edlern Namen, als dass er sich den Menschensohn, d. h. einen Menschen nannte. So nannte er sich mit Vorliebe, weil er sprach und handelte, fühlte und litt, was Menschen fühlen können (VII 392) und seine Religion deshalb den Charakter der echten Menschheit ausdrückte" (SW X 117).

Diese Bedeutung des Wortes zeigt sich in seinem Leben, welches ein „reines Menschenleben ist ohne Einschränkungen, Vorurteile, Hüllen, Thorheit und Laster in Unschuld, Einfalt, wirksamer Ruhe und erhabner Grösse. In der Ausführung dieser menschlichen Seite im Leben Christi liegt die Hauptstärke der Herderschen Betrachtung. Deshalb ist ihm jede Schrift, die dies Vorbild, die Gestalt des reinsten Menschen auf Erden, historisch entwickelt und moralisch darstellt, ein evangelisches Buch (X 239). Aus diesem Grunde erkennt er die Geschichte Jesu von Hess als nützlich und lehrreich an wegen der Entwicklung des Bilds Jesu aus der Geschichte seiner Zeit und rühmt Lavater als den Theologen, „der Christum in dieser reinmenschlichen, edlen, göttlichen Gestalt ohne Schwärmerei und Scholasticismus ins Auge gefasst und für Menschen beherzigt hat." Trotz mancher nicht annehmbaren Hypothesen rät er doch, den rein menschlichen Blick, mit dem er die Gestalt und das Leben Jesu umfasst hat, solle man sich zu eigen machen.[2])

Als einfacher Mensch hatte Jesus Familie, Geschwister, Vaterland. Er ist arm geboren, ob er wohl vom alten Königshause seines Volkes stammte. Er galt als Sohn Josephs, wurde erzogen wie andere Kinder, „als wirkliches Kind, nicht als und in Gestalt eines Kindes" (VII 199), fern von Jerusalem und den Pharisäerschulen und der gelehrten Weisheit seiner verfallenen Nation, aber auch fern von Pracht und Üppigkeit und der verderblichen Eigenliebe, seinen armen Eltern unterthan, von Jugend auf an ihre harte Arbeit gewöhnt. Dass er unter Brüdern und Schwestern aufwuchs, „war für ihn eine durch nichts zu ersetzende Schule zu

---

[1]) Vgl. Luthers Werke von Walch, XI, 1887.
[2]) Ganz ähnlich lautet das Urteil Dorners über Lavater (Gesch. der prot. Theol. S. 719).

menschlichen Empfindungen der Liebe, Verträglichkeit, Theilnehmung und Geduld, war auch eine Probe höherer Tugend, auch hier über alles hinweg zu sein, wenn Gott ihn rief, Mutter und Bruder nicht zu kennen, sich von ihren bestgemeinten Winken nicht hinreissen zu lassen und zu thun den Willen seines Vaters" (VII 477). Er war Israelit und „das himmlische Reis seiner Religion, das alle Völker beseligen sollte, war auf den wilden und dürren Weinstock der jüdischen Religion gepflanzt" (SW XV 100), er war Galiläer, ein Zimmermannsgesell aus dem Volke, welcher die Sprache seines Volkes kannte und sprach.

So ist Jesus irdisch gewurzelt, soweit es sein musste, aber diese menschliche und irdische Seite steht nicht im Gegensatz zu seiner Bestimmung, so wenig es notwendig war, dass Maria, da sie den Erlöser der Welt gebar, fortan in ihrem folgenden Ehestande eine Nonne sein musste (SW XI 202). Auch sein ferneres Leben in Armut, Einfalt und Verachtung war ein Vorbild dessen, dass er diente und Gehorsam lernte (VII 198). Endlich hat er als Menschensohn weder Anbetung noch irdische Ehre gefordert (XIX 321).

In der Betonung der menschlichen Seite des Wesens Christi ist Herder oft scharf. Es dünkt ihn nichts als bodenlose Unterschiebung und Hypothesensucherei, in dem Leben, das uns so einfältig und treu die Evangelisten malen, nicht das Leben des zu finden, der er ist, sondern des, der er nach unserm Wahn sein sollte, nicht der Mensch Jesus Christus, der also sprach, fühlte und handelte, sondern der nur immer substituierte, bloss eingekleidete, der gleichsam mit Körperwahn oder Menschennatürlichkeit die Menschen trügende Gott (VII 199).

Warum urteilt Herder so scharf? Das begreifen wir, wenn wir uns vergegenwärtigen, worauf es ihm in der Darstellung der Person Jesu ankommt.

Nur insoweit Christus uns ganzes, gleichherziges, wie wir empfindendes Brudervorbild ist (VII 200), soweit er so dachte, fühlte, handelte, sprach, wie wir Menschen denken, fühlen, handeln und sprechen, kann er uns ein wirkliches Vorbild, der Anfänger und Vollender des höchsten und tiefsten Menschenglaubens, des höchsten und schwersten Ideals der Tugend sein, dem wir nicht bloss leidlich nachahmen, sondern nachstreben, dass, wie er ist, auch wir sein sollen in der Welt (VII 200). „Einem göttlichen Phantom, das auf der Erde wandelt, darf ich weder nachahmen noch nachdenken, und da Paulus wie alle Evangelisten sagen, dass Christus ein Mensch wie wir gewesen, allerdings" seinen Brüdern gleich und allenthalben wie wir versucht, damit er Gehorsam lerne; da alle Apostel es uns zur Pflicht machen, ihm auf der Bahn der Tugend in schwerstem Kampf nachahmend zu folgen, so ist für jeden Christen, für jeden christlichen Theologen der menschliche Christus kein Bild in den Wolken zum Anstaunen, sondern ein Vorbild auf Erden zur Nachahmung und Lehre" (X 239). „Es ist nicht ein blosses leeres, unbestimmtes Herablassen zu den Menschen, ich weiss nicht woher und aus welcher Wolkenhöhe, sondern treues Theilnehmen auch an den Schwachheiten der menschlichen Natur, brüderliches, wahres, ganzes Empfinden und Mitempfinden, Versuchtwerden allenthalben gleich wie wir" (VII 199). Darum sagt er: „Warum schrauben wir jeden Zug im Leben Jesu so hoch? Warum machen wir alles Menschliche in ihm so un- und übermenschlich? Da soll er nichts wie andere Menschen gethan, gedacht, gefühlt haben; er, der doch nach dem so öftern Zeugnis der Apostel und nach dem offenbarsten Anblick seines Lebens ein Mensch wie wir, an Gesinnung und Gebärden, d. h. an Lebensplan und Lebensweise, selbst an Mitgefühl unserer Schwachheiten und aller Seiten der Menschheit, wie sie Mitleid und Erbarmen nötig hat, ein Mensch wie wir war, doch ohne Sünde" (X 383; vgl. VII 199).

Bei dieser Betonung der reinen Menschheit Jesu gerät Herder mit sich selbst in Widerspruch, wenn er die wunderbare Geburt Christi festhält.

Obwohl das eigentliche Evangelium mit der Taufe anfängt (XIX 264), wird doch die Erzählung der Ereignisse der Kindheit in all ihren Einzelheiten gehalten und sogar zum Entwurf seines Werkes für notwendig erklärt, so die ausserordentliche Empfängnis vom heiligen Geist „durch überschattende Kraft Gottes, dass das Heilige, was aus Maria geboren wurde, der zweite reinere Adam wäre", die Ankündigung des Engels, die Namengebung, der Lobgesang der Himmelscharen in der Nacht seiner Geburt (VII 393; vgl. die 9. der Homilien über das Leben Jesu, „Ankündigungen Johannis und Jesu", die 10. „Lobgesang der Maria und des Zacharias", die 11. „Nachricht an Joseph", die 14. „Ankunft der Weisen", die 15. „Rettung Jesu"). Daher hält er auch die Kapp. 1 und 2 bei Matthäus für echt, weil sie ganz im Charakter des Matthäus geschrieben sind (VII 395, 521). Solchen Äusserungen stehen aber wieder andere entgegen, in denen die Geschichtlichkeit dieser Thatsachen abgeschwächt, ja aufgegeben zu sein scheint. Wenn die Ebioniten die aussernatürliche Zeugung Jesu leugneten und ihn für einen Sohn Josephs erklärten, so ist das freilich für Herder ein Irrtum, aber bloss ein Irrtum eines historischen Umstandes der Lebensgeschichte und verzeihlich; und es ist ihm keineswegs undenkbar, dass Jesus auch als Sohn Josephs zu seinem Werke ausgerüstet sein könnte. „Und wenn nun die Gottheit den Weg beliebt hätte, Josephs Samen zu heiligen, wie sie das Blut der Maria heiligte, könnten wir sagen: „Nein?" (VII 518.) Er ist unbefangen und weitherzig genug, manche Züge aus der Lebensgeschichte eines Moses und Cyrus auf eine Stufe zu stellen mit den wunderbaren Ereignissen der Kindheit Jesu (SW IX 103).

Widerspricht schon diese Auffassung der oben ausgesprochenen Notwendigkeit der Kindheitsgeschichte, so wird auch die Wirklichkeit derselben in Frage gestellt durch die Bemerkung, dass des Johannes Jesus schlechthin Josephs und der Maria Sohn ist (XIX 264). Jene Erzählung ist ihm eine fromme, sinnige Legende, deren Zweck kein anderer ist, als zu erklären, wie das Heiligste, Reinste der Menschen sollte geboren werden, ein Geschöpf gebildet, das Hülle, Tempel, Wohnung, Abglanz der edelsten Kräfte des Schöpfers wäre. Dies konnte nicht anders geschehen als aus dem geheiligtesten Blute, auf die unmittelbarste Gottesweise, ohne allen Misston und Anlage zu einem Übelklange, einer verwirrenden Leidenschaft; die reinste Menschheit zum Gepräge der edelsten Triebe der Gottheit (SW IX 30 f.).

Wie die Hervorhebung der menschlichen Natur und die Begründung ihrer Notwendigkeit, so erinnert auch die Inkonsequenz des Festhaltens an der übernatürlichen Erzeugung an den Socinianismus.[1]) Auch für diesen ist der Hauptsatz, in welchem sich seine Christologie zusammenfassen lässt, der: „Christus ist Mensch", und die Vernunft und alle Künste der Exegese werden zu Hilfe gerufen, um die Wahrheit desselben zu erweisen. Auch für die Socinianer liegt die Notwendigkeit dieses Satzes in der Notwendigkeit der Gleichartigkeit Christi mit der durch ihn vom Tode zu erlösenden Menschheit. Seine ganze Bedeutung für uns würde in Frage gestellt sein, wenn zwischen seiner Natur und der unsrigen eine wesentliche Verschiedenheit stattfände (vgl. die Belegstellen bei Fock a. a. O. und bei Winer, Komparative Darstellung des Lehrbegriffs 4. Aufl. S. 95 f.). Aber es besteht doch bei aller Ähnlichkeit ein tiefgehender Unterschied in den beiden Anschauungen zu Grunde liegenden Principien. Für den Socinianismus ist die wesentliche und wahrhaftige Menschheit Jesu eine Forderung des praktischen Postulats der Unsterblichkeit. Die Auferstehung Christi ist für uns die Garantie unserer eigenen Auferstehung. Hätte nun Christus eine göttliche, d. h. wesentlich andere Natur als die übrigen Menschen, so könnte er zwar selbst vermöge dieser seiner göttlichen Natur auferstanden sein, für unsere Auferstehung aber läge darin keine Bürgschaft. Quomodo ergo resurrectionis Christi exemplo nostrae resurrectionis certitudo demonstrari potest, quemadmodum Paulus I Cor. 15 facit, quum tanta sit inter Christum et nos disparitas? (Cat. Rac.)

Von diesen Schlüssen weiss Herder nichts. Für ihn ist die Menschheit Christi eine notwendige Voraussetzung seiner Religion der Humanität, indem nur ein Mensch wie wir uns Vorbild auf dem Wege der sittlichen Vervollkommnung sein kann. Daraus ergiebt sich, dass wir keine Abhängigkeit Herders vom Socinianismus anzunehmen haben, sondern hier eine parallele Entwickelung vorliegt, die bis zu einem gewissen Grad zu gleichen Resultaten führte.

Dem Satze: „Jesus ist wahrer Mensch" steht der andere gegenüber „Jesus Christus ist der Sohn Gottes". Er ist das Symbol der Christenheit und der Glaube, in welchem alle

---

1) Vgl. Fock, Der Socinianismus II 510 ff.

Christen das Heil der Welt hoffen. Diese Lehre zu verteidigen, zu erklären, auszubauen, das sahen die Apostel als ihr Werk an, sie ist auch das einzige Dogma des Johannesevangeliums, „mehrere und neue Lehren aufzubringen glaubten sich die Apostel weder berufen noch befugt" (XIX 272). Wenn also auch die ganze erste Christenheit sich in diesem Bekenntnis einte, so war doch die Auffassung desselben, der Inhalt, den man ihm gab, verschieden nicht nur bei Juden- und Heidenchristen, sondern „jeder sah ihn mit den Begriffen seiner Erziehung und Bildung, auf seinem Standorte mit seinen Augen an und legte in die einfache Formel seine Einbildungen, seine Gedanken" (XIX 263) und zwar, „wie die Geschichte zeigt, oft wilde Gedanken. Das weisse Tuch der einfachen Christenlehre war nach jedes Sinn und Meinung mit Bildern bemalet" (XIX 264). Aus der Fülle dieser schillernden Begriffsbestimmungen sondern sich jedoch zwei Gruppen aus, die für sich zu betrachten sind, der hebräische und der griechische Sprachgebrauch. Dem reinen Gottesbegriff der Juden entsprechend, ist bei dem Wort „Sohn" nicht an eine physische oder metaphysische Bedeutung zu denken, denn Theogonieen im Sinn der Heiden liegen der hebräischen Denkweise fern. „Das unanschaubare Licht konnte sich nicht in Lichtströme, die Flammen nicht in Flämmchen teilen, noch weniger sich mit der Finsternis mischen und mit ihr Ungeheuer erzeugen" (XIX 295). Die Bedeutung ist hier rein ethisch zu fassen. So heissen Engel, Sterne, Obrigkeiten, Mächtige, Söhne Gottes. „Sie sollten, wie an Macht und Ansehen, so an Güte und Weisheit ein Gottähnliches hienieden zeigen." Israel war zum erstgeborenen Sohn Gottes erwählt, hiess ein Kind Gottes, weil Gott es in seine Lehre und Erziehung nahm. Der mächtigste König Israels hiess Gottes Sohn, weil er ein Stellvertreter Gottes auf Erden sein sollte, in Gerechtigkeit und Wahrheit (XIX 295).

Die ursprüngliche Fassung des Evangeliums, dass Jesus der Christ sei, musste, solange es an Juden gerichtet war, die in ihren messianischen Hoffnungen befangen waren, notgedrungen sich den jüdischen Erwartungen anbequemen und die Kennzeichen an ihm nachweisen, die man aus den Propheten als Kennzeichen des Messias gesammelt hatte. An Jesus tritt noch diese weltliche Messiasvorstellung durch den Mund eines ankommenden Schülers (Joh. 1, 49) heran; aber diese irrtümliche Vorstellung zu zerstören ist der Zweck der Reden Jesu bei Johannes. Mit der Ausbreitung des Christentums über die engen Grenzen Judäas hinaus, als nicht nur die hellenistischen Juden und Proselyten, sondern auch die Heiden das Evangelium annahmen, verlor es naturgemäss seine enge nationale Beschränkung. Vieles wurde nicht verstanden, anstössig und überflüssig gefunden, kurz „der ganze Gesichtskreis der Erscheinung Jesu auf Erden wurde jetzt unendlich erweitert". An einen weltlichen König im engen Palästina war ausserhalb Palästinas bei dem Namen „Sohn Gottes" jetzt nicht mehr zu denken, das Ideal des palästinensischen Messias war den ausserpalästinensischen Juden und besonders den Heiden ganz fremd, Jesus erschien als Christ, der Retter der Völker, der Weltheiland. Diesen Begriff fixiert zu haben ist das Verdienst des Evangeliums des Johannes. Er schafft weder Ausdrücke noch Begriffe neu, er sucht vielmehr, da er griechisch schreibt, aber hebräisch denkt, in der griechischen Sprache nach einem Ausdruck, der einigermassen adäquat den gewollten Begriff wiedergiebt, wobei aber festzuhalten ist, dass der Ausdruck immer nur Symbol bleibt.

Nun ist der Begriff „Sohn" in jener Zeit durch einen langen Entwickelungsgang hindurch zu einem ganz besonderen Terminus geworden.

Im Exil hatten die Juden sich Gedanken über die Religion Zoroasters, wie sie im persischen Reiche herrschte und in ganz Vorderasien in grosser Achtung stand, angeeignet; „ihrer alten bäuerischen Abgötterei hatten sie sich endlich schämen gelernt, sie verehrten jetzt einen Gott, den Gott des Lichts, dem sie ein unzähliges Heer von Dienern in einem Glanze zugaben, den ihre alte Nomaden- und mosaische Denkart nicht gekannt hatte" (XIX 279). Solche Gedanken wurden denn auch in die älteren heiligen Urkunden, deren Sammlung nach dem Exil begann, hineingetragen. Dazu kamen dann platonische Ideen, wie sie in Alexandrien, „dem Zusammenfluss aller Denkarten und Völker, dem Museum aller damals blühenden, erkünstelten und sogar erlogenen Schriften und Wissenschaften" Eingang in das Judentum fanden. Vertreter dieser

Richtung ist Philo. Er nennt den λόγος, den personifizierten Verstand, „den ältesten Sohn der Gottheit, da sein ausgedrücktes Ebenbild, die sinnliche Welt, ihm der jüngere Sohn ist." Solchen Gedanken konnte sich das Christentum auf die Dauer nicht verschliessen. Männer wie Apollos brachten sie ihm nahe. Alle falschen Spekulationen nun, die sich leicht an diesen Begriff hängen konnten, schneidet das Johannesevangelium aus und stellt mit vorurteilsfreiem Eingehen auf diejenigen Vorstellungsarten, die der Regel des Glaubens nicht zuwider waren, zugleich aber auch mit Einfalt und Eifer den reinen Begriff fest.

Jesu kommt danach das Prädikat „Sohn Gottes" zu, insofern er es ist, durch den sich die Gottheit offenbarte, durch den sie in Rat und That den Menschen gegenwärtig ward; er war also der sprechende Gott (XIX 296). Als solcher enthüllte er die Idee Gottes über das Menschengeschlecht und schuf sie zur That. Er begann das Werk, auf welches in allen vorhergehenden Zeiten die Gottheit vorbereitend hingewirkt hatte, nämlich das Göttliche im Menschen als die Bestimmung des ganzen Geschlechts und dessen endlose Bahn zur Glückseligkeit lehrend und werkthätig zu entwickeln. So ward er nicht nur der innigste Ausleger der Gottheit, sondern auch ihr allwirkendes Organ zur Belebung des Menschengeschlechts zu der ihm angestammten gottähnlichen Würde (XIX 296; vgl. auch S. 350). Doch ist dabei immer noch eine Einschränkung zu beachten. Nur dadurch, „dass der wahre Mensch Jesus Christus handelte, litt und fühlte, bildete und schattete sich in ihm die Gottheit ab! Nur allein also war Gott in Christo." Indem Jesus sich selbst „Sohn Gottes" nennt, will er damit sagen, dass er thun müsse, was er den Vater wirken sieht, und dass er sich diesem Werke auch aufzuopfern willig sei. „Durch den Sohn wirkt der Vater, ihm hat er alle Kräfte des Lebens anvertraut, er kann nichts thun, als was er den Vater thun sieht, als dessen Werkzeug und sichtbares Symbol er unablässig in Thätigkeit sei" (XIX 321). So sehen die Apostel in ihm den Rat Gottes über das Menschengeschlecht enthüllt, die Macht der Liebe Gottes in ihm dargestellt, was Menschen von Gott erkennbar ist, in ihm erkennbar gemacht, kurz, den Vater in ihm verklärt. Daher nannten sie ihn das Bild seines Vaters, den sichtbar gewordenen Glanz jenes für uns unerschaubaren Urlichts, den Charakter des Wesens, das wir von der Gottheit zu erkennen fähig sind, kurz „das thätige Organ der Gottheit im Menschengeschlechte". Insofern er dies ist, gebührt ihm auch die Ehre der göttlichen Anbetung, die aus dem Begriff des Sohnes als eines Organs der allwirkenden Gottheit von selbst folgt (XIX 322). „Das Trennen der Gottheit, das Setzen eines Gottes neben den andern," ist dasjenige, wogegen nach Herders Ansicht Johannes in den stärksten Ausdrücken kämpft. „Offenbaren konnte sich die Gottheit in aller Fülle der Wahrheit und Liebe Menschen nicht anders als menschlich." Wollen wir Johannes recht verstehen, so müssen wir nicht Worte, sondern Sachen, nicht Bilder, sondern die von ihnen vorgestellte Wahrheit zu erkennen und zu begreifen suchen. Die Idee des Johannes ist rein und fein genug, dass sie nicht weiter ausgesponnen zu werden braucht. „Arianer und Halbarianer, Sabellianer und Patripassianer, Novatianer, Eutychianer, Socinianer, Mystiker und mancherlei grobe und subtile Dreigötter sind unter Winden von sehr nutzlosen Spekulationen auf diesem Meer geschaitert; am unfruchtbarsten Strande liegen die zerschellten Trümmer ihrer Systeme abschreckend da" (XIX 352).

Herders Auffassung hat auch hier viel Ähnlichkeit mit der socinianischen. Auch von diesen wird der Name „Sohn Gottes" nur auf den historischen Christus bezogen, insofern er der bevorzugte Liebling Gottes, der Verkündiger der göttlichen Offenbarung ist. Gott gleich ist Jesus nur hinsichtlich der Macht und Wirksamkeit, sofern er durch die Kraft, die Gott ihm verliehen, alles, was Gottes ist, wirkt wie Gott selbst. Desgleichen lehrt Herder wie der Socinianismus, dass die göttliche Verehrung Christo nicht wesentlich zukomme, sondern ihm nur von Gott übertragen sei. Indem er so den Menschen Jesus, der die Anbetung zurückweist, und den als das Organ Gottes anzubetenden Jesus Christus trennt, verfällt er in jenen Dualismus, der Göttliches und Menschliches so auseinanderhält, dass die Einheit der Person gestört wird, vor welchem Dualismus sich die kirchliche Dogmatik gehütet hat, weil dadurch

„die wesentlichsten Momente unseres Glaubens beeinträchtigt werden" (Thomasius, Christi Person und Werk I³ 331).

Während aber die Socinianer die Konsequenzen ihres Standpunkts zogen und jede Vereinigung zweier Naturen in einer Person sowie jede Präexistenz leugneten, scheute Herder vor dieser Folgerung zurück, weil sie gegen die Lehre der Bibel ist und jene exegetischen Künste, mit denen die Socinianer im Prolog des Johannesevangeliums Anfang für Zeiten des neuen Testaments, Wort für Evangelium, Kraft Gottes und desgl. zu nehmen beliebten, ihm „verdrehend und nichtswürdig erschienen" (VII 360; vgl. auch X 395) und seinem historischen Gefühl widersprachen. So blieb ihm also auch hier nichts andres übrig, als die Lehre der Schrift in ihrer Gegensätzlichkeit bestehen zu lassen und mit ausdrücklicher Zurückweisung der Lehre derer, „die Christum allein zum Menschen und nachher in seinem höhern Stande zum belohnten Menschen ausdichten und künsteln" (VII 199), bloss nach Massgabe der Bibel daran festzuhalten, dass „Christus so gewiss der Eingeborne, Sohn Gottes, wahrer Gott und ewiges Leben sei, so gewiss er auch überall, wo er handelte, ganz Mensch war und als unser Bruder fühlte" (XII 129).[1])

Nun steht aber nach dem Urteil der Apostel und den Zeugnissen der Schrift fest, dass Jesus vor seiner Menschwerdung in der Gestalt Gottes war, und diese Thatsache zu leugnen wäre nach Herder Unsinn, sie abschwächen und umdeuten hiesse sie verstümmeln (VII 389). Wie erklärt sich also Herder dieselbe?

Es ist jener grosse ewige Gedanke, der vor der Welt war und durch den alles geworden ist, was da ist, welcher Fleisch ward und unter uns wohnte (VII 197). „Er war von Ewigkeit ausersehen und auf ihn als den Mittelpunkt wurden die Zeiträume der Welt verfasst" (SW IX 66). Aber als Verstand Gottes, der Ideen bildete und sie ausführte, war kein Äon hervorgebracht. Unabtrennbar bei Gott, nicht neben ihm, kein Untergott, Gott selbst war das, was wir Wort, Verstand, Willen der Gottheit nennen; denn in seinem Wesen ist nichts trennbar (XIX 296).

Von einer realen Präexistenz, wie sie die biblischen Schriftsteller verstanden, ist hier keine Rede, ja nicht einmal von einer idealen persönlichen Präexistenz, und wenn Herder doch an anderer Stelle (VII 445) die trinitarische Formel unsres Taufbekenntnisses nicht als „Unsinn, sondern als Christentums Inhalt" betrachtet wissen will, so ist das einer jener Fälle, wo er die alten biblischen oder kirchlich feststehenden Formeln anwendet, ihnen aber einen ganz andern Sinn, einen weit rationaleren Inhalt unterlegt, als man vermutet (Werner a. a. O. S. 263), vom logischen Standpunkt aus betrachtet, zweifellos ein Mangel, vom praktischen nicht. Herder schrieb nicht in erster Linie für Theologen, sondern für das grosse gebildete Publikum, dem er ein reineres, herzliches Christentum darbieten wollte, als es die in starrer Orthodoxie befangene Mehrzahl der Theologen seiner Zeit that. „Die zu scharfen Bestimmungen der älteren Theologen wollte er aus dem Wege räumen und auf das, was wirklich erkennbar und wahrhaft praktisch für uns ist, zurückführen" (Müller in SW XVI 7). So warnt er vor jeder müssigen Spekulation über die Gottheit Christi. „Jeder bleibe bei dem Begriff vom Sohne Gottes, wie ihn Johannes und Paulus geben, und wage sich nicht in die Abgründe des Ewigen. Dagegen erkenne er hinwieder im Menschgewordenen das Göttliche, das uns erkennbar ist" (XIX 352). „Was wissen und begreifen wir vom Wesen des Unendlichen, des Unerforschten? Von Unterschieden und Persönlichkeiten in ihm, in dem keine Abtrennungen, kein Erstes und Späteres, kein Innen und Aussen ist? Wir schwimmen im Raume und in der Zeit, sind also auch mit lauter zerstückten Ideen, die im Raum und in der Zeit schwimmen, umschränkt; all'

---

[1] Vgl. Dorner, Gesch. der prot. Theol. S. 788: „Von der so lange verkannten Einheit des Göttlichen und Menschlichen hat er ein poetisch-religiöses Gefühl, und das wirkt bei ihm, besonders in seiner früheren Zeit, Hochschätzung der christlichen Grundthatsache. Doch ist es mehr die unmittelbare, so zu sagen natürliche Einigung beider, für die er Sinn hat."

unsre Vorstellungen sind Theilbegriffe, schwache, dämmernde Eindrücke von aussen, die uns wie in einem tiefen Schlafe nur von Seiten wecken und beleben; der Funke der Gottheit, das innere Ich wird uns nie ganz lebendig (VII 355; vgl. SW IX 10). So geht auch in betreff der Fragen: „Wie der Sohn Gottes vor den Welten erzeugt war u. s. w.", Fragen, die eine spätere Spekulation aufgeworfen und zu beantworten sich bemüht hat, das Wissen der heiligen Schrift — also auch das unsre — nur bis zum Anfange der Schöpfung. „Dass Gott den Verstand, der er selbst war, erzeugt und wie er das Wort hervorgebracht habe, davon sagte ich nichts," lässt er den Evangelisten Johannes sprechen; „wie konnte ich transcendentalen Unsinn sagen?" (Vgl. XX 167 f.: „Oder soll die Lehrmeinung ausmachen, wie die Gottheit im Menschen gewohnet? wie er sich von der Gottheit „geleeret"? und dann aus dem Munde eines Engels dem Schoss der Mutter geschenkt worden? Wie im Augenblick der Empfängnis sich die himmlische und irdische Natur zusammengefüget, dass ja kein Symplegma von zwei Verständen und zwei Willen entstünde? — — Sind's Fragen der Art, die Lehrmeinungen gründen, über welche man gezankt und verfolgt hat, so bewahre uns Gott vor allen gelehrt entbehrlichen Lehrmeinungen und Kinderfragen."

Die Bedeutung der Lehre von der Erlösung spricht Herder in den bestimmtesten Ausdrücken aus. Es ist der grösste Unsinn, der je gesagt worden ist, wenn man lehrte, dass der Begriff von der Erlösung Jesu gar nicht zur Religion gehöre; das sei eine Beziehung zwischen Gott und Jesus, die man sie könne thun lassen. Denn Gott bedurfte als der Allgenügsame keiner Versöhnung und keines Lösegeldes. „Wenn das Werk nicht Menschen angehen soll, so ging's die Teufel an, denen Jesus Lösegeld abgetragen oder niemand." Freilich jede Grübelei über die Art, „auf welche das Verdienst Christi bei Gott angesehen worden, ob als ein wirkliches Lösegeld und Genugthuung, die Sünde der Welt wegzunehmen, oder nur als der Grund zur Besserung einer ganzen sündigenden Welt, damit sie eben durch ihre Besserung bei Gott versöhnt werde," jede solche Grübelei ist kindisch, denn das sind Dinge, die Gott uns schlechterdings nicht offenbaren konnte, die also kein Gegenstand menschlicher Untersuchung sind (SW IX 258 f.). Allein so, wie die Bibel darüber lehrt und wie sie den Grund des Neuen Testamentes bildet, ist diese Lehre aufzufassen. So ist sie auch verständlich, nur darf man sich hineintragen wollen.

Fragen wir nach der Notwendigkeit der Erlösung, so müssen wir sehen, was Herder über den Urzustand des Menschen denkt.

„Der Mensch ist zum Bilde Gottes geschaffen, er ist Gottes Stellvertreter und Kind, sein moralischer Abdruck und Nachahmer." Dies ist die einzige und höchste Idee, durch welche sich der Mensch an die Gottheit schliessen kann (X 347). In seinem Urzustande, dem Stande der Unschuld, die man nicht als „dämonische Klugheit" aufzufassen hat, besass der Mensch „Integrität aller Neigungen und Kräfte; keine geprüfte Vollkommenheit und Tugend" (X 350). Der primigene Adam war der natürliche, noch unangetastete Keim aller menschlichen Kräfte und Tugenden, kurz, das vollkommene Exemplar der menschlichen Natur (X 351). Man darf das Ideal dieses Zustandes nicht allzusehr auf eine mystische Weise in die Höhe schrauben, wenn man nicht Gefahr laufen will, wider den ganzen Plan der Heilsordnung, ja zuletzt gegen die menschliche Natur selbst erhabenen Unsinn zu reden (X 350). Es ist ein Irrtum der Philosophen, wenn sie alle menschlichen Seelen für gleich und gleich leer halten, sie einem kreideweissen und sonnenreinen Papier vergleichen. Vielmehr ist die menschliche Seele eine volle Knospe von guten und bösen Anlagen und Qualitäten. Es liegt Gold im Menschen, das aber nicht schlackenlos angenommen, sondern gereinigt und geläutert werden muss (X 353). „Der Mensch hat ein Göttliches in sich, dies ist seine edle Natur, sein Charakter; sonst aber ist er ein Tier und wird noch ärger als Tier, weil ihm der leitende Instinkt fehlt" (SW X 180). In Bezug auf den freien Willen spricht die Bibel von natürlichen Dingen keinem Menschen ein Vermögen ab, nur von geistlichen, göttlichen, himmlischen Dingen und auch bei diesen nicht bloss vom Wollen, sondern vom primitiven Erkennen und von der ganzen Gestalt des

Menschen zu seiner Gottgefälligkeit ist die Rede. Wie wir in natürlichen Sachen alles durch Erziehung und durch fortgehenden Einfluss anderer Menschengeister und Menschenherzen auf uns haben, sollten wir's in göttlichen Dingen nicht haben, während dieses gerade das Schwerere ist? Ohne Grübeln müssen wir hinnehmen, was die Schrift lehrt: „Gott ist es, der in uns wirket, beides, das Wollen und das Vollbringen." Soviel ist genug; alle weiteren scholastischen und rhetorischen Unterscheidungen und Spitzfindigkeiten sind gemacht, um zu verketzern oder zu disputieren.

Aus jenem Urzustande sind die Menschen der Schrift nach gekommen durch den Fall Adams. Was uns darüber erzählt wird, ist nicht Erdichtung, sondern Geschichte, eines typischen Vorgangs, „unser aller Geschichte." Wie Adam fehlte, fehlen wir, die Jugend des Menschengeschlechts ist unser aller Jugend (X 350).

Die Folge dieses Falles ist nicht eine Veränderung der Körperbeschaffenheit, sondern eine allgemeine Sündhaftigkeit der Menschen, wie die Bibel sie lehrt und die Erfahrung sie bestätigt. „Durch Adams Schuld breitet sich gleich von ihm durch alle Kanäle seines Geschlechts Schwachheit, Mangel, Sünde, Unvollkommenheit, Keime zu Irrtümern, Fehlern und Thorheiten herunter. Wir kommen, so wie mit einzelnen, sehr bestimmten Gesichtszügen, Kräften und Anlagen, so auch mit ebenso bestimmten Indispositionen, Neigungen, Mängeln auf die Welt" (X 351). „Wer kann Erbkrankheiten annehmen, ohne dass es nicht auch Erbfehler gebe?" (X 353.) Wer uns einreden will, dass hier kein Übel, keine Unvollkommenheit sei, lügt (X 346). Das Bewusstsein dieser allgemeinen Sündhaftigkeit führt wie zur Notwendigkeit einer Offenbarung, so auch zur Notwendigkeit der Erlösung, denn die Überwindung des Bösen ist nicht durch eigene Kraft möglich, auch nicht durch die natürliche Religion, die zwar viele Gründe und Kräfte hat, das Gute im Menschen zu stärken und zu entwickeln; sein Böses aber kann sie ihm nur zeigen, nicht nehmen (X 245); vgl. SW X 270: „Ich bin nicht so, wie ich sein sollte! ich bin eine verfallene Kreatur in den Augen meines Gottes, ich bin ein Sünder! wie soll ich mich trösten? wie ich gegen ihn voll guten Muts sein, da es mir ja mein Gewissen sagt, dass ich durch meine Schuld es geworden bin, dass ich als ein freies, moralisches Geschöpf unter Verantwortung stehe, dass ich vor dem Geist des Allwissenden nicht ganz gutes Mutes sein kann. Wie wird mir Gott vergeben? und auf welche Bedingnisse und welche Bedingnisse ich ihn versöhnen und getrost vor ihn treten? Ach, hier schweigt alles! Vernunft, Schöpfung, Gewissen, Vermutung, Weltweisheit!"

Sünde, Unvollkommenheit, positiver Verfall war da. Finsternis verschattete unglücklichen Geschöpfen die Gottheit: sie musste gehoben, die Quelle höherer Seligkeit ihnen thätlich geöffnet, sie durch eine allgemeine Kraft aus ihrem gegenwirkenden Bösen errettet werden (VII 384).

Dieser Erretter, Befreier, Arzt und Seligmacher der Welt ward Jesus, die erste thätige Quelle der Reinigung, Befreiung, Beseligung der Welt. — In welchem Sinne?

Die Mannigfaltigkeit der Bezeichnungen, die das neue Testament für den Akt der Erlösung wie für Jesus als Erlöser hat, beweist, dass die neutestamentlichen Schriftsteller nicht anders als im Bilde die Sache auszudrücken imstande waren. In all diesen bildlichen Ausdrücken bei dem äusseren, oberflächlichen, bildlichen Sinn stehen bleiben und bei $ίλασμός$ nur immer an $ίλαστήριον$ und an die Blutschale denken, „die den zornigen Manne ins Angesicht spritzet", bei Lösegeld nur den Geizhals und Tyrannen im Sinne haben, „damit der Galerensklave losgekauft werden soll", ist kindisch oder boshaft. Die juristischen Auffassungen späterer Zeit sind ebenso zu beurteilen. Auch sie suchen mit verständlichem zu machen, was ganz genommen nicht zu beschreiben und auszudrücken ist. Solche Theorieen zum Dogma erheben zu wollen, dagegen wendet sich Herder mit aller Schärfe.

Ebensowenig will er den Begriff des Opfers gelten lassen. Wenn auch zuzugeben ist, dass diese Vorstellung der Denk- und Sprechweise der neutestamentlichen Schriftsteller näher lag, so genügt doch auch sie nicht, um das Werk Jesu zu bezeichnen. Einmal ist sie ja auch Bild; „Bild aber ohne Bedeutung ist nichts." Sodann musste der Begriff des Opfers erst selbst umgewandelt werden, damit er einigermassen die Bedeutung des Werkes Jesu von fern ausdrückte. Selbst im Hebräerbrief, der diese Vorstellung heranzieht, dient sie doch nur dazu, zu zeigen, dass Christus und sein Werk unvergleichlich grösser und höher gewesen ist, als alles Alttestamentliche.

Auf der andern Seite gilt auch keine rationalistische Deutung, als wäre der Ausdruck „Himmel und Erde versöhnen" eine Allegorie im Sinne Philos und bedeutete nichts anderes als: „Christus hat Juden und Heiden vereinigt." Eine solche Deutung widerspricht dem Sprachgebrauch und wird der Thatsache der Versöhnung nicht gerecht. Der richtige Weg, der zur vollen Erkenntnis des biblischen Begriffes führt, ist der, dass man alle die Bilder und Tropen, mit denen das Geheimnis ausgedrückt ist, weil kein einzelnes alles sagt, was gesagt werden sollte, auflöst und sie in der Ordnung, die jeder Lehrende sich selbst suchen mag, zu einem vollen Begriff bildet (X 394). So ergiebt sich für Herder folgendes: Eine Versöhnung im Sinne der Dogmatik brauchte Gott, der Allgenugsame, Allgütige, Unwandelbare, nicht. Die Thatsache, dass er seinen Sohn hingab, ist ein Beweis seiner Liebe, ein Zeugnis dafür, dass er nicht zürnte. Wie er das Menschengeschlecht in Jesu wählte und schuf, erschuf er es zur Seligkeit. „Aus Liebe, spricht die Schrift, nicht aus Hass oder um einen Gerichtsbetrug zu spielen, sandte Gott der Welt diesen Christus, dass er durch ihn dem Verlorenen Heil und Leben werde. Der grössten Liebe Erweis sei darin erschienen, dass Gott diese Veranstaltung getroffen und gleichsam den ersten Schritt gethan habe zur Wiedervereinigung mit dem entarteten Geschlecht, zur Rettung des Verlorenen. Denn durch eigene Schuld war es in die Tiefe von Sünde und Schuld gefallen, es sollte wieder zu Gott gebracht, mit ihm vereinigt oder versöhnt werden. Dies geschah auf folgende Weise: Wenn im Menschen ein Funke des Göttlichen, wie wir oben gesehen haben, vorhanden war, so galt es dieses Göttliche, als die Bestimmung des ganzen Geschlechts und dessen endlose Bahn zur Glückseligkeit, lehrend und werkthätig zu entwickeln (XIX 296). Und Christus entwickelte es durch Mitteilung der Wahrheit. Sie allein kann die Menschen frei machen, die Gewohnheit, Parteilichkeit, Eigennutz, Eigensucht, eitle Ehre, Wollust und Trägheit zu Sklaven jedes Unrechts machen, so dass sie es zuletzt wissentlich thun müssen. Am liebsten, erklärt Herder, bleibe er im populären Vortrag bei Luthers Begriff in seiner Auslegung des zweiten Artikels stehen, weil er der leichteste, Kindern und Alten gleich verständliche, zugleich prägnante und fruchtbare Begriff ist. „Unwürdige und irrige Vorstellungen werden hier vermieden. Die Genugthuung und Aufopferung Jesu erscheinen hier im reinsten Gesichtspunkte eines rettenden Freundes, der sein Blut, sein ganzes Selbst, Leben und Tod an mich waget und der jetzt aus Gerechtigkeit und Liebe mein Herr ist" (X 394).

Das aber war Christi Werk, „die Menschen vom Reiche der Finsternis und Lüge durch Erkenntnis zu befreien, Sklaven der Sinne und Vorurteile, der Gewohnheiten, der Heuchelei und des Lasters zu Freigeborenen, zu Kindern Gottes zu machen, die das Gute aus Überzeugung, mit Liebe und Aufopferung thun" (XIX 325; vgl. S. 374). Soll den Menschen echte Freiheit geschafft werden, so ist sie Freiheit der Seele von jedem Wahn unechter Güter, von jeder verderblichen Leidenschaft und Meinung. Diese Werke zu zerstören, war der Sohn Gottes erschienen. Schon dadurch ward Jesus ein Erlöser des Menschengeschlechts, dass er die Anschauungen von dem zukünftigen Gottesreich bei den Propheten von den auf Veranlassung ihrer Zeit hineingetragenen irdischen und menschlichen Zügen säuberte, und es hinstellte als eine Zeit „reinerer Erkenntnis Gottes, abgelegter Vorurteile, ausgeübter Tugend und Sittlichkeit, durch welche allein den Menschen ein allgemeiner und ewiger Friede, d. i. eine wahre gemeinschaftliche Glückseligkeit mit und durch einander zu teil werden konnte."

Die Menschheit war auf mannigfache Weise auf das Kommen Christi vorbereitet. SW IX 62 ff.: „Alle Grade der Morgenröte waren gleichsam vorausgegangen, bis die Sonne kam, damit die Welt zum Licht bereitet und nicht über dem plötzlichen Glanzmeere statt mit Licht mit erblindender Dunkelheit heimgesucht würde." „Da kam Jesus und brachte die er-

habensten Begriffe von Gott, der Menschheit, der Tugend, der Unsterblichkeit ans Licht."
Vgl. S. 72: „Der Geburtstag Jesu ist die Geburt welcher Aufklärung, Heiles und Trostes der Welt!" Die ganze Gottheit ist durch Christum in Rat und That den Menschen gegenwärtig geworden, der Unanschaubare ward in ihm gegenwärtig, er war der sprechende Gott. Als solcher enthüllte er die Idee Gottes über das Menschengeschlecht und schuf sie zur That (XIX 296), er war die sichtbar gewordene Liebe des Vaters zu der Menschen Errettung (VII 389). „Nicht nur," so lässt Herder den Evangelisten Johannes sagen, „sprach er uns von Gott, seinem Vater, und legte uns himmlische Wahrheiten aus, von ihm selbst genossen wir himmlische Huld. Der ganze Himmel voll Seligkeiten war um ihn in seinem Unterricht voll Liebe und Wahrheit; wir schöpften aus diesem Meer" (XIX 299). Eine solche Offenbarung Gottes konnte Christus bieten, weil das ganze Mass der Gottesfülle in ihm wohnte. Er war der Rat und Ausrichter des ewigen Vaters zum Heil der Menschheit, sein Sprecher und Ausleger. „Er ohne den Vater nie, der Vater in ihm und durch ihn alles" (XIX 304).

Das alles aber war er auf die natürlichste, menschlichste Weise, in Einfalt, Niedrigkeit und Demut (VII 389).

Er sprach als Galiläer die Sprache des Volkes einfältig, ohne schulmässige Theologie, ohne philosophische termini, wie das Volk es liebt, in starken, sinnlichen, beteuernden Ausdrücken, viel in Gleichnissen, „von galiläischem Geschmack und Komposition" (VII 202), die er zuweilen häuft, wo alle ungefähr nur eins bedeuten, dem Geschmack seiner Zeit und seiner Zuhörer auch darin nachgebend, dass er Allegorieen und Wortspiele und ein gewisses mystisches Dunkel liebt. Auch in der Citation des Alten Testaments folgt er dem Geiste der Zeit. Wie die Apostel die Stellen, die sie von Christus aus dem Alten Testament anführten, wirklich von ihm verstanden, ihn überall darin fanden, so deutet auch Christus selbst mehr als einmal alle Schrift auf sich und betrachtet sie allgemein als Zeugin von sich. Es ist darin keine künstliche, beabsichtigte Accommodation zu suchen, vielmehr sah er wirklich in sich die totale Summe, den letzten, geistigen Inhalt des Alten Testaments.

Und doch, wie ganz anders ist seine Betrachtungsweise! Nichts von der „kritischen Freigeisterei" des Sadducäismus, nichts von dem „kritisch-dogmatischen Aberglauben" des Pharisäismus! Mit reinem und hellem Blick forschte er im Alten Testament. Er suchte den Geist und liess den Buchstaben liegen; er drang auf That, „auf menschliche Veredelung und die simple, schlichteste Wahrheit" (SW XV 101). Wort ohne That gilt es bei ihm nicht, er liebt den Sinn und überall „den natürlichsten, vollsten, herzlichsten, Seele verbesserndsten Sinn" (VII 202). „Was Philosophen mit grosser Mühe dunkel und halb erwiesen, hat Christus oft in ein Wort der Liebe und kindlichen Einfalt gehüllt" (X 326). Mit aller Kraft wendet er sich gegen jedes scheinheilige, äussere Wesen, „jeder Blick von ihm drang ins geschminkte, unreine Grabmal jenes geistlichen, gelehrten, frommen Standes, der Priester, Gesetzlehrer und Kanonisten, Pharisäer und Heuchler, jedes unschuldige einfältige Wort aus seinem Munde wühlte unter ihrem heuchlerischen, toten Geschwätz wie Feuer unten in den Dornen." Weil sie nun jeber in der Welt alles Gute aufgehalten und verfälscht hatten, darum spricht und handelt er, der Sanftmütigste der Menschen, gegen sie mit einem Eifer, als ob er ihretwegen allein vom Himmel herabgekommen wäre (X 242). Jesus war selbst kein Gesetzgeber einer äusserlichen, bürgerlichen Tugend, im Gegenteil, der Zweck seines Wirkens ist, „das äussere Gerüst", an dem viele Redliche noch mit Treue hingen, „abzuwerfen, damit ein neuer Bau würde" (VII 466). Aber er weiss, dass diesen Redlichen, zu denen seine Apostel auch gehören, „die Hülse des jüdischen Gesetzes hart abgeht", darum geht er nur schonend vor, stufenweise nur sie davon zu befreien (VII 489). Aller anmassende Stolz, aller Egoismus, diese „Pest aller Menschen-, Freundes- und Brudergemeinschaft" (XIX 363), wurde den Gliedern seines Bundes entnommen. „Von aller Selbstsucht sucht er uns zu befreien in Begriffen, Neigungen und Handlungen, nicht Wahrheiten, sondern das Wahre suchen, nicht Gute, sondern das Gute lieben, auch was Bild ist, vergessen zu lehren, und eins mit ihm zu werden, wie er's mit dem Vater und mit uns ist" (VII 462).

„Seid Himmel und nicht Erde! Seid, wie Gott, wirksam und gütig und verborgen und lernt's an mir, seinem Bilde! Euer Wesen sei Leben, Liebe, Demut, und der Weg dahin Selbstverleugnung, Reinigung, Tod!" (VII 428.) „Die Verleugnung alles Irdischen ist sein erstes Erfordernis, und mit der Freiheit, die es der Seele verleiht, zugleich sein Hauptkleinod" (X 381). So ist er nicht ein blosser Lehrer guter Moral, sondern mehr, „der Erlöser der Welt! Mittelpunkt des menschlichen Geschlechts! Vorbild christlicher Vollkommenheit in die Entwickelung der Ewigkeit hinüber (SW XV 235), der Anfänger und Vollender des Glaubens."[1]) Darum fordert er immerfort von seinen Jüngern Glauben, auch zu einer Zeit, da noch ein offenbares Bekenntnis, dass er Gottes Sohn sei, nicht lautbar werden soll (VII 204). „Diesem Glauben, diesem unmittelbaren Kindesvertrauen auf Gott legt er unmittelbare Kräfte bei." Aber mit diesem „unmittelbaren Umfassen Gottes" verbindet er immer wieder die Pflichten von Aufopferung, die er sein Kreuz nennt, lange bevor er gekreuzigt wurde. In dieser Selbstaufopferung sucht er den Mittelpunkt aller Pflichten, ja das unmittelbare Erfordernis dazu. In ein so geläutertes Gemüt giesst er dann „alle Liebe Gottes und des Nächsten oder vielmehr Gottes im Nächsten, die Liebe zu ihm einzig und allein im Bruder, selbst dem elendesten, geringsten, kleinsten Bruder, selbst einem Kinde, einem Unmündigen, unmittelbar als ob man Gott darin liebt" (VII 204). Diesen Weg der Liebe und Selbstverleugnung kann man aber nur gehen, wenn man nicht allein sein, sondern „an ihm und in ihm leben und weben, grünen und blühen, wirken und Früchte bringen, von ihm und in ihm so unmittelbar genährt werden will, als man in allem auch unmittelbar dient, sich ihm aufopfert, zu seinem Sinn und Bau seines Reiches beiträgt, alles in ihm und ihn in allem sieht, erkennet, liebt, also vertrauet, lebt und stirbt, oder vielmehr nicht stirbt, sondern mehr ins Leben mit Gott eingehet, was man hier nur unvollkommen, gestört und unter Hüllen geniesset" (VII 205). Mit Unrecht behauptet Werner, Herder kenne nicht die Lebensgemeinschaft des Einzelnen mit Christus. Vielmehr beruht ja auf dieser Thatsache mit seine Erlösungstheorie. Vgl. XIX 360: „That erweckt That, Liebe zündet Liebe an, Leben schafft Leben. — Durch Liebe goss Christus seinen Freunden Liebe ins Herz. — Liebe verlangt Anschauung, Nähe, Gegenwart, Gemeinschaft. Durch Nahesein der Gemüter bilden Herzen und Gemüter sich zu einander. Christi Werk ist ein Bund der Liebe, das Institut einer unzertrennlichen, auch im Tode unauflöslichen Gemeinschaft."

Der Zweck der Lehre und des Lebens Christi war das Reich Gottes, d. i. „unverrücktes, verborgenes Leben in ihm mit der gütigen, kräftigen, allerfüllenden Gottheit." „Menschen und Engel, Himmel und Erde sollen einen Willen Gottes thun und alles Fülle, grosse Versammlung voll Reinigkeit, Feuer und Glückseligkeit werden an ihm, dem Haupt und alles das wiederhergestellt und das Zerrüttete wieder in Ordnung gebracht werden und alle Christen im Himmel wandeln" (VII 387). Ewige Wahrheit ist hier unser Gut, Gerechtigkeit und Friede unser innerer und ewiger Lohn (X 392). „So ist das Reich Gottes der ganze Entwurf der Glückseligkeit der Geschöpfe Gottes, wo alles seinen Willen thut, d. i. in seinem grossen, guten, seligen Reich in seinem Namen, aus seiner Kraft, an seiner Stelle, rein und froh wie er, wirkt" (VII 433). Es ist kein Buchstaben- und Silbenreich (X 366), sondern die Gerechtigkeit des Reiches Gottes wird in der Erfüllung des Gesetzes insonderheit durch Liebe, Barmherzigkeit und Gutthätigkeit gesehen (VII 429), nicht Auflegung äusserlicher Pflichten und Gebräuche, desto mehr aber Aufforderung zu reinen Geistes- und Gemütstugenden. Das zeigt jede seiner Reden und Thaten bis zu dem letzten klaren Bekenntnis, das er vor seinem

---

1) Haym berücksichtigt zu wenig die Äusserungen dieser Art, wenn er bei Herder nur eine rationalistische, human-moralische Ansicht von der Person und Lehre Christi findet (II 540), und ihm Christus nur als Lehrer der edelsten Moral erscheint. (Ähnlich auch Dorner, Gesch. d. prot. Theol. S. 740.) Man mag die schärfsten, durch die Polemik hervorgerufenen Ausdrücke nehmen, Herders Auffassung bleibt immer eine innigere, tiefere. Vgl. auch XI 73 die Berufung auf Melanchthons Zurückweisung dieses Irrtums.

Richter ablegte. Nicht irdisch ist das Reich, das Christus zu stiften kam, wiewohl noch die Apostel irdische Vorstellungen haben, — am reinsten umfasste die Idee vom himmlischen Reiche Paulus (VII 451); — sein Umfang ist die Welt, seine Entwickelung das Ende der Zeiten (SW XII 215), dann, „wenn kein Klaggeschrei mehr auf Erden ist, nur Triumph- und Freudenstimmen im Himmel." „Unten mag stürzen, was will und soll, auf seinen Trümmern erhebt sich das Reich des ewigen Königs" (SW XII 96), ein Reich von so grossen Zwecken, von so dauerndem Umfange, von so einfachen, lebendigen Grundsätzen, von so wirksamer Triebfeder, dass ihm die Sphäre dieses Erdenlebens selbst zu enge schien. Es ist die Erfüllung der Verheissungen des Alten Testaments, wie sie von den Propheten immer mehr und mehr, heller und dunkler, näher und ferner entwickelt wurden, und doch wieder so ganz anders, als man sie sich dachte.

In diesem Reiche zu leben und nach der Gerechtigkeit dieses Reiches zu trachten, das ist die Aufgabe des Menschen. Indem Christus uns diese reine Vorstellung gebracht hat, zugleich aber auch durch sein Vorbild uns in seiner Lebensgemeinschaft immerfort die Kraft dazu giebt, ist er der Erlöser der Welt.

Wir begegnen hier wiederum bei Herder dem reinsten Socinianismus. Wie dieser so hebt auch er den Begriff der Sünde auf (Werner a. a. O. S. 206; Dorner, Geschichte der prot. Theol. S. 740). Auch die Socinianer lehren, dass der Mensch nach dem Bilde Gottes geschaffen ist, erklären aber diese Ebenbildlichkeit im Gegensatz zu der orthodoxen Auffassung ähnlich wie Herder. Der Mensch ist seiner Natur nach sterblich, nach der Seite der Intelligenz unwissend und unerfahren, nach der Seite der Sittlichkeit ungeübt im Guten wie im Bösen, mit der Anlage und dem Vermögen beides zu werden, kurz, in jeder Beziehung ein Anfänger, ein Kind (Fock a. a. O. S. 484 ff.). Auch sie leugnen in der Erlösung jede Satisfaktionslehre, zum Teil mit ähnlichen Ausdrücken wie Herder, auch bei ihnen liegt das Wesen der Erlösung vielmehr darin, dass uns der göttliche Ratschluss durch Christus geoffenbart und durch ihn auch realisiert ist. Vgl. Ostorodt, Unterrichtung S. 135: „Das Amt Jesu Christi ist, dass er uns Gottes Willen von der ewigen Seligkeit, welche uns soll gegeben werden, geoffenbart hat und denselben zu seinem Ausgange und Ende bringet; in welchen beiden Dingen bestehet und begriffen wird, dass er unser Heiland ist oder Seligmacher" (Fock S. 552). Während aber im Socinianismus die Person Christi hinter der Lehre zurücktritt, ist gerade sie für Herders innigere, gefühlvollere Auffassung die Hauptsache.

Nach der oben gegebenen Darstellung der Herderschen Auffassung von der Erlösung wird die Frage als berechtigt erscheinen, welche Bedeutung denn nun noch der Tod Christi habe. Dass er die kirchliche Lehre verwirft, ist schon gezeigt worden. Er verkennt aber dabei, wie alle Gegner derselben, den Begriff der göttlichen Gerechtigkeit und die Bedeutung einer Genugthuung, wenn er spottend meint, „dass die personificierte Gerechtigkeit vor den alten Gott Vater getreten und Blut eines Unschuldigen gefordert,[1]) und er, zwar wider Willen, seinen Sohn habe opfern müssen," — er verkennt auch den Begriff der Rechtfertigung — selbst in katholischer Auffassung, die er allerdings im Sinne hat, — wenn er darin nichts andere sieht als einen Streich, der „von dem alten Vater" der „sauren Gerechtigkeit" gespielt sei, „indem sie einesteils kontraktmässig habe zufrieden sein müssen, anderenteils sich als die grausamste Ungerechtigkeit selbst beschimpft habe" (XX 172). Ganz im Sinne des Socinianismus (Fock S. 625 f.) und Rationalismus (Wegscheider, Institt. § 141) leugnet er auch die Möglichkeit der Zurechnung des Verdienstes Christi. Desgleichen ist sein Spott über die von den Dogmatikern zum munus sacerdotale gerechnete intercessio ungerecht, wonach Christus „jetzt in alle Ewigkeit hin die falschen Assignationen der Sünder und Sünderinnen, vorzüglich der Reichen und Vornehmen, acceptiere."

---

1) Socinianisch. Vgl. Gass, Geschichte der prot. Dogmatik I 296. Fock a. a. O. S. 616. Ebenso der Rationalismus, vgl. Wegscheider, Institt. § 142 — quo Deus Molochi instar piaculi innocentis quippe sanguinem sitientis placatus sistatur.

20 Herders Lehre von der Person und dem Werke Christi.

Verstehen lässt sich diese schroff ablehnende Haltung Herders gegenüber allen diesbezüglichen Dogmen nur aus dem Gegensatz zwischen Religion und Dogma, wie er für ihn feststand, und seinem Festhalten an der Grundlage der heiligen Schrift. Allein von hier aus sucht er sich die Bedeutung des Todes Christi zurechtzulegen.

Der Tod Christi bleibt ihm „der Mittelpunkt des Werkes Christi und des Trostes für Menschen, die vergangene Sünden doch nicht ungeschehen machen können" (VII 443). Aus Liebe zur Menschheit ging er in den Tod, und dieser gehörte zur Entsündigung der Welt notwendig (VII 438). „Aufgeopfert musste seine ganze Menschheit werden, dahingegeben auf der tiefsten Stufe des Leidens, damit wir durch seine Wunden heil würden u. s. w." (VII 443). Wie nach der Ansicht der Socinianer Christus nur zur Bekräftigung seiner Lehre gestorben ist und sein Tod das Vorbild vollendet und den höchsten Grad der Liebe ausdrückt (Gass a. a. O. S. 229 Fock S. 611), so ist auch für Herder der Tod Christi der notwendige Abschluss seines Lebens in Aufopferung und Liebe zur Welt. Indem er nach einem Leben voll Widerspruch, Armut, Verfolgung, Jammer den bittern Tod zum Lohne erhielt und, von Gott verlassen, dennoch dem Vater seinen Geist empfahl, ist er der Vollender des schwersten Glaubens geworden, auf den wir sehen müssen, um nicht müde zu werden. Sein Leben fiel den Feinden, welche die Wahrheit, die er brachte, nicht ertragen konnten, zum Opfer, „der gesunde Menschenverstand und das reine Gefühl der Humanität sind mit ihm zur ersten gelegenen Zeit aus der Welt geschafft." So ist „die Geschichte seines Lebens und Todes die ewige Geschichte der Welt, nur in veränderten äusseren Gestalten." Er suchte nicht den Tod, er lief nicht ins Schwert und stürzte sich nicht ins Verderben. „Er sah den Kelch kommen und wünschte, dass er vorüberginge; da es aber sein musste, so nahm er ihn — aus den Händen nicht seiner Feinde, sondern des Vaters" (X 387). Er starb weder als Held noch als Prophet noch als Märtyrer, sondern als des Menschengeschlechts Erlöser in der tiefsten Stille und Demut (VII 436).

Seine volle Bedeutung erhält aber der Tod Christi erst durch die Auferstehung. Diese als geschichtliche Thatsache zu erweisen ist der Zweck der im Jahre 1794 erschienenen Schrift: „Von der Auferstehung als Glauben, Geschichte und Lehre" (Haym II 533). Dieser Erweis ist aber notwendig, weil der Glaube an die eigne Auferstehung, die für Herder zu den Fundamenten des christlichen Glaubens gehört, sich auf die Auferstehung Jesu von Nazareth gründet, in dessen Namen sie verkündigt wurde. Die Bedeutung der Auferstehung Christi liegt nach zwei Seiten. Einmal gehört sie zu den drei an Jesu selbst geschehenen Wundern, Taufe, Verklärung und Auferstehung, durch welche das ursprüngliche Evangelium ihn als den Christus bekundet (XIX 237. 268), und ist unter diesen dreien das bedeutendste. „Redender als jene Stimme über dem Jordan oder auf dem Berge der Verklärung war den Jüngern dieser Beweis seiner Messianität." „Gott hat seinen Vielgeliebten durch diese Erweckung gerechtfertigt, als einen wahren Propheten dargestellt, als Herrn und Christus erwiesen." War sein Tod eine That des höchsten Zutrauens zu Gott, so war die Auferstehung gewissermassen die Antwort Gottes darauf. Als solche fassten die Apostel sie auf, und so ist auf dieser Thatsache das Christentum errichtet. Christus ist in den Hades hinabgestiegen und hat den Tod überwunden,[1]) damit er über Lebendige und Tote Herr sei, als der Überwinder des Todes lebt er jetzt Gott in einem neuen Leben.

Die Bedeutung, die die Auferstehung Christi für uns hat, fasst Herder in folgende fünf Punkte zusammen:

1. liegt darin eine Aufforderung an jeden, sein Leben vertrauensvoll für die gute Sache hinzugeben.

---

[1]) Denn auch die Höllenfahrt ist Glaube der Apostel und darum „ein Artikel, der wirklich wert ist, dass er in unserm Glaubensbekenntnis stehe" (VII 447).

2. Christus hat dem Tode die Macht genommen. Knechtisch durfte niemand mehr vor dem Orkus zittern, wenn er dem angehörte, der als Überwinder des Todes nur über freie furchtlose Menschen gebieten wollte.

3. Ein reiner Gottesdienst des Vertrauens ist dadurch angebahnt. „Jeder könne zu Gott ein Zutrauen haben, wie Christus es gehabt hatte; denn eben durch die Erweckung habe Gott der Welt einen Erweis gegeben, dass er sich als einen Versöhnten achte und den freien Dienst des Herzens belohne."

4. Die Scheidewand zwischen Juden und Heiden ist aufgehoben, denn der Auferstandene gehörte dem Volke, das ihn so schändlich verworfen hatte, nicht mehr an. „Der Stamm des Kreuzes ward ein Panier des Friedens, der Vereinigung zu gleichen Rechten, Pflichten und Hoffnungen für alle Völker."

5. Endlich wurde die Auferstehung ein bedeutungsvolles Symbol des Christentums für die sittliche Neugestaltung und Neubelebung, die es von seinen Anhängern forderte. Sie waren selbst mit Christo gestorben und begraben gewesen; mit ihm wurden sie wiedergeboren zu einer neuen lebendigen Hoffnung.

Was sie selbst erlebt hatten, das wurde in die Gemüter aller Christen gepflanzt, indem sie Taufe und Abendmahl auf diese geistige Wiedergeburt deuteten.

Fragen wir nach den Beweisen, die Herder für die Geschichtlichkeit der Auferstehung beibringt, so sind es, genau genommen, gar keine. Für ihn genügt es, dass die Apostel an die Auferstehung Christi geglaubt haben, und zwar so, dass die Annahme eines Betruges, einer absichtlichen Täuschung ausgeschlossen ist. Auf eine Erklärung der Thatsache lässt er sich konsequent nicht ein, vielmehr giebt er jeden Erklärungsversuch frei; für ihn genügt die in der Erzählung liegende Idee. Man hat hierin einen unlogischen, trügerischen Schluss sehen wollen (Werner a. a. O. S. 270), meines Erachtens mit Unrecht. Herder schliesst: Wäre Jesus nicht auferstanden, so wären die vielen im Alten Testament ausgesagten Stellen an ihm nicht in Erfüllung gegangen, er wäre also nicht der Christus, die Apostel und wir müssten auf einen andern warten. Nun aber ist er auferstanden, — des sind die Apostel Zeugen —, also ist er der Christus.

Wie bei der Auferstehung, so hält Herder auch bei der Himmelfahrt allein an der Idee fest, dass Christus „am 40. Tage nach seiner Wiederbelebung dem ferneren Umgang seiner Freunde entnommen ward; er ging an den verborgenen Ort der Herrlichkeit Gottes, sie sahen ihn nicht weiter." Dieser Grundgedanke konnte in den Berichten nur der Anschauungen jener Zeit gemäss in mehr oder minder bildlichen, ausmalenden Ausdrücken wiedergegeben werden. „Wir denken uns heute den Himmel nicht mehr als ein Allerheiligstes, als das Verborgenste eines Tempels, Vorstellungen, auf denen ganze Kapitel des Briefes an die Hebräer gegründet sind, sondern als ein Weltsystem." Aber das Bildliche mit all seinem Menschlichen ist der Ausdruck der Zeit und mit den Anschauungen der Zeit veränderlich. „Physisch wollen und können wir nicht wissen, wohin Christus aufgenommen ward, genug, seine Aufnahme zu Gott war das Ende seines Lebens auf Erden" (XIX 102). Die Gewissheit aber, dass Christus für seine Treue gegenüber dem Befehl seines Gottes zu Ehren gebracht ist, die Krone und den Lohn empfangen hat, dass er lebt, bei uns ist, zu uns spricht, „das ist der Baum und die Wurzel des Christentums" (SW XII 42 vgl. VII 449). Seine Erhöhung und sein Sitzen zur Rechten ist zur völligen Verwirklichung des göttlichen Planes über unser Geschlecht notwendig, zur Befreiung und Vervollkommnung desselben, d. h. zur Entwickelung seiner innern Würde und Hoheit durch Thätigkeit und Übung und zur geistigen Vereinigung seiner Glieder.

Was das Sitzen zur Rechten anbetrifft, so stammt der Ausdruck aus dem 110. Psalm und hat mit der Entwickelung der messianischen Idee beim jüdischen Volke auch eine Entwickelung durchgemacht, jüdisch und irdisch gedeutet, bis mit den Thatsachen des Lebens Jesu „die Scherbe mit Gewalt brach", die Apostel Begriffe von einem höhern, geistigen, glückseligen Reiche empfingen und verkündigten und Paulus die Idee vom himmlischen Reiche Jesu mit einer Stärke und Allgemeinheit umfasste, über die man erstaunt. Die Bedeutung des Ausdrucks ist 1. Ruhe vom vollendeten Werke, 2. Herrschaft mit Gott, 3. Ruhe, gleichsam Harren und noch unsichtbare Herrschaft, bis sein Entwurf vollendet worden (VII 451 f.).

Zur Rechten Gottes sitzt er und vertritt uns (intercessio). Der Ausdruck ἐντυγχάνειν ὑπέρ τινος wird von Herder gedeutet als statt jemandes sein, „worin es auch sei, sprechend, bürgend, lehrend, klagend, herrschend. Nicht bloss, indem er Gebete erhört und einzelnen Notleidenden aushilft, deren Not er selbst erfahren, vertritt er uns, sondern sein menschliches Dasein im Himmel ist eine ewige Fürbitte bei Gott fürs Geschlecht der Menschen. Der φιλάνθρωπος θεός ist zur Rechten des Weltbeherrschers; er, der Machthaber seines hienieden angefangenen geistigen Reiches, verwaltet dasselbe und entwickelt den in ihm entworfenen Plan bis ans Ende der Zeit" (XIX 102).

Zu der durch den Messias herbeizuführenden Palingenesie gehörte nach dem Glauben der Juden endlich auch das Gericht über die Völker. Den gegebenen Begriffen zufolge musste Jesus, wenn er als Messias erschien, auch als der grosse Wiederbringer der Dinge, mithin als Weltrichter, als Entscheider zwischen den Völkern, als Erwecker der Toten u. s. w. angesehen werden, und er selbst stellt sich in Gleichnissen, freien Aussprüchen mit Beteuerungen und zuletzt vor seinem Richter als einen solchen hin. Wenn er sich dabei der hergebrachten Formeln seiner Zeit bedient, ohne die er sich nicht verständlich machen konnte, so wendet er sie doch immer sehr würdig an und lenkt sie, wo er kann, zu einem geistigen Sinn um (XVI 102). Als der Schöpfer, Erlöser und unsichtbare Beherrscher der Schöpfung soll er einst auch ihr sichtbarer Entscheider und Vollender werden. Dieser Glaube ist die Bürgschaft unserer dereinstigen Vollendung. „Denn das menschliche Geschlecht wäre in einem Thorenspiel, wenn die Seele als Monade, als Hauch, als Atomus ohne Bewusstsein des Fortganges innerer Kräfte durch hundert Klüften und Gestalten dränge? — Ist unsere Persönlichkeit, die erste moralische Stufe, über die wir überm Tier fühlen, vergeblich, und verschlingt sich alles wieder in Nacht und Graus und dunkele Ideen? oder muss uns unser moralisches Ich, das tiefste, prägnanteste Gefühl guten und bösen Daseins, fortdauern und nach Gesetzen der geistigen Natur sich so fortbilden, wie wir in jedem Körperzustande sehen?" (VII 462.) Wo aber solchen Fragen gegenüber die Vernunft still steht und nur vermutet und hofft, da bringt Jesus das herrlichste Licht. Man stosse sich nur nicht an den bildlichen Ausdrücken wie Tag des Gerichts, Auferstehung des Fleisches, Versammlung vor den Richterstuhl u. a., die dem Morgenländer geläufig sind, sondern suche an ihnen zu Grunde liegende Idee festzuhalten: „Was in Jesu gethan ist, die Glieder seines Lichtes und Lebens steigen zu ihm auf, geistige Teile seiner Seligkeit und Gemeinschaft" (VII 459). „Wir wundern uns nicht, wenn der Stein fällt und die Flamme steigt; so werden wir Naturgesetz fühlen, wenn das Ewige zum Ewigen geht und Finsternis und Erde in die grosse Verwesung der Welt sinket" (VII 463).

So fasste Herder die Person und das Werk Christi auf, nicht mit dem Verstande, sondern mit dem Herzen. Er nahm es ernst mit der Frage „Was dünket euch von Christo?", und indem er ihre Beantwortung der unfruchtbaren dialektischen Spitzfindigkeit entzog und dem unmittelbaren, lebendigen religiösen Gefühl zuwies, konnte er den aufrichtig Suchenden, aber auf der „dürren Steppe des Kriticismus und Rationalismus" keinen Ausweg Findenden ein Führer werden und als ein Vorläufer einer neuen „begeisterten und begeisternden Theologie" erscheinen.

www.ingramcontent.com/pod-product-compliance
Lightning Source LLC
Chambersburg PA
CBHW022114160426
43197CB00009B/1013